平原文字映像
一位基层新闻工作者的思与行

韩 雪 著

燕山大学出版社
·秦皇岛·

图书在版编目（CIP）数据

平原文字映像：一位基层新闻工作者的思与行 / 韩雪著.
—秦皇岛：燕山大学出版社，2023.6
ISBN 978-7-5761-0535-3

Ⅰ.①平… Ⅱ.①韩… Ⅲ.①新闻工作－研究 Ⅳ.① G21

中国国家版本馆 CIP 数据核字（2023）第 116789 号

平原文字映像
—— 一位基层新闻工作者的思与行
PINGYUAN WENZI YINGXIANG

韩　雪　著

出版人：陈　玉			
责任编辑：张　蕊		策划编辑：张　蕊	
责任印制：吴　波		封面设计：刘馨泽	
出版发行：燕山大学出版社		电　　话：0335-8387555	
地　　址：河北省秦皇岛市河北大街西段 438 号		邮政编码：066004	
印　　刷：涿州市般润文化传播有限公司		经　　销：全国新华书店	

开　本：880 mm×1230 mm　1/32	印　张：12.625
版　次：2023 年 6 月第 1 版	印　次：2023 年 6 月第 1 次印刷
书　号：ISBN 978-7-5761-0535-3	字　数：259 千字
定　价：58.00 元	

版权所有　侵权必究
如发生印刷、装订质量问题，读者可与出版社联系调换
联系电话：0335-8387718

代序

时光洪流中 铭刻这一天

光阴的流逝仿佛在加速,不知不觉,2023年5月27日就在眼前。

初夏清晨,行驶在夜雨打湿的街道,雨后高楼林立的城市,色彩饱和度、对比度增加,放大了清晰与鲜明。绿意渐浓,蔷薇盛放,扑面而来的微风,让人通透清爽。周六可以休息,不过,还是去单位"卷"一会儿吧,阅评稿未完工,策划待完善,还有同事合作的专栏稿,需要共同探讨调整……

《冀中一日》出版82年了。烽烟渐远,1941年5月27日冀中人民书写的生活和斗争恍然如昨。参与编写这本书的,有两位衡水人——王林、孙犁。随着近些年文学史论、地域文化等领域的专业研究不断推向深入,关于他们的一切愈发丰满立体。

今天,"奋力谱写中国式现代化建设衡水篇章"是我们的大文章。项目建设、招商引资、科技创新、营商环境、乡村振兴等重点工作,浓墨重彩、创意呈现,一篇篇报道、一张张照片、一件件新媒体作品不断推陈出新……自然,我们这周的"值班总编说报"专栏,也会有新的旋律、新的篇章。

中午12点,办公室的静谧被打破了,同事外出归来。我们组织的"2023衡水市汽车展览会暨少儿才艺大赛"网络录制正在进行中,几人你一言我一语,又开始商量"衡报文明小记者团"的行程安排、工作细节。周末加班的同事不在少数:外出采访拍摄、"在家"写稿编稿、App值班、网络维护……至于吃饭休息,好像是可以忽略的事情。

简餐间隙"刷"手机。微信上,假日里的衡水人各自精彩:小憩品茶,习字学画,精进厨艺,含饴弄孙,加班赶工,进修充电,各种演出、庆典、献爱心……同行不少,我的朋友圈和工作群像微型新闻发布会——

2023年京津冀青年词曲创作高级研修班在衡结束;

河北省首届研学旅游大会暨第六届衡水市旅游产业发展大会举办;

衡水城市公交即将执行夏季运营政策;

衡水学院美术学院毕业作品展开展;

中国科学院老科学家在衡作科普宣讲;

冀州区作协组织采风,安平万亩油菜籽丰收……

5月27日这天，衡水市召开参加2023年廊坊经洽会筹备工作调度会议、全市文化和旅游工作推进会，市领导为衡水市研学旅游示范基地授牌，全市开展"善美衡水·社会志愿服务集中行动"，"我来画出家乡美"衡水市图书馆主题绘画活动在孔颖达公园城市书房举办……

网购的资料书籍到了，是《华北平原四万年来自然环境演变》《华北平原古河道研究论文集》。刚读完罗三洋的《我们从哪里来：史前环境与中华文明的起源》，正翻阅《衡水市志》，重读《华北地貌新论》。手边的书，还有《鄚商》《起初·纪年》《茶人三部曲》没有看。我想知道远方广阔的世界，更想知道脚下的大地、这片广袤的平原，在地层更深的深处，究竟是何等样貌，有着怎样的过往，是如何演变而来……有关衡水的故事，能不能从14亿年前的海底讲起？

变化，总会触动人心。傍晚购物，见吉美超市休闲广场店贴出新版促销海报，6月18日迁新址。尽管并不远，还是觉得不舍。十来年了吧，这儿好像成了报社人生活的一部分，我们习惯了下班过来买菜，经常碰到同事，那种熟悉亲切的感觉，令人踏实、安心……这座平原小城很安详，却又时时在改变。

夜幕低垂，细雨再次悄然飘落，单位门口的夜市因此歇业一天。平日此刻，这里的人们摩肩接踵，热闹非凡，道路两边是五花八门的小商品摊点，空气中弥漫着各种食物的气息。或许,这就是最接地气的人间烟火吧。

"赶明儿天晴了,咱们去湖边转一转,看看新修的冀州古城遗址公园,然后去老盐河边吃铁锅鱼……"今早计划的自驾周边游改成明天,又是新的期待。家人喜欢去湖边,被称作东亚蓝宝石、"京南第一湖"的衡水湖,是我们的根。60多年前,父亲还是身形瘦削的农家少年,独自背着行囊从湖畔老家出发,踏着泥泞步行近百里去武邑求学,风雨兼程,有时甚至忍饥挨饿。凭着衡水人坚韧不拔的苦读精神,他发奋努力,一路考入衡水中学、天津大学,毕业后回衡水立业成家,养育了我们,一步步走到今天……

旋律环绕中,思绪不知飞向何方。若无人机冲上云霄,俯瞰这座城市,一定又是温馨无边的万家灯火。整饬一新的滏阳河穿城而过,串起一个个闪烁耀眼的"衡水新地标"。饱经沧桑的安济桥与宝云塔之间,有"衡水之眼"摩天轮、滏东公园、衡水市文化艺术中心、九州广场、奥体中心、吴公渠生态公园、萧何文化广场、衡水会堂……82年过去,这片热土已焕然一新。漫漫征程,无数衡水儿女前仆后继、流血牺牲,用多少艰苦奋斗、智慧心血、汗水泪水,才收获今天的硕果累累、希望无限。

时光洪流中,让我们再次铭记这普通又不平凡的一天吧!

此时此刻，心中奔涌的歌、笔下行走的字，有很多很多模样。千言万语，我们总会找到最典雅、最动人、最恰如其分的词句，吟咏生生不息的你、描摹华丽蝶变的你、歌唱可亲可爱的你——美丽的家园、璀璨的衡水……要珍惜的，是每一刻都无比宝贵的光阴；要付出的，是实现每个梦想的努力；更要感谢的，是这个前所未有的新时代！

目 录

格物

3　有关衡水毛笔源流的思考
18　东明酒坊遗址考古发掘纪实
33　《南巡碑》与衡水之名
37　北朝青釉仰覆莲花尊
41　桑庄东汉绿釉陶楼
45　"衡桥夜月"重归视野

肖像

55　让衡水湖照见人类艺术之光
　　——访著名雕塑艺术家、中国美术馆馆长吴为山
62　他用镜头呼唤国家的希望
　　——访摄影家解海龙
81　"我自豪，我为家乡代言！"
　　——访 2019 国际智力运动联盟世界大师锦标赛（衡水）
　　赛事推广大使、"棋圣"聂卫平
96　"扎根人民、深入生活"是文化艺术的源泉与生命
　　——访衡水籍影视艺术家张和平
112　褪去岁月尘埃　重现应有光彩
　　——齐白石入室弟子、郭沫若终生挚友、衡水文人画家
　　周铁衡
129　米羊画室三人行之一：绘者与哲人段秀苍

144 米羊画室三人行之二：综合艺术家王焕青

160 米羊画室三人行之三：民间文化的守望者乔晓光

180 新中国第一部电视剧原著者——许可

196 用艺术点亮乡村
　　——记画家谢永增与中国首个窑洞式庄园艺术馆

202 让衡水音乐文化融入世界
　　——访作曲家，首都师范大学教授、博士生导师尹铁良

208 衡水大地的"土酷"英雄
　　——访《平原上的夏洛克》部分主创人员

225 《我和我的家乡》让"衡水"闪耀光芒

232 18年倾心付出，源于热爱
　　——记衡水湖湿地守护者李宏凯

观展

239 衡水和京津的"缘"与"情"

243 策展中的"增"与"减"

246 一方水土养一方才俊

250 两位"董子"在国博的"相逢"

254 衡水国宝的第一次聚首

257 文物密码中的衡水"国际范儿"

261 王林，一个应该被擦亮的名字！

265 烽烟远去 英名永在心间

269 "文华衡水"我们的展览永不落幕

273 美丽的衡水 我为你自豪
　　——衡水市庆祝中华人民共和国成立70周年成就展备展记忆

阅读

281　《行走的思想者》后记

285　《故事：改革开放四十年衡水企业家访谈录》采写感悟

290　固执保守的春义　灵活变通的凤英
　　　——解读《黄河东流去》中的一对小人物

294　回望千年之前的大唐气象

297　一个人，一处宅，一座城
　　　——读王安忆《考工记》

301　被切开的血管中有多少"百年孤独"

304　如何在纷繁复杂的信息世界中保持定力和自觉
　　　——读《新闻的骚动》

309　读画五则

阅评

317　把握"双奖"契机　讲好衡水故事
　　　——衡水日报社"飞天奖""星光奖"颁奖活动宣传报道亮点纷呈

324　"内容为王"是新媒体创作的终极原则
　　　——"我们的小康生活"短视频大赛观感之一

329　短视频音乐如何规避潜在风险
　　　——"我们的小康生活"短视频大赛观感之二

335　做深做实内容建设　不断完善精细加工
　　　——简析近期衡水市县级融媒体中心部分短视频作品

339　敢为人先试水探索　砥砺前行完善机制
　　　——安平县融媒体中心创意工作室机制激发改革内生动力

344 突出本土红色印记 打造地域文化名片
　　——评析安平融媒体中心系列网络春节原创展播作品

348 守正创新 服务大局 以学习实践推动提质增效
　　——桃城区融媒体中心微信公众号近期作品点评

354 数字时代 让党史故事讲述更精彩
　　——近期衡水市新媒体平台党史学习教育主题宣传工作点评

361 守正创新 高效发挥党媒新闻评论的力量
　　——简析近期衡水日报社论及系列评论员文章

366 盘点年年有 今年创新多
　　——衡水日报社"盘点2021"系列综述类作品简评

371 创意出彩 高效传播
　　——衡水市主流新闻媒体全力做好北京冬奥会、冬残奥会宣传报道工作

376 策划先行 新闻持续出新出彩
　　——《衡水日报》文化旅游专刊近期亮点启示

380 迅捷 灵动 清新
　　——衡水日报社近期5A创建相关报道亮点简评

383 重温历史记忆 见证城市发展 凝聚前行力量
　　——《衡水日报》创刊60周年纪念主题报道简评

387 好图胜千言
　　——以衡水日报社近期摄影报道佳作为例

P₁ 格物

有关衡水毛笔源流的思考

衡水,因水而生、因水而兴,这里自古就有制作毛笔的传统。在中国传统文房用品制作行业中,"北狼南羊"之说由来已久,"北狼"指的就是产自衡水一带的狼毫毛笔。作为本土域内重要的文化产业,相比于冀派内画、宫廷金鱼,侯店毛笔在"衡水三绝"中历史最为悠久、地方特色最为鲜明。

梳理一项技艺产业的源头及发展脉络,文献记载与文物佐证应该是最有说服力的依据。然而,有关衡水毛笔制作技艺的产生及发展方面的资料非常匮乏,确切起始年代难以考证。究其原因,其一,历史上衡水曾多次遭遇战乱、水患,历代文献留存并不完整;其二,古代手工业者地位不高,不被重视,故而少有专门记载。

2021年出版的《中华名翰:衡水侯店毛笔》一书提出这样的观点:衡水制笔业的产生并非始于秦代,也非明清,有可能是在春秋战国时期。

历史源流及文化基础

一项地域文化产业的萌芽与发展，和当地的地理、气候、地质、水文等基础条件状况息息相关，尤其是在源起之初，受客观条件制约影响尤甚。古代交通不发达，商贸经济活动范围有限，农耕文明初期的特点之一便是自给自足。考察衡水地域的历史可以发现，制作毛笔的原料大多可以就地取材，且地域文化底蕴深厚，对相关文化用品有较大需求，具备生产条件、发展基础、市场空间。

衡水市位于河北省东南部，地处河北冲积平原，境内河流较多。由于河流经常性地泛滥和多次改道，沉积物交错分布，形成许多缓岗、微斜平地和低洼地。这片古黄河流域的冲积平原地理环境优越，非常适合动植物及农作物的生长，客观上为人类生存提供了条件。尽管在历史进程中曾饱经战乱、灾害频仍，社会文明的发展多次遭到破坏甚至被迫中断，但我们文化的基因和根脉源远流长。

近年来的考古发现已将衡水的地域文明史上溯至新石器时代，早在5 000多年前，我们的先祖就在（衡水）这片土地上繁衍生息，创造着光辉灿烂的中华文明。

目前在衡水市域内发现的新石器时代文化遗址有三处：景县桑高村遗址、景县西周庄遗址、冀州鱼种场遗址。据专家介绍，从出土物的材质、器形、纹饰等方面看，这三处遗址具有仰韶文化后岗类型的特征。

衡水境内先秦时期文化遗址文化层时间跨度大，连续性强。以衡水市冀州鱼种场遗址为例。该遗址文化层厚约8米，分为3层。第一层厚约2米，为唐宋时期文化层；第二层厚约3米，为战国、汉代文化层；第三层厚约3米，为商周、新石器时代文化层。这就证实，衡水一带自古以来就是人类活动频繁的重要地区之一。

衡水古代处于冀、兖、青三州犬牙交错的边界，是古黄河流经之地，上古时期留有易氏、穷氏等部落先民的生活印记，域内较早出现的城邑有武罗国、昌城、武城、安陵、堂阳、棘津、煮枣、谷丘（角丘）、饶（饶阳）、脩（景县）等。春秋时期，衡水一带的文化遗址主要有武强县杜林村古河道遗址、故城县子游弦歌台遗址。由于年代久远，故城县子游弦歌台遗址已荡然无存，现如今仅有后世为纪念子游所立碑刻残存及石构残件。《论语》中记载，子游为武城宰时政绩斐然。弦歌台即子游用音乐教化民众的地方。该遗址为研究早期儒学提供了重要实物证据——在2 000多年前的春秋时期，衡水一带是文化昌盛之地。

古老的衡水以"笔"而兴，因"文"而名。在近代衡水数十个有制笔传统的村庄中，有些是从战国、汉代就有的古村落，如小侯村、大赵常村、周言村等。老盐河畔的小侯村曾是重要的毛笔集散地，村里有一个古老的毛姓制笔家族。相传"毛笔"一词就是缘此而起。"三月三"祭祀笔祖蒙恬的传统习俗，在衡水地域各个制笔乡村代代相传。

衡水儒学兴盛、文化先进，历代明贤辈出，汉代有著名的大儒董仲舒，《诗经》释者毛苌；魏晋南北朝时期有文学家张载，天文学家张胄玄，史学家李百药，佛学家释道安；唐代有经学家孔颖达、盖文达（均为著名的"十八学士"之一），边塞诗人高适，写下"人面桃花"的崔护；宋代有类书学家李昉；明代有诤臣马中锡等。衡水饶阳县师钦村有诗经台，相传为毛苌讲经之地，是我国最早的诗歌总集《诗经》再次复兴的地方。

作为古代中国标志性的书写工具，毛笔在衡水地域的应用、生产，在客观上具备有利的地理、气候条件及相对丰厚的文化基础。

考古发现中的古笔实物与笔墨痕迹

学者葛承雍有这样的观点："当今学术研究不能完全钻进故纸堆中，要超越文献史书缺憾的局限性，利用考古文物新资料，采用世界的眼光、世界的思维和多民族的观察，颠覆传统的观念，提出大国际的历史理念。"

毛笔不仅是一种书写工具，更是有着深厚历史积淀的文化符号。人工制笔究竟始于何时，历史上有不少传说与记载，但大多没有充分确切的依据。除了文献记载，考古发现应是更为重要、更有说服力的佐证。然而，由于毛笔多为竹木加动物毛发所制，不易长期保存，因此鲜有实物留存至今。从河北省的多位相关专家那里了解到，截至目前，河北省还没有古代毛笔实物出土。

最初，先民削尖竹木作为书画工具。现今，藏族仍保持使用竹笔的习俗。他们将竹子削成笔状，一端削成笔头，蘸墨书写。用这种竹笔书写，虽然挺健有余但柔软不足，书写很难生动流畅。

1980年，陕西临潼姜寨村发现了一座距今5 000多年的墓葬，出土文物包括凹形石砚、研杵、染色物等工具和陶制水杯等一些彩绘陶器。这些彩绘陶器上所绘的图案流畅清晰，花纹线条粗细得体。专家推断，这时可能已出现毛笔的雏形。

殷墟墓地曾出土写有墨字的玉璋，河南安阳小屯村发现有墨书陶片文字。商代甲骨文中已出现笔的象形文字"聿"，如一手握笔，所握之笔下端装毫，为毛笔之形。一些甲骨卜辞上残留有未经契刻的文字，看起来圆润流畅。专家认为，只有用富有弹性的毛笔，才能达到这样的艺术效果。

到了春秋战国时期，中国文字已经比较成熟，作为书写工具的毛笔得到普及。早期关于笔的描述，有《庄子》中的"舐笔和墨"及《韩诗外传》中的"墨笔操牍"。

目前发现的最早的毛笔实物为战国中期的毛笔，如：1957年出土于河南省信阳长台关一号楚墓的毛笔，笔杆竹质，笔毛用细绳缚于杆上；1954年出土于湖南省长沙市南郊左家公山十五号楚墓的毛笔，笔毛选用上好的兔箭毫，包扎在笔杆外围，以麻丝缠紧，外面再涂漆粘牢。

1975年，湖北云梦睡虎地秦墓出土了三支秦笔，较之战国笔在技术上有一定改良，笔杆上端被削尖（便于簪戴），下端做成空腔以纳入笔毫。

曾被称为"华夏第一笔"的汉居延笔断代为东汉初期，为兔、狼、羊兼毫，木杆。笔头制作已比较复杂。

战国后期的毛笔已经很像现代毛笔，可使书风显得绮丽而多姿。秦代毛笔的形制虽然已经确立，但是制笔技术仍较简单,通常是笔管上端削尖,下端较粗且中空,笔毛插入空腔。这种在空腔中纳入笔头的制笔工艺沿用至今,可以说是制笔史上的一次重要革新。战国末期到秦统一前后这一时期,是毛笔形制定型的关键时期。

"中山国"与衡水

历史上,"中山兔""赵国毫"声名远播,一直为人称道。晋王羲之《笔经》中有这样的句子:"汉时,诸郡献兔毫,出鸿都,惟有赵国毫中用。世人咸言:兔毫无优劣,管手有巧拙。"文中"惟有赵国毫中用"意为只有赵国产的毛笔好用。"管手",即为制笔人。

在制笔行业及相关学术界,"中山"这一概念备受关注,是很多学者争论的焦点。不少学者认为,中山是指南京附近的溧水中山,理由是附近出产的制笔原料兔毫质量较高。这种说法源于唐代,这一时期,制笔中心随文化中心南迁,宣笔逐渐兴起。然而,也有不同的声音。《古笔考》作者王学雷认为,"中山"是指北方的中山,也就是春秋战国时期由白狄鲜虞族建立的中山国及汉代封国中山。这两个中山国的核心区域与衡水地域相去不远。

春秋战国时期的中山国存在的时间并不是很长,史书相关记载也不完整,令其显得有些神秘。随着中山王墓的发现、众多精美文物的出土以及相关研究成果的不断涌现,《中山国》纪录片在央视播出,"中山国"越来越频繁地进入人们的视野,轮廓也逐渐清晰起来。

1974—1978年，河北省文物工作队对位于河北省平山县滹沱河北岸的中山古城遗址进行了全面考古发掘，探明城址平面呈不规则的三角形，面积约60平方千米。

中山国是春秋末年由鲜虞人建立的一个小国，战国初年逐渐强盛起来。公元前506年，鲜虞人在有险可守的中人城（今河北唐县西北粟山）建国。因中人城城中有山，故曰"中山"（《左传》记载，公元前506年春天，晋国拒绝蔡侯伐楚的要求，准备专心对付中山。中山之名始见于史书）。公元前505年、前504年，晋国两次进攻鲜虞中山。此后，史书中对鲜虞中山国兼称"鲜虞""中山"。

春秋末至战国初年，中山国开始扩张领土。战国中期，中山桓公复国后，领土得到进一步扩张。中山国强盛时期的疆域，包括今河北保定南部、石家庄大部、邢台北部及衡水西部。

历史上有"中山地薄人众"的说法。中山国建立后，鲜虞族在思想、文化、艺术上与汉文化逐渐融合。思想方面，"中山专行仁义，贵儒学"，接受了儒家文化，中山国君尊贤重士，在重大政治活动中发挥士的作用，取得了一定的成就。在平山出土的铜器铭文中，大谈天命、忠、孝、仁、义、礼、信等，具有浓厚的儒家思想色彩。语言文字方面，中山国也受到汉文化的影响，王墓出土的三件重器上的长篇铭文全部为篆书汉字，字体工整规矩。

中山国的手工业生产非常发达，其工匠使用铜、玉、陶、金、银、骨、石等制作了大量精美的艺术品，且在造型、工艺上都有很高水平。《史记·货殖列传》记载，中山"多美物"。

这正是对中山国手工匠人精湛的工艺技巧及其制作的精美的工艺品的赞叹。

衡水市各县市区的名称多数是在汉代见于信史。在春秋战国时期,衡水先后处在鲜虞、中山国、赵国的疆域之内。

近代,衡水市有据可考的有制笔作坊的村庄达 30 多处,基本上都位于当年中山国疆域之内。战国时期的扶柳城遗址(现冀州区小寨乡扶柳城村西南)距现在被誉为"笔乡"的侯店村不过 20 多千米。《战国策》载,公元前 297 年,"赵伐中山取扶柳"事件就在此地发生。

探究毛笔的产生和发展,还可以通过一些间接证据——也就是与之相关的文房用品来进行考证及推论。

20 世纪 70 年代,河北省平山县灵寿城址和中山王墓先后被发现,出土了墨书玉佩和墨书的石条、木条,还有笔削(修改工具,可削去木简竹简上写错的部分)等文物,虽非毛笔实物,但也是一种指向。

墨书双龙青玉珮出土于平山县三汲乡战国中山国 1 号墓,长 6.2 厘米、宽 3.4 厘米,青玉质,呈淡青色,半透明,有光泽。玉珮为两条弧形龙从身体中部斜相交叉,龙尾上卷,与龙下颚部相连。玉珮表面有墨书文字,上面的篆书"玠"字清丽流畅,有起笔收笔,应该是毛笔留下的痕迹。

制笔原料的出产情况

从大类区分,制作毛笔的原料是笔杆、笔头两大部分。早期毛笔笔杆多为竹木所制,笔头部分为各类动物的毫毛,主要有羊毛、兔毛、鹿毛等。

1999年,冀州南门外出土原始麋鹿头、角化石,有分叉,已石化,通长37厘米,经研究断代为新石器时代。鹿毛即为制笔原料之一。

竺可桢教授在《中国近五千年来气候变迁的初步研究》中论证,从仰韶、殷商到春秋战国时期,黄河流域到东部沿海的气候比现在温暖很多,曾有梅、竹等植物广泛生长。这说明制作毛笔笔杆所需的基础原料之一——竹子,曾有条件在华北一带出产。而制笔的另一主要原料——各种动物的毫毛,这里更是多见。衡水域内的枣强县大营镇生产经营皮毛的历史可上溯到商代。

目前发现的有关毛笔最早的咏物赋,是汉代蔡邕的《笔赋》。其中有"惟其翰之所生,于季冬之狡兔"之句,结合目前考古发掘的兔毫笔,可推断早期兔毛所制的毛笔应较为普遍。一是兔毛易得,二是最初人们对制笔原料还不是那么讲究。

华北平原之上野兔众多,至今侯店制笔艺人还在用本地野兔毛制作兔毫笔。尽管现在侯店以制作狼毫笔见长,而且名气更大,但更为古老的兔毫笔仍是一个重要的品种。在制笔历史上,"中山兔""赵国毫"声名远播,一直为人称道。史载中山国、赵国手工业发达,"管手"技艺高超。早期衡水制笔产业发轫之初的高起点,由此可见端倪。

春秋战国时期,虽然社会工商业有一定发展,商品流通渠道开始拓展,但远非真正现代意义上的商品社会,很多地方还是以自给自足的小农经济为主,很多生活必需品(包括文化用品）大多依靠本地或附近周边地区的生产来满足需要。战国时期，衡水地域的毛笔应大部分出自本地，经过多年发展，制作工艺逐渐成熟、精良，直至近代仍声名远播。

历代诗文中，有不少以笔为题材的作品。唐代韩愈所著的《毛颖传》堪称毛笔的另类小传，隐喻了毛笔从制作到使用，再到磨秃、废弃的过程，开篇第一句就是"毛颖者，中山人也"（毛颖即拟人化的毛笔）。这篇文章虽是游戏之作，却也能说明一定问题。"毛颖"为何是中山人？这在一个侧面说明中山国的毛笔久负盛名。

白居易的《紫毫笔》知名度较高，其中有"紫毫笔，尖如锥兮利如刀。江南石上有老兔，吃竹饮泉生紫毫。宣城之人采为笔，千万毛中拣一毫"这几句，指出制作紫毫笔的优质兔毫出自宣城。然而，有些学者对此提出不同看法。

宋代胡仔《苕溪渔隐丛话》记载："余守宣，问笔工：'毫用何处兔？'答云：'皆陈、亳、宿州客所贩。宣自有兔，毫不堪用。盖兔居原田则毫全，以出入无伤也。宣兔居山中，出入为荆棘树石所伤，毫例短秃。'则白（居易）诗所云非也。白公宣州发解进士，宜知，偶不问耳。予按《北户录》说兔毛处云：'宣城岁贡青毫六两，紫毫三两。'其后又云：'王羲之叹江东下湿，兔毫不及中山。'由是而言，则宣城亦有兔毫，要之不及北方者劲健可用也。然则《毛颖传》、李太白诗所言中山，非溧水之中山，明矣。"

胡仔的这段话，否定了白居易诗句中上佳的制笔原料兔毫出自宣州的说法，认为"宣城亦有兔毫，要之不及北方者劲健可用也"(宣城也有兔毫，但不如北方的刚劲强健好用)。王羲之也曾感叹："江东下湿，兔毫不及中山。"因此，《毛颖传》中所言中山"非溧水之中山"。衡水地处燕赵中山，自古出产毛笔。因此，这里才是为制笔界所看重的、真正的"中山"。

从传说到信史

无论南方北方，制笔艺人都将秦代大将蒙恬奉为行业始祖，如同蔡伦之于造纸、鲁班之于营造。每年农历三月初三是衡水侯店村传统的"毛笔节"，也是拜师学艺日。这是侯店的大日子，家家户户都包饺子、置酒席、唱大戏、放鞭炮，还要带上礼物去敬师傅，到祖师庙去祭拜祖师爷——蒙恬。

毛笔形制确立并得以进一步发展是在秦汉时期。秦笔较之战国笔在技术上有一定改良，可以说是制笔史上的一次重要革新。古人把蒙恬看作笔的发明者，"恬所造精于前人，遂独擅其名"。蒙恬出身军人世家，具有较高的文化修养。据学者论证，蒙恬之所以对毛笔制作技术进行改进，很可能与秦代的文字统一运动有关。

秦朝末年，信都县从太行山东麓移至衡水地域的"千顷洼"南岸建城。公元前201年，西汉高帝刘邦又在信都县设置信都郡，使之成为衡水一带的政治文化中心。便利的交通推动了制笔业的进步，毛笔在衡水地区被广泛推广。

魏晋南北朝时期，制笔业持续发展，随着制作原料的不断增加和技术水平的逐渐完善，笔的使用范围渐趋广泛。从官府文书到民间契约，从文学作品到书画艺术，从科技著作到儒释道典籍，从日常娱乐到丧葬习俗等都少不了笔的身影。笔，日益成为重要的消费品。据文献及考古资料可知，这一时期，制笔区域较广，南北各地都有不少制笔能手。北方文人韦诞、韦昶皆善制笔。当时的制笔工艺承袭汉制，因选材日益精良、技术更加完善，制造出的笔更加精致好用。备受称道的，还是赵国毫。其原因在于"赵国平原广泽，无杂草木，唯有细草，是以兔肥，肥则毫长而锐，此则良笔也"（《笔谱》卷一）。

隋唐五代时期，制笔业得到空前发展。隋唐五代至宋，北方制笔区域主要有长安、陇右、西州、瀛州、沧州、贝州、博州、相州、汝州等地。其中，瀛洲、沧州、贝州、博州、相州等地或在衡水域内，或与之相距不远。《新唐书》卷五十七《艺文志一》记载，瀛洲、沧州、贝州出兔皮作笔材，有制笔传统。另有记载，太府岁给集贤书院"河间、景城、清河、博平四郡兔千五百皮为笔材"。这些地方也大多与衡水关联度相当高。

衡水饶阳县，隋朝初年属冀州河间郡，开皇三年（583年），罢郡设瀛洲，饶阳县属之。大业三年（607年），恢复郡治，饶阳县仍属河间郡。唐朝初年，饶阳县属瀛洲。

衡水景县，古称"蓚"，三国时，魏将该县东部划入东安陵县，属渤海郡。隋时，安陵县并入沧州东光县。唐武德四年（621年），析东光县置安陵县，属观州。

衡水故城县，北魏时南部属相州清河郡武城县，北部属冀州长乐郡广川县。开皇六年（586年），析枣强县置东阳县。开皇十八年（598年），改东阳县为漳南县，属清河郡贝州辖。大业三年（607年），改贝州为清河郡，漳南县为清河郡辖。唐时，今故城地南、北部分属河北道清河郡，贝州武城县、漳南县。

磁州窑创烧于北宋中期，到了南宋、元明清仍有延续，是中国古代北方最大的民窑体系，自古就有"南有景德，北有彭城"之说。磁州窑窑址在今河北邯郸峰峰矿区的彭城镇和磁县观台镇一带，地处滏阳河上游。滏阳河是衡水地域的母亲河。据学者考证，历史上磁州窑的画工在瓷器上作画，均是使用衡水侯店的狼毫毛笔和羊毫毛笔，这种传统一直延续至20世纪60年代。

到了近代，关于衡水毛笔的历史承载物和文献记载开始慢慢多起来。衡水与京津相距不远，水陆交通相对便利，区位优势十分明显。冀商行走四方、闻名遐迩，尤以经营书籍文房用品知名，在京津等地开设的商家字号众多。这些衡水人代代相传的"老字号"，不但让北京琉璃厂有了"衡水街"之称，也让衡水毛笔的名声更为响亮。衡水的制笔大户很多在外埠开店设坊，外地的笔店、笔作坊，也经常慕名延请身怀绝技、勤勉肯干的衡水制笔工匠。因缘际会，衡水毛笔在光绪年间进入宫廷，被奉为御用。

《衡水文史资料》记载，清光绪年间，侯店制笔艺人李文魁在北京开设笔庄，有一个爱好书法的太监与他结为兄弟，经常把他制作的毛笔带进宫去，受到皇帝赏识。衡水毛笔成为宫廷御笔，进一步将制笔产业推向繁荣。

《衡水县乡土志》（1928—1929年编）记载："笔业则治南之侯店、杜村、开河，治北之野营、夏寨皆是，尤以侯店、杜村为最多。"1935年《河北省衡水县地方实际情况调查报告书》

中有"年产毛笔十万封（每封 10 支），涉及周边 36 个村庄，历史上形成毛笔产业"的记载。20 世纪 30 年代中期，侯店、吴杜两村有大小毛笔作坊 67 个，从业人员达 713 人，占两村总人口的 40% 左右，年产毛笔 500 万支以上。《衡水县乡土志》（1931 年编）中还有"衡水的毛笔曾在美国旧金山巴拿马赛会得有奖章"的记述。

清末民初，侯店村一带拥有 20 名技师以上的毛笔作坊有王明堂的"双魁堂"、王兰荣的"王魁堂"、王雅斋的"槐庆堂"、吴润丰的"百忍堂"等。双魁堂的毛笔曾占领张家口、大同市场。在北京设立笔庄的有崔林元、王九成、王会同、崔学云、李子石 5 人。天津李印堂开设的"万宝堂"有员工近百人。此外，在唐山、聊城等地都有侯店人开设的笔庄。

民国年间，中国文具界流行"三大名笔"的说法，北京李福寿、上海周虎臣和沈阳胡魁章曾被誉为中国毛笔界的"三杰"。李福寿是衡水桃城区大赵常村人。清末民初，李福寿的父亲在北京骡马市开设了一间制笔小作坊，俗称"水笔铺子"，专业生产衡水毛笔。李福寿受父辈熏陶，逐渐熟悉了制笔技术，后来继承父业，把小作坊取名为"李福寿笔庄"。1925 年，他结识著名画家金北楼、齐白石、管平湖、汤定之等，笔庄生意日益红火，"李福寿"商标随之形成。新中国成立后，公私合营，成立了以"李福寿笔庄"为主体的北京市制笔厂。1983 年轻工业部组织编写"毛笔标准"时，北京市制笔厂作为全国有地域代表性的 5 家毛笔企业之一参与了从标准起草到通过的全过程。

民国初年，衡水毛笔曾与冀县（今冀州市）东安店郑家的剃头刀、景县的土棉线和冷布、武邑县的红枣和苇编等一起漂洋过海，销往海外。在北方各省，衡水毛笔广泛畅销，经久不衰。衡水也因此被誉为"毛笔圣地""北国笔乡"。

一些在世的老艺人回忆，即便是在抗战最残酷的时候，衡水毛笔也只是降低了产量，其发展并没有完全停滞。新中国成立后，随着社会主义制度的确立、国家经济建设的恢复发展，衡水毛笔的生产方式发生了很大变革，产业发展迎来新的转机。

（2020年）

东明酒坊遗址考古发掘纪实

"古桃城,虽不大,酒坊倒有十八家……"河北省衡水市桃城区酿酒业发达,历史悠久。近现代以来,这里的"老白干"白酒系列产品声名远播,影响广泛。2021年3月发现、同年12月完成考古发掘的东明酒坊遗址,是衡水古老酒文化传承的实物载体,被确定为目前华北地区第一处烧酒作坊遗址。这处遗址的完整的院落式作坊布局全国罕见,地下式蒸馏炉灶结构非常完整,国内少有,其独特的大型半地下式窖池在酿酒历史上意义重大。

发现 调查 勘探

2021年3月,在衡水市桃城区城中村改造施工过程中,于永兴东路与滏东街交叉口东北角工地处发现了酿酒用的地缸,经初步判断,认为该区域为酒坊遗址。经对比,发现酿酒地缸的位置与之前复原的《十八酒坊分布图》中的"永丰酒坊"位置接近。

发现酒坊遗址后，桃城区文保所随即逐级上报，引起了省、市领导的高度重视。4月8日，河北省文物考古研究院院长张文瑞带队到现场勘察，认为这一处遗址具有很高的历史文化研究价值，应该进行考古发掘，并加强保护。随后，省文研院向国家文物局申请发掘执照，桃城区筹集专项资金开始对这处遗址进行考古发掘。

河北省文物考古研究院、衡水市文物保护研究院和桃城区文保所联合组成考古队，在近4个月（8月至11月中旬）的时间里，克服种种困难，完成了调查、勘探和正式发掘等工作，并通过专家验收。

考古队执行领队胡强是河北省文研院文博馆馆员，2004年开始从事考古工作，经验十分丰富。他专业研究陶瓷考古，之前发掘过邺城窑、邢窑、定窑、井陉窑等瓷窑遗址。

第一次来衡水时，胡强就对东明酒坊遗址进行了全面的了解。在他看来，这处酒坊对衡水这个酿酒业发达、有着深厚酒文化积淀的地方来说具有重要意义。他介绍说："遗址是院落式组合，功能区间分得很清楚，配套齐全，窖池结构非常有特色。这样完整的蒸馏酒酒坊遗址的考古发掘，在华北地区是第一份，在全国来讲也是罕见的。"

经了解，这次酒坊遗址发掘工作的大致流程为走访—调查、勘探—确定发掘区域—正式发掘。胡强说，考古队成员不是特别固定，六七人左右。"比如做勘探的时候，我就请咱们省做考古勘探最好、技术水平最高的专业人员来做。对于一些相对简单的工作，就指导一般工作人员来完成，跟他们讲清楚操作要求和注意事项。"

7月底,考古队开始进行发掘前期的准备工作。

准备工作完成后,考古队员们冒着酷暑,开始在酒坊遗址周围、滏阳河两岸走访、调查,与当地上岁数的老人座谈交流,询问当年"十八酒坊"的相关情况,寻找与酒坊相关的各类信息。考古调查的区域是过去滏阳河两岸明清时期的工商业区,南起永兴东路滏阳河桥,北至人民东路滏阳河桥,长1 000米左右,面积达15万平方米。衡水市桃城区地域文化学者康占营依据民国25年衡水县政府的调查资料复原绘制的"十八酒坊分布图",为考古工作提供了参考。

除了走访调查,胡强和同事们还广泛查阅各类文献、地方志,比如通过查阅民国年间直隶省和衡水县对衡水县及县城西关的实业调查资料,了解到滏阳河东曾经是老衡水县城经济发达的区域,"十八酒坊"沿滏阳河两岸分布,以东岸酒坊最多。胡强说:"老衡水县不光生产白酒,还制作各种各样的产品。根据调查资料,安济桥下东南有笾子市,笾子市南头卖的缸、碗等瓷器大多来自磁州窑彭城窑场,是通过漕运顺着滏阳河运到衡水的。"考古调查工作用时10天左右,考古队员们一边调查,一边进行初步勘探。

通过分析各方信息和资料,考古队推测这处酒坊遗址位于当年的"十八酒坊"的东南部。考古队在遗址北边的取土坑断壁上发现了一些古代建筑基址,联系遗址地表发现的瓷缸等陶瓷器残片,认为"不能排除此区域有其他酒坊的可能"。

2021年8月,国家文物局批准对该遗址进行考古发掘,考古队正式启动发掘工作。"我们组织专业人员进行深入细致的勘察、勘探，然后开始选址布设探方，发掘以探方为单位进行。"胡强介绍，"专业测绘人员使用各种仪器在遗址区域进行精确测量，规划发掘范围，其原则是对遗址的干扰程度最小，体现最大历史文化价值。"

从勘探结果来看，遗址所在区域地层大致分现代、民国、清代和明代层。

发掘 结构 断代

东明酒坊遗址考古队严格按照国家文物局制定的《田野考古操作规程》一步步进行，发掘顺序是从上到下，晚期的遗迹先出土，早期的遗迹叠压在下边。

考古队执行领队胡强介绍："这处酒坊遗址的不同期别是相互叠压的关系。在发掘时，我们还要针对不同部位进行重点勘探，做解剖发掘，才能彻底搞清楚其历史沿革、规模及平面布局等。"

酒坊遗址考古发掘面积共计 500 平方米。从发掘情况来看，在遗址所处区域中，作为制酒作坊使用的建筑群组自明代晚期至民国层层叠压，以房间区别功能。最下层酒坊遗址即明代晚期使用遗存，中间层为清代使用遗存，最上层为民国年间使用遗存，包括发酵房、蒸馏房、摊晾场、润料池、库房、居室等。

"从堆积层看，第三期的摊晾场上下各有一层厚厚的淤土，这是水毁形成的。"胡强说，根据淤土层出土的代表性遗物判断，第二次修建使用的酒坊被 1939 年的大水损毁。"水退之后，这个酒坊往西侧挪了一下，基本上还是在这个位置生产。建到西侧的酒坊在20世纪50年代完成了公私合营，之后没有再重建，也不再作为酒坊来使用了。20世纪70年代曾一度被当作村集体的牲口棚。这一信息在发掘出土的马蹄铁等遗物中可以得到印证。"

随着发掘工作的推进，考古队对东明酒坊遗址的认识也在一步步深入。他们需要仔细甄别哪一期使用哪个房子，是多大的院子。"东侧探方里的建筑基址，分上层和下层。上层是年代晚的，下层是年代早的。下层建筑遭到破坏之后，在其上层又重新修建使用。"胡强说，不同时期工作面上有当年使用时的遗物，这是考古队员们在发掘现场用手铲一点点发掘出来的。

发掘工作接近尾声的时候，通过解剖发掘，考古队在清代酒坊遗存之下又发现了明代晚期的发酵区，出土了瓷缸、酒瓮、酒杯、石制工具残片等遗物。

2021年11月26日，东明酒坊遗址考古发掘工作通过了专家验收。

"下一步就是保护的事。"胡强说，10月初，省、市领导曾经前来考察调研，要求把遗址周围再勘探一下。"我们勘探后发现，遗址西北也有建筑，与酒坊关系密切。十字街周围一带都应该整体保护起来。"

雨雪、低温，都会对处于露天状态的考古遗址造成破坏。为此，相关部门决定，对东明酒坊遗址进行保护性回填。

三大新发现

经过深入研究,东明酒坊遗址考古发掘有三大新发现:

一是目前经考古发掘的华北地区第一处烧酒作坊遗址。

二是具有特色鲜明的大型半地下式窖池。酒坊窖池由外围的大型土窖池和内部的地缸构成,面积达20平方米以上,结构和规模全国罕见。

三是地下式蒸馏炉灶设计巧妙,为国内发现的酒坊遗址中炉灶结构最完整者。

东明酒坊遗址独具特色的半地下式窖池是对元代烧酒制作技术采用的圆形地缸窖池的继承与发展,印证了我国蒸馏酒酿造工艺传承有序。

据胡强介绍,东明酒坊遗址为院落式酒坊,不同期别的院落分别由几间功能各异的房屋组成,分为生产区和生活区。"生产区包括窖池、摊晾场和炉灶等几部分,功能分区非常清楚。遗址中部发掘出一条砖砌小路,直通北门。门口处发掘出门砧石,能看出门轴(装门扇的地方)的痕迹。门外是当年的胡同街道——这一带胡同大多以姓氏命名,如孙家胡同等。"

这次发掘工作最重要的发现之一,就是室内的大型窖池结构,由外围的大型土窖池和内部摆放的数十个半地下式地缸构成,且窖池壁经过特殊工艺处理。"窖池壁上直接砌砖起房子,特别讲究。现在不少人认为地缸是全部埋在地下的,现在看这个现场就清楚了,完完整整在这里摆着,是半地下的状态。"胡强说。

遗址西部有地下式蒸馏炉灶，南北总长约 5 米，属大型灶，由三部分组成，从南向北分别为操作间、灶膛、烟道。操作间为砖砌墙壁，上有壁龛，西南角发现一节木梯，还有铁器残件，可能是当年清除炭灰用的工具。探坑壁有向内倾倒的趋势，考古队对其进行了支撑固定。炉灶中部是蒸馏灶火膛。从灶口的直径看，当年使用的是直径约 120 厘米的蒸馏铁锅。灶膛北面是地下式烟道，狭长细小。烟道剖面上部窄，下部略宽。胡强说，这样的结构有利于热能的充分利用。"这个灶使用的时间比较长，整个青砖外壁都烧红了。"

考古发掘是一项细致的工作，对每一层泥土都要进行仔细的研究。在东明酒坊遗址发掘过程中，考古队在窖池中清理出很多地缸底部的压痕，乍看上去平平无奇，其实每个细节都有"玄机"。

胡强和同事们在遗址中部清理出一个柱洞，胡强说，通过这个柱洞可以推断出当年摊晾场上面搭有顶棚。"有张民国时期关于衡水酿酒的老照片，跟遗址发掘出的场景非常近似。我们推测那张照片有可能就是在这里拍摄的。"

最晚期的摊晾场上有一个曲折的砖砌沟槽，考古队推断这是冲洗摊晾场的水沟。胡强介绍："酿酒是先把原料上灶蒸煮，之后在地上摊晾降温。摊晾场使用后需要用水冲洗，所以修了这个导流槽，方便冲洗摊晾场。"

考古队通过对出土遗迹进行研究，认为这处酒坊是按酿酒工序设计功能空间的，整个作坊布局紧凑，功能完备，沿用时间达 300 余年，是明末清初至近现代时期的重要工业遗存。

胡强说:"历史上,此处遗址一直作为酒坊传承使用,保存了衡水制酒的历史信息,和衡水的城市发展史有密切关联,非常难得。这里应该进行原址保护,如果搬离,就相当于断了城市的文脉。"

出土遗物

除了考古发掘,考古队员们还兼任遗址"保安",每晚都值班巡逻。"要避免过多的人来看,否则会破坏现场。"考古队执行领队胡强说。

在驻地室内,胡强和同事们按出土单位把出土遗物装到大小不一的透明标本袋内,用记号笔注明时间地点及发现者等信息,再分门别类地存放在标本筐内。"遗址出土的所有文物标本都有重要的文化价值,都一一做了登记。"胡强说,目前出土的遗物均具有断代价值,"比如叠压的那几个地层,我们就是靠其中的遗物来确定年代"。

铜簪、铜笔帽、残砚、青花碗、白釉杯……东明酒坊遗址中出土的各类遗物承载着多年之前这个地方曾有过的、热闹的工商业气息。

在考古发掘中还发现了安南(越南)钱币和日本钱币。衡水市文物保护研究院院长王晓岩说:"这样的钱币在遗址中被发现,可以在一定程度上说明过去衡水工商业、贸易的繁荣。"

胡强是研究陶瓷的专家,可以根据陶瓷残片的品种、造型、胎、釉及做工等特征判断其来源和年代。他说:"目前出土的遗物以瓷器为大宗,包括各类瓷缸、酒碗、酒瓮、酒瓶等,主要为磁州窑彭城窑场产品，其次为景德镇窑场产品。此外还有石制烧锅支垫、铜钱币等"瓷器、陶器的时代性最强，有的瓷片上面带有纪年，可以帮助确定遗址不同期别的时代。

标本筐内有很多碎瓷片，有的可以复原，大多是当年人们日常生活普遍使用的瓷器的碎片，种类较丰富，有小酒盅、酒碗等。"特别大的碗也有，比较少。有件残破的青花瓷杯上写着'金榜题名'，是明代晚期的。"胡强说，彭城窑场的很多民用瓷是粗瓷细做，"胎上用一些白色的化妆土，外面是透明或半透明的釉，做出来显得精致些"。

遗址发掘出来的酒碗内底有几处微小的砂堆痕迹，胡强介绍，这是在批量烧制时，为了避免一个摞一个的碗胚粘连粘釉而使用石英砂的垫痕。"虽然没有年代标记，但可以对比彭城窑有纪年的产品。当年这是大众化的产品，很普通。人们做出酒来，可以用这样的碗接些来品鉴酒质。它不是吃饭用的，太小了。"胡强说，衡水不生产瓷器，但需求很大，尤其是酒碗类占了相当大的比重。衡水使用的瓷器大多出自磁州窑的彭城窑场。"还有院里那些酒缸，全是那里生产的……景德镇瓷器胎比较薄，容易损坏。"

除了器物，胡强和同事们还在遗址窑池地缸内发现了酿酒原料的遗物。粗看似乎与泥土无异，仔细辨别，可以发现是一层一层细小的颗粒状物体。现场民工表示，在清理时似乎闻到淡淡的酒香。不同的缸里残留的粮食似乎各有不同。胡强说，样品标本已经送到相关实验室进行检测分析，以进一步判断遗存种类。

工作人员用竹制工具大致测量了缸内物质的深度，胡强表示："每次发掘的深度要有控制，不能破坏下部残存的粮食。"

衡水市文物保护研究院院长王晓岩曾就这些粮食遗物询问过十八酒坊"义庆隆"的后人，"义庆隆"的后人说，酿酒需要用三种以上的粮食，其中包括谷物、豆类或是高粱，不同的酒所用的酒曲也不一样。

据衡水市地方文化研究者康占营的调查，永丰酒坊在当年号称"十八酒坊"的众多酒坊中规模较大，生产的酒醅除了供自家制酒外，还可以对外销售，供应其他作坊加工酿造白酒。

王晓岩说："《盐河运输漕记》中也有大量运输老白干酒的记载。"

意义 拓展

专家认为，东明酒坊遗址为清初以降北方干酒生产工艺的典型代表，是华北地区目前经考古发掘的第一处烧酒作坊遗存，填补了华北地区古代蒸馏酒作坊遗址考古工作的空白。地缸窖池是对元代烧酒制作技术继承与发展的实物见证，印证了我国蒸馏酒工艺传承有序，对研究我国白干酒的产生、发展、传播有重要意义。

"这个遗址对衡水来说意义重大，而且在河北省甚至整个华北地区，这种比较规整的院落式酒坊遗址都是比较少见的。"胡强说，根据考古发掘现场情况判断，这是一家以家庭为单位的酿酒作坊，规模较大，周转快。窖池中半埋在地下的大缸用来发酵，制成酒醅。地灶蒸馏大锅可以蒸煮数量较多的粮食，蒸熟后在晾场摊晾，降低到一定温度的时候下酒曲，入缸，制成酒醅后再到炉灶上蒸馏，制酒。"从炉灶的使用痕迹来判断，烧结的硬度特别大，说明使用很频繁，制酒周期运转很快，产量不会小，进而说明当年这个酒坊的生意很兴旺。"

胡强说，酒坊的产量可以通过酒缸的数量和规格大致判断，但现在遗址中是残存的遗物，不是当初的全貌。"遗址原有、完好的酒缸，可能被移走继续使用了，现场发掘出来的都已经破裂损坏，因此判断的依据不够确切，不太容易估算当年准确的产量。"曾有人说，酿酒是露天操作，但从这个遗址来看，是不准确的。窖池地缸都在室内，摊晾场搭有棚子，而且"冬季是做酒的旺季，露天酿酒不具有操作性"。

在胡强看来，衡水的白酒文化底蕴特别深厚，这个遗址代表着明代以后酿酒工业的发展情况。"之前人们总说'十八酒坊'，具体是什么样子的不得而知。而这里就是'十八酒坊'的一处非常典型的实物标本，充分证实了地方志中的相关记载。过去的窖池是什么样子，地缸是怎么埋的，还有白酒的酿造程序、步骤有哪些等，这些问题只有通过考古发掘才能解决。"

近代工业兴起之后，衡水有毛笔、制酒、柳条筐编织等产业。民国25年（1936年），由冀察政务委员会秘书处第三组编写的《河北省衡水县地方实际情况调查报告书》，记载了当时衡水县的经济状况。当时，计算的白酒年产量是80万斤（400吨），非常可观。胡强说，考古队员们在调查的时候了解到，最兴盛的时候，滏阳河两岸区域曾有过20多处酒坊。

"对衡水来说，酒坊遗址应该不止一处。这个遗址北面还有遗迹，发现有古代建筑基址。记载中，那边还有两家酒坊，广聚和德聚。"胡强说，广聚是临着北仁街的一个铺面，如果保存比较好的话，除了作坊，可能会有店铺、门脸类（前店后厂的类型）的遗存，永丰酒坊未发现店铺，推测是单纯进行生产的作坊。"我们在广聚后边做过调查，那边也有很多瓷器残片、缸片遗存。"

2022年1月，衡水市桃城区文旅局制定了《东明酒坊遗址保护和利用方案》，根据专家意见，申请将东明遗址划为重点文物保护单位，进行原址保护，并建设保护设施。计划在酒坊原址及周围区域兴建老白干遗址博物馆，作为滏阳河文化带的一个景点向公众开放，复原展示传统制酒工艺流程，打造大众体验酒文化的环境、场地，让非遗文化真正实现活化。3月，河北省文物考古研究院将东明酒坊遗址考古发掘的出土品全部移交地方。目前桃城区正在紧锣密鼓推进东明酒坊遗址申报县级重点文物保护单位的相关工作。

采访手记：

考古工地上，很多细节看似平常，实则大有讲究。胡强说，很多认知要靠积累的经验。"辨认土全凭手感，区分土的软硬、包含物等，这是看家的本领。我们也是一边干一边学。练就过硬的技术，遇见不同情况需要作出相应的研判，每次工作也是一个学习的过程。"

在衡水近4个月的工作、生活是考古队难忘的记忆。"我们一下来，市、区的同仁们都特别支持。刚来第二天，市文研院院长王晓岩就把自己家的电车推过来给我们用,说买菜方便,经常嘘寒问暖的。还有桃城区文物所李福朝所长,经常来问,有什么困难,有什么需要……"

考古队员们的生活很有规律。他们每天6点30分起床,7点20分吃饭,上午8点到12点工作,中午午休,下午从2点工作到6点。"我们一到工地就没有节假日。"胡强说,这次考古发掘遭遇的最大困难就是今年雨水特别大,"下雨没办法施工,需要把发掘区域全部用塑料布覆盖起来,用抽水机往外抽水,昼夜不停,晚上也得安排值班继续抽。考古队特别重视防涝,因为一旦进水,不仅破坏地下遗迹,而且很长时间干不了,工作就没有办法进行了。"

考古队曾查阅宋代三大资料宝库之一的《宋会要辑稿》,里面记载冀州有14个酒务,胡强解释说:"酒务,是榷税的。"他查阅卷帙浩繁的《四库全书》,发现其中一处记载,宋代范祖禹给一个姓张的当事人写墓志,里面提到这个人做过监冀州酒税,也就是说,这个"务"的长官叫"监冀州酒税"。"墓志是对当事人确切的记载,宋代确实是有这个官职,叫'监某州酒税'。《四库全书》这种体量比较大的典籍查阅很困难,只能是多看、多找。"

胡强说,考古队的《工作日志》上记录着他们每天的工作进展,"挖掘的是哪个探方,挖了多深,土的颜色,包含什么东西,出了什么遗迹等,把所有的信息全部记清楚"。

从技术的角度讲,这个遗址的难处在于现代的干扰特别多。"比如20世纪70年代盖的房子是作为牲口棚来用,后来在这个地方盖起了民居，基础都是青砖，是把旧的建筑破坏之后又用之前的材料建新的，这些构造层次互相叠压，判断年代的难度相当大。这次发掘，在这方面研究起来比较费精力。时刻要注意哪些是早期的，哪些是近期的，谁压着谁。把现代的全排除掉，把旧的留下来，这本身就是一个非常艰难的过程。"胡强说，进行发掘时，他们会有意识地选择性保留一部分年代较新的遗迹。"从哪里清，在哪里留，都需要谨慎考虑。留下的部分能够体现不同年代的特征。比如上面这层下边压的有淤土，再下边是第几期的，又有一层淤土……体现年代叠压的区域，需要保留下来，能够观察出一些沿用情况。"

考古队员的标志性工具是手铲。胡强和他的同事们进行发掘操作时，到了文化层，必须拿着手铲一点点地仔细刮。"为什么做得比较慢呢，因为我们要对遗址的年代仔细甄别，必须做好，重点地方就用手铲慢慢去刮。"胡强解释什么叫解剖发掘："有些遗迹不能整体发掘，那样就看不出堆积层次，不能了解年代演变了，要按照1/2的方法去做，保留一半的剖面，看堆积有几层，什么时候形成的，里面都有什么遗物。这样，现代的、50年代的、民国时期的、清代的、明代的……从上到下，一层层会很清晰。"

胡强回忆，做地下炉灶解剖发掘的时候，作业面特别狭窄，只有40～50厘米左右，"我们得找比较瘦的队员下去，每天挤在夹道里面蹲着作业，特别难受，一会儿腿就麻了……没有合适的工具，我们就用改制的铲子一点点往外舀，一点点往外铲。即便这样也不能整体发掘，必须这样解剖，才能知道这个遗迹是什么时候开始用的,一直用到什么时候。"

"探索未知,揭示酒坊历史真相,把遗址的年代层次彻底区分开,把它弄清楚,就很好。做着做着,确实是'有',印证了自己的预判,我们也就从这看似枯燥无味的工作当中体会到了那种'发现'的乐趣。"胡强说,考古队员的愿望很简单,就是齐心协力把工作做好,为保护国家的文化遗产作出实实在在的贡献。

经过考古发掘之后的酒坊遗址体现出的地势是西高东低,落差约有50~60厘米。站在东侧向西看,能感受到一层层逐渐高起,年代较晚的遗存地势相对较高。冬日夕阳之下,这种参差错落的结构,呈现出一种别样的美感。窖池中残损的酒缸余香犹在,默默讲述着这个平原城市过往的繁华与沧桑,抚今追昔,令人无限感慨。

(2021年)

《南巡碑》与衡水之名

1 500多年前的一个春天,北魏文成帝拓跋濬南巡到达当时被称作信都的冀州,在"衡水之滨"举行了一场盛大的禊礼。祓禊之礼,在《论语》中的诗意表达是"浴乎沂,风乎舞雩,咏而归"。春天人们来到河边洗涤冬季的尘垢以及过往的积恶,"以洁净的躯体和爽利的精神迎接春天的到来,获得福祉",这是历史悠久的传统汉族礼俗。有学者认为,鲜卑族拓跋氏仿效汉族皇帝举行禊礼,表明他们在汉化方面又推进了一步。

拓跋濬回到当时的都城大同后,将此事勒石以铭。对衡水人来说,记载这次北魏和平二年(461年)南巡盛况的《皇帝南巡之颂》碑(简称《南巡碑》)还有着更为特殊的意义。因为,这是首次在碑文记载中发现"衡水"二字。

衡水市书法家协会会长杜长荣在2014年协助编撰《衡水金石书法录》时,专门研究过《南巡碑》。数年过去,与他谈起"衡水之名"与《南巡碑》拓片时,他依然记得最初在互联网上看到《南巡碑》拓片时内心的激动。"这是我们现在能看到的最早出现'衡水'一词的碑刻，算是'官方记载'。之前，咱们这里被称作'漳水横流'之地，用的是'横'字，这是第一次在碑刻上把'横'改为'衡'。"

《南巡碑》原在山西省灵丘县城东南约 15 千米处的河阶台地上，与之相对的唐河南岸的山峰被当地人称作"笔架山"，河阶台地以西是北魏著名的"灵丘道"。从历代文献记载来看，这通石碑曾被湮没长达约 10 个世纪。20 世纪 80 年代文物普查时，人们发现这通石碑已经断裂颓倒，被荒草掩埋。历经千百年沧桑，地表仅留存残碑 3 块。除龟座、残碑半掩埋于草丛和土中外，周围还有不少宋、辽、金时代的建筑材料，如槽纹砖、筒瓦、兽头瓦当、滴水等残件，表明当年这里曾经建过碑亭。1993 年 10 月，山西大学和山西省测绘局在灵丘县委、县政府帮助下进一步发掘，又发现 7 块残碑。由此，这通石碑得以初步复原，现保存于附近的、北魏太和七年（483 年）肇建的皇家寺院觉山寺内。觉山寺是国家重点文物保护单位，曾上过央视《国宝档案》节目。

国家级非遗项目阎庄法帖传承人李广民曾专程赴灵丘拓印《南巡碑》。2015 年 10 月下旬，时近冬日，山西已经非常寒冷。李广民从衡水出发乘火车去太原，接着倒车去大同，再坐班车到觉山。那一带很偏僻，从下车的地方出发，需要继续徒步 3 千米才能到达觉山寺。

复原后的《南巡碑》被安置在寺院的一间东厢房内，屋里还存放有经幢等物品。《南巡碑》为"螭首龟趺，整体均为白灰色石灰岩质。碑首顶沿呈弧形，久已断裂为二，拼合后宽

145厘米、厚30厘米、高84厘米，最宽处比碑身约宽8厘米。顶端随弧度雕刻四龙，身上头下，左右对称，刻工精细。据残碑拼合后测量，碑身宽约137厘米，较碑额窄8厘米，两边各缩进4厘米；碑身厚度29厘米，碑身高度因残缺难以测知，如以宽高之比为1∶3计，则碑身原高至少在4米以上"。

4米高的石碑并不算是形制特殊的"巨碑"，这样的高度与刻字大小正适合阅读观赏。《南巡碑》正面的碑文记载文成帝南巡定、相、冀三州的活动、见闻与立碑经过，石碑背面是随行官员的姓名和官爵。因为是残碑的缘故，文字并不完整。

"《南巡碑》碑额以篆书写就，碑文是典型的魏碑书体，此碑书法价值、学术价值极高。"杜长荣为《南巡碑》写下书艺评价，从书法角度对其进行点评："结字宽博开张，气势恢宏，用笔时见篆隶笔意，静穆高古，点画遒健，是北魏前期书法代表作。"

学者发现，唐人许敬宗编纂的《文馆词林》收录了一篇北魏高允撰写的《南巡颂（并序）》，主要内容是赞颂和平二年（461年）文成帝巡幸冀州的盛况。该文不仅可与南巡碑文及相关文献记载互参，亦提示在文成帝南巡途经的冀州（信都）可能立有与南巡碑类似的一方碑，而该文可能正是碑文的一部分。

很多衡水地域文化学者都关注"衡水"名称的由来。《尚书·禹贡》有"覃怀厎绩，至于衡漳"的描述。《水经注》卷十《浊漳水、清漳水》记载，浊漳水过斥漳县后被称为衡漳，亦即衡水。衡水地域文化研究会会长田卫冰注意到，《水经注》书中"衡水"一词出现了13次。"《水经》是先秦典籍，已经散轶不全,即便如此,'衡水'还在书中多次出现,说明这个名称由来已久。"

最初,衡水是一段河流的名称,又名"横漳"或"衡漳"。历史上,漳水从衡水县西南入境后,不是东流入海,而是折向北流,然后入海,古人便把这段漳河水称为"衡水",后来漳、滏合流,这段河水就是现在的滏阳河。《衡水县志》记载,"隋开皇十六年(596年),始分信都北界、下博南界、武邑西界三地置衡水县",县名取"漳水横流"之意,此后历代沿用。到了唐代,《元和郡县志》中记载,"衡水县在长芦河西,长芦河则衡漳故渎也,因以为名",明确了水名与地名的源流关系。民国时期《河北省衡水县地方实际情况调查报告》中的沿革部分载:"水经郦注,衡漳、衡水互见,是元魏(北魏)时已称衡水,隋特因之以名县耳……"

现在的衡水市由衡水专区演变而来。衡水专区初建于1949年8月,1952年11月撤销,1962年复置,1967年改称衡水地区,1996年5月改为地级市。

典籍中的记载,对越来越习惯碎片化阅读的现代人来说似乎有些遥远,而实物载体则显得更加直观。2019年在中国国家博物馆举办的"文华衡水——河北衡水文化展"第一单元展板上,《南巡碑》的拓片吸引了众多关注的目光。现在,衡水博物馆中展出了一件复制的《南巡碑》。相信,越来越多的衡水人会通过它知道"衡水"之名的由来。

(2022年)

北朝青釉仰覆莲花尊

北朝青釉仰覆莲花尊，高 63.6 厘米、口径 19.4 厘米、足径 20.2 厘米，侈口、长颈、溜肩、长圆形腹、高圈足。口沿下有桥形耳一对，肩部有六系，并附盖。通体有纹饰 13 层，除颈部贴塑宝相花及压印团兽纹外，其他均为莲瓣纹。盖钮下双重覆莲瓣，盖沿边上翘双重仰莲瓣。上腹三层覆莲瓣，下腹双层仰莲瓣纹。整体纹饰整齐精细，上下呼应，富丽堂皇。该尊 1948 年出土于河北衡水景县封氏墓群，器型硕大、做工精湛，釉色青绿温润，是早期北方青瓷的代表作。现存于中国国家博物馆，曾多次赴美国、日本等国家展出。

2019 年，在中国国家博物馆举办的"文华衡水——河北衡水文化展"是国博举办的第一个地域文化大展。展厅中一件出土于衡水景县封氏墓群的国宝，呈现形式颇为特殊，是 3D 虚拟互动影像，吸引了很多人的目光。这件国宝就是北朝青釉仰覆莲花尊。由于它是国博在地下展厅基本展陈"古代中国"展线上常年陈列的国宝，不宜移动，所以采用了这一创新形式进行展览。资料显示，当年封氏墓群出土的青釉仰覆莲花尊共有 4 件，国博馆藏的这件是其中最大、品相最为完好的一件（后有修复）。另外 3 件，1 件存放于河北省博物馆，1 件存放在故宫博物院，还有 1 件已破损。

封氏墓群位于衡水景县前村乡，周长百余米，占地 20 万平方米，最大的墓冢封土高约 7 米。1961 年被公布为全国重点文物保护单位。

1955 年 12 月，北京历史博物馆（中国国家博物馆前身）专家张季来到景县，调查前华北人民政府 1948 年搜集的 270 多件"十八乱冢"封氏墓出土文物情况。他找到当时挖掘封魔奴墓、封延之墓、祖氏墓和封子绘墓的数十位村民，通过开座谈会、走访问询等方式，了解当年封氏墓葬挖掘的经过，并写下了《河北景县封氏墓群调查记》一文，发表于 1957 年 5 月的《考古通讯》。

文中记载，"十八乱冢"又名"封家坟"。1946 年景县解放前后，附近村民传说这里是"十八牢"，有"十八仙"，因此经常有人来烧香上供，无人敢动土。1948 年 5 月，为破除迷信，也因为好奇，后村和小村的村民掘开了这些墓，从没有塌陷的 4 座墓（封魔奴墓、封延之墓、祖氏墓和封子绘墓）的墓室中取出了里面的大部分随葬品。已塌陷的那些墓，村民们没有向下深掘，墓室没有被掘开。

景县人民政府、衡水十一分区知情后，很快派干部赴现场调查，并收集已掘出的文物 270 多件，集中保存在前景县人民政府（后移交北京历史博物馆保管）。1955 年，张季在景县又找到村民保存的32件文物，并了解到还有文物散失在小村、陈村、前村、后村农民家中。

收集到的这300多件文物包括铜器、瓷器、陶器、陶俑、玻璃器、玛瑙器、铜印和墓志，年代从北魏、东魏、北齐直到隋朝时期。古代很重视集族而葬，封魔奴死在平城、封延之死在晋阳、封子绘死在京师，最终他们都归葬本乡。

这些文物蕴含着珍贵的历史、艺术、科学价值。通过志铭文字，可以考证《魏书》《北齐书》《北史》《新唐书》宰相世系表；通过铜印、陶器、铜器，可以了解当时北方的文物制度；陶俑不但可以帮助考证北魏汉化前后的衣冠制度，而且在陶塑美术史上也是少有的资料……尤其是那些瓷器，给研究北方瓷器发展情况提供了珍贵资料，证实了北方青瓷不但可以与南方青瓷相媲美，且在制作形态、釉质等各方面都有其特殊风格。

封氏墓群当年出土的瓷器共有35件。胎分浅灰胎、白胎、棕褐色胎，釉分青釉、黄釉、酱色釉等。釉质光泽晶莹，是所谓的"玻璃釉"。大部分挂半釉，腹下部和足部分露胎，有泪痕和细碎的开片纹。器型有尊、壶、瓶、罐、盘、碗、杯、碟等。

这35件瓷器中，最引人注目的是4座仰覆莲六系大尊。由于是手工制作，4座尊尺寸并不一致。当时（1955年）已有一件保存于河北省博物馆，剩余的3件，1件失盖、2件口缘残缺。现中国国家博物馆馆藏展陈的那件出土于祖氏墓，断代为北朝。

河北省博物馆馆藏的青釉仰覆莲花尊，口径15.1厘米、底径18厘米、高54.4厘米，喇叭口、长束颈、椭圆形腹、圈足，颈部上面堆贴模印的团龙纹，下面堆贴兽面纹，间以三道凸起弦纹隔开，肩部饰六个双环形系，肩部至底足装饰6层不同形态的莲瓣。

据了解，莲花尊除在河北景县出土外，在湖北武昌、江苏南京、山西太原、山东淄博等地均有发现。

关于莲花尊的用途，至今观点不一。有专家认为，这是南北朝时期至隋初高层贵族死后随葬的一种高规格明器，其功用与汉晋的五联罐、谷仓罐相似，是为了安奉墓主人的灵魂。莲花尊的纹饰内容与佛教密切相关，是佛教思想和古代传统灵魂观念相融合的产物。

（2021年）

桑庄东汉绿釉陶楼

桑庄东汉绿釉陶楼是目前全国发现的最豪华、最高、制作工艺最先进的汉代陶楼,为仿木建筑陶制明器,通高216厘米,基座边长82.8厘米,由台基、门楼和五层楼阁组成,各层门窗、屋脊、栏杆等部位塑有各种花纹、俑鸟等。楼阁与底部基座、栏杆、门楼浑然一体,结构严谨,高大美观,装饰繁缛,充分体现出我国汉代楼阁式建筑的风格和特点,是汉代陶塑中不可多得的上乘之作。该陶楼曾在河北省博物馆展陈,先后到美国、日本,以及中国香港等地展出,现在河北省文物考古研究院保存。

桑庄东汉绿釉陶楼出土于20世纪80年代。据1990年发表于《文物》杂志的《河北阜城桑庄东汉墓发掘报告》记载,此墓位于河北省衡水市阜城县王集乡桑庄村西南约400米(距阜城县城约35千米),早年就有封土,高10余米,当地俗称"桑家楼"。农民取土平地使墓顶暴露在外。1984年3月,河北省文物研究所派相关人员与衡水地区文化局、阜城县文化馆共同进行了抢救性清理。

桑庄汉墓为砖砌多室墓，体量较大（通长28.36米、通宽15.36米、高5.16米），是一座典型东汉墓，形制较为规整，甬道、墓室、耳室等空间结构保存基本完好。墓内各室壁上及顶部原绘有大型壁画，后因水淹全部脱落，画面内容已不可考。出土随葬品以陶器为主，鼎、炉、瓮、壶、盆、盘、魁、案、豆、勺、耳杯等生活用具较多，有一些陶制的鸡、鸭、羊、猪、狗等家禽家畜，还有井、仓、庖厨俑、陶楼等。

目前发现的汉代墓葬中陪葬陶楼数量很多。桑庄汉墓共发现3座陶楼，其中最大的一件保存相对完整，其外观讲究、结构严谨、装饰繁多，看上去华美异常；另外两件破损。

这座陶楼是仿木建筑的模型。底部为长方形基座，高7厘米，由6块结构组成，相接处刻画有不同的横道或交叉符号，以便拼接。从外观看，陶楼以腰檐平座栏杆间分为5层。从内观察，在外观4层以下的每层腰檐下都有夹层。实际上，陶楼的内部空间可分为9层。

陶楼具有瞭望、防卫的象征意义。桑庄东汉绿釉陶楼每层四面都布有战事所用的盾牌及弓弩等，且都有人瞭望。夹层结构严谨，在顶层置有报警用的锣，并有随时可以敲锣报警的侍者守护。

从建筑技术角度看，桑庄东汉绿釉陶楼每层由斗拱承托腰檐，其上置平座，并在屋檐上加栏杆。这种营造方法虽已见于战国铜器，但到此时更合理地运用了木构架的结构技术，在功能上更能满足遮阳、避雨和眺望的要求。各层腰檐和平座有节奏地挑出和收进，使陶楼外观既稳定又富有变化，各部分产生虚实明暗的对比作用，反映了中国楼阁式建筑的特殊风格，后来南北朝时期盛极一时的木塔就是在这种楼阁建筑的基础上发展起来的。

桑庄陶楼的烧造难度很大，过程非常复杂。塑形时，首先要确定重心、保证其稳定性。每层的栏杆、扶手、装饰等均不同，人物、斗拱、点缀等雕刻繁复，各个零部件精致美观，烧造时，要一节一节分别进行，严格掌握好火候。要让整座楼达到釉面一致，需要高超的工艺水平。

桑庄东汉绿釉陶楼这种屋宇重叠、防御森严的楼阁明器，在一定程度上是当时社会的真实写照：厚葬之风盛行，社会治安状况差。

汉武帝采纳董仲舒建议，"罢黜百家，独尊儒术"。此后2 000多年，儒学成为中国占统治地位的主流思想文化体系，其核心内容"大一统""三纲五常"等影响深远。汉代推行"举孝廉"制度，孝道文化盛行，崇尚厚葬。人们讲究"事死如事生"，对祖先的下葬、陪陵及每年的供奉、祭祀非常重视，有很多规矩和要求，丧葬制度非常完善。尤其是有经济基础的大家族，葬礼更是极尽奢华。桑庄汉墓中，各种生活物品、用具都有所体现，就是为了尽量复制死者生前的生活环境，印证了当时的社会风气。

考古学上有一个非常残酷的事实："十墓九空"。汉代墓葬被盗最多，就是因为里面的随葬品相对丰富。桑庄汉墓早年也曾被盗，甬道及各室内都充满了淤土，随葬器物已不在原来的位置,大部分已破碎,葬具及尸骨均已无存,仅在后室中部淤土中发现头骨碎片。专家对墓主人身份只能进行大致判断——并非贵族,因为没有封制(如皇帝御赐的物品等),没有发现御制碑,也没有墓志铭、专铭等佐证依据,从墓葬形制上推测,桑庄汉墓主人是东汉豪强地主的可能性比较大。

东汉时期土地兼并极为严重,豪强地主掌握大量土地,生活相当豪奢。由于社会贫富悬殊,阶级矛盾尖锐,很多地方的豪强地主都有自己的雇佣武装,用于看家护院、扩充势力。以陶楼随葬,体现出东汉晚期社会治安状况差,人们没有安全感。

另外,以陶楼随葬与汉代崇尚高台有关。汉代神仙学家公孙卿说过:"仙人好楼居。"人们认为仙人都是住在高楼之处,故汉代贵族豪强热衷修建高楼。

(2021年)

"衡桥夜月"重归视野

在衡水人的记忆中,"衡桥夜月"是传统衡水八景中格外具有诗情画意的一处。古往今来,与之相关的诗词歌赋典雅优美、民间传说饶有趣味,流传至今,成为衡水传统文化积淀中颇具特色的一个重要元素。这处景观的核心建筑,就是有着悠久历史的衡水安济桥。

衡水安济桥,又名衡水石桥、衡水老桥,坐落于衡水市胜利东路,是河北省境内现存横跨滏阳河的规模最大的一座古代石桥,也是省内现存的古代石拱桥中较大的一座,具有较高的历史、艺术、科学价值,现为全国重点文物保护单位。

200多年来,衡水安济桥饱经沧桑,经历过多次损毁、修建。距今最近的一次严重损破,是1937年被侵华日军炸毁石桥中孔。2019—2022年进行的加固修缮工程绸缪已久,解决了衡水安济桥本体安全隐患,最大限度恢复了其原貌,当年的"衡桥夜月"盛景得以重现。

恢复原有七孔结构

2020年4月8日,记者在施工现场看到,衡水安济桥南北两侧的滏阳河施工河段,河水基本排干,河底淤泥干燥板结,能够支撑中小型机械。一辆小型挖掘机正在西梢孔桥洞下清淤,相邻不远的西次孔桥洞脚手架上,几位工人正在切割石料、勾缝修补,桥体两侧分水金刚墙凤凰台修缮大部分已近尾声。

近年来,由于城市发展、道路改建等原因,安济桥两端及周边环境地势逐步抬高,总体破损严重。资料显示,此次维修之前,安济桥桥面为沥青混凝土铺设,桥头较原桥面抬高近1米。雁翅栏板望柱丢失较多,近一半为砖补砌,现存大部分埋于地面下。东桥头北侧石狮丢失,其他石狮部分埋于地下。桥身中孔为1982年新建的钢筋混凝土拱桥,东、西梢孔大部分被土掩埋封堵;桥洞拱券石均有松动,个别错断,券脸石略有外倾,拱券石及撞券石灰缝脱落严重。

据介绍,经上级部门批复、资金到位后,衡水安济桥修缮工程于2019年5月开工建设。2020年春节前,施工单位已经对桥栏等处进行了加固维修。节后,衡水市滏阳河管理处开始排水清淤,进一步创造施工条件。随着疫情形势向好、复工复产节奏加快,工程于2020年3月5日恢复施工,紧锣密鼓有序推进,很快交工。

据了解,此次修缮工程按照国家文物局对《安济桥维修加固保护工程设计方案》批复要求进行施工,拆除已实施的毛石护坡、亲水平台地面等,清理各桥孔的淤积土到河床地面,恢复安济桥七孔结构;归位、加固桥洞上松动的拱券石,对拱券石缝重新勾缝;清理安济桥河道两端淤土,使两边金刚墙全部露出;清理"敕建安济桥碑记"周边杂物、垃圾,适当硬化,改善石碑周边环境。

"不改变文物原状"是应严格遵守的文物保护维修原则。在国家文物局《关于衡水安济桥修缮工程立项的批复》中有如下表述:"该工程属文物修缮工程,应遵循不改变文物原状、最小干预等文物保护原则,保护文物及其历史环境的真实性和完整性……以排除险情为目标,严格控制工程量和工程强度。"

《安济桥维修加固保护工程设计方案》中有这样的文字:"尽可能多地保留安济桥的历史遗存和自身特点,尽可能多地保存其历史真实性、完整性、延续性;必须尊重和尽量利用原有材料,尽可能多地减少干预,适当采用一些新材料、新工艺,以增加修缮后的结构稳定性和持久性,修复措施及使用新材料完全是为了保护和加固补强原结构,所修复的部分也是为了保证安济桥整体形象的完整性,为了保护安济桥的安全性;注意整体协调,通过现状修整,增强其抵抗灾害能力,确保古桥延年益寿,保持安济桥二百多年的历史沧桑,避免维修后焕然一新。"

为最大限度保护桥体安全、再现原貌,《安济桥维修加固保护工程设计方案》特意强调:"拆除中严禁使用大型机械设备,注意保护条石等文物本体,宜用人工清除,离文物本体较远时,可适当辅助小型电动工具。条石要求与安济桥现存原青白石质相同,颜色尽可能接近。"

安济桥的前世今生

据介绍，现存安济桥开工于清乾隆三十年（1765年），完工于清乾隆三十一年（1766年）。安济桥西南端桥头有石碑一通，碑文已风化、模糊不清，清乾隆三十二年《衡水县志·艺文》收录了全部碑文，碑文内容为时任知县陶淑写的"勅建安济桥碑记"，记载了建桥经过和建桥的艰辛。《衡水县志·艺文》还收录了当时的直隶总督方观承的"钦建安济桥记"，同样记述了安济桥的建造情况。

《衡水县志·建置》"桥梁"对此进行了综述："天顺元年（1457年），衡水知县杨俨奏深冀二州武邑、枣强二县协济，创建木桥。成化、弘治、正德、嘉靖屡圮屡修。嘉靖三十二年（1553年）县民徐廷等募建石桥……隆庆三年（1569年）大水，桥复圮，邑令孙梦麟率乡民贾从仁、赵儒等筹费重修，阅数年工始竣。""自顺治五年（1648年）滹沱入滏会为一河，势倍盛于前"，河水猛涨，桥几乎被冲毁。直到清乾隆年间，当时的直隶总督方观承看到旧石桥残损严重，于是奏请朝廷批准，"发帑四万七千六百多两，委清河道周元理、通永道玉神保董理，知县陶淑亲承，指画选料，鸠役择吉，肇工於乾隆三十年（1765年）五月阅十月竣"。上报朝廷，乾隆皇帝赐名"安济"，故现名安济桥。

安济桥为七孔石拱桥，由青白条石砌筑而成，东西走向，横跨滏阳河上。桥面总长114米，分河身桥面和雁翅桥面两部分；桥身总宽8.8米，桥高（自装板上皮至两端雁翅桥面）约9.2米，桥面自两端雁翅向中央依次升高，形成一条弧线。桥底平面设7个金门、6个分水金刚墙和2个边金刚墙，桥头河岸南北两边砌泊岸，金刚墙外设凤凰台，凤凰台上设海墁条石，凤凰台外设分水尖，两边凤凰台外设雁翅。券孔为双心券，券脸中间设吸水兽。桥面东西最外端望柱外侧各置石狮一对，相对而视，石狮蹲坐于须弥座上。桥面施栏板、望柱、地栿、仰天石、海墁石，望柱根部榫插入地栿卯口，栏板安于望柱之间。望柱每侧为56根，共112根，柱头各雕石狮一尊，雌雄相间，两两相视，狮下为莲花座，座中雕连珠。栏板内侧上雕净瓶，下雕栏板面枋"落盘子"纹样，外侧为素面。

1937年，侵华日军由滏阳河南犯，因洪水淹没桥孔，日军遂将安济桥中孔炸毁。

1956年，当地群众将安济桥中孔以木桥衔接；1982年3月，政府拨款，衡水地区公路工程队把中孔木桥拆除，改为钢筋混凝土结构，同时对桥面和栏板望柱进行了修整。

此后，对安济桥的保护工作不断完善。1989年5月，安济桥被列为衡水市（现桃城区）文物保护单位；1993年7月，安济桥被列为河北省文物保护单位。1994年5月，衡水市（现桃城区）财政拨款，由衡水市文物管理所（现桃城区文物管理所）在衡水安济桥东西两端设置隔离墩，并竖立了禁止一切运输车辆通行的标志；2002年，省财政拨款，衡水市文物管理处对安济桥原有隔离墩及桥栏板进行加固、修补，并重新铺了桥面两侧的路面；2008年8月，衡水市第三次全国文物普查队对安济桥进行文物复查，并建立不可移动文物登记表。

2013年3月，衡水安济桥成为国务院公布的第七批全国重点文物保护单位。

一座桥梁的多重价值

观赏性只是衡水安济桥的一种衍生功能，其修建初衷是为了方便两岸交通，发挥更为重要的社会经济作用。从多个维度考量，安济桥有着独特的历史意义及多方面价值。

衡水是山东至山西、河北至北京的水陆交通要道。安济桥建成后，对东西两岸交通发挥了重要作用，见证并承载了当地商业发展的历史信息，记录了明、清两个王朝的官吏为体察民情、振兴当地经济作出的贡献。在安济桥北侧、滏阳河西岸，原建有客运、货运码头等，方圆百里的客商都从此地乘船进津、赴京。安济桥西头的"问津街"就由此得名，街名一直沿用至今。安济桥几经兴建，东西梢孔大部分被土掩埋封堵，河床变窄，从一个侧面反映了滏阳河水势、水流变化情况，为研究滏阳河水利建设提供了间接资料。

抗日战争时期，衡水安济桥曾为冀中、冀南人民粉碎日寇的侵略作出过历史贡献。这座桥身的中孔于1937年被日寇炸毁，是中华民族抗击日寇的铁证，是丰富而生动的实体教材，也是向广大青少年进行爱国主义教育的重要基地。

衡水安济桥这一规模宏大的建筑工程，体现了中国古代桥梁建筑的科学性。其内部砌石均用铁件连接，砌体均为灰浆砌筑，并以铁件连接，增强了桥的整体性。同时，拱券采用横联式，防止桥向两侧开裂。桥体七孔联拱，是单拱的集合体，金刚墙及撞券石厚重，承重、抗洪能力很强，桥拱水平推力小，每孔可自行平衡，一孔受损，其他拱可以安然无恙。当年中孔被炸毁后，东西次孔依然存在，充分说明了这种拱结构的合理性。同时，这种拱券为双心券，造型优美，为拱体结构的研究和发展提供了重要的实物遗存。分水金刚墙的分水尖科学地运用了流体力学的原理，减小了河水对桥墩的冲击力，也减少了桥墩对流水的阻力，从而也增大了桥体的稳定性。

衡水安济桥凝聚着劳动人民的智慧，同时具有极高的艺术价值。桥梁整体雄伟壮观、造型美观、比例均衡，桥上望柱石狮雌雄相间、两两相对，形态各异，栩栩如生；望柱间石栏板高浮雕精美的卷云纹宝瓶图案；桥下各孔拱券龙口石吸水兽等雕刻风格别致，手法粗犷豪放，造型生动逼真，神态别具风采，反映了当时工匠高超的雕刻水平。由河水、石桥、狮子、明月等元素构成的这幅美景就是著名的衡水八景之一——"衡桥夜月"。

据介绍，衡水安济桥在此次修缮工程完工后将作为景观步行桥使用，有关部门将加强日常管理，重点保护。广大市民翘首以盼的"衡桥夜月"盛景，终于在2022年2月重现于世！

（2022年）

P₂ 肖像

让衡水湖照见人类艺术之光

——访著名雕塑艺术家、中国美术馆馆长吴为山

2020年9月28日晚,第32届中国电视剧"飞天奖"、第26届电视文艺"星光奖"颁奖典礼在衡水举办。著名雕塑艺术家、中国美术馆馆长吴为山,是这次颁奖典礼的颁奖嘉宾。这是他第一次来衡水。典礼结束已近深夜11点,细密的雨丝无声飘落,然而秋的寒意,被吴为山温暖的笑容驱散了。一个文化艺术大家,却没有什么"大咖"架子。他原本的安排是即刻回京,但还是抽出时间,接受了记者的专访。

在衡水平台讲好中国故事

"参加在衡水举办的'飞天奖''星光奖'颁奖典礼,我蛮感动的。我觉得一个地方能重视文化,把国家这种大的品牌引进来在这里颁奖很难得,既可以借助于地方文化和经济的发展,为社会、为国家搭建平台,也可以扩大衡水的文化影响

力。衡水这样做,我觉得是一个双赢。"吴为山认为,一个城市最重要的是其软实力。"正如习近平总书记在教育文化卫生体育领域专家代表座谈会上讲的,我们要把文化建设放在全局工作的突出位置。"

看到衡水在城市的中心地带建起了高规格、有品位的文化艺术中心,吴为山感触良多。"衡水是河北省的一个地级市,我看这(衡水市文化艺术中心的大剧院)比一些经济发达的江南、长三角地区的一些大剧院要好得多,里面的艺术感觉很好,这说明它不是孤立的。一个大剧院建得好,是由其他各种文化衬托起来的。"

吴为山在颁奖典礼上讲到,文化的传承不是孤立的,是连续的、绵延不断的。"中华文化的文脉绵延不断,是由许许多多文化人一代一代传承所创造的。那些历史上杰出的人物,都是每一个时代不同的坐标点。我们把每一个不同的坐标点塑好了,连成一片,就形成了形象的、历史的文化诗章。"

"毫无疑问,董仲舒应当是这样一个文化诗章的坐标点。"衡水是董子故里。在多年的艺术实践中,吴为山曾数次为董子造像。2019年北京国家博物馆举办"文华衡水——河北衡水文化展"时,吴为山恰好也在这里举办"丹心铸魂——吴为山雕塑作品展"。在他众多气势恢宏、令人震撼的作品中,就有两尊董仲舒造像,与衡水展厅中的董子像遥相呼应。"那两尊董仲舒像一大一小。现在小的那尊正在国家大剧院展出。两个董仲舒形象的脸型是相似的,但是小的那尊更为写实一点,不那么意象。"

吴为山说，2019年国博展出的那件高大的董仲舒像是2005年扬州博物馆请他创作的，现在矗立在扬州博物馆前面。"董仲舒曾在扬州有过业绩。古代一些重要的、伟大的人物往往在不同的地方都有所作为，他们的政绩会遍布很多地方。"2019年，吴为山在中华历史人物系列创作中，再次塑造董仲舒像。

"衡水出董仲舒这样一个人物不是偶然的，与这个地方整体的地域环境、历史文化背景很有关系。衡水这个地方历史比较悠久、文化底蕴比较深厚。我在创作过程当中，也希望董仲舒这样一个历史的文化坐标立在这里，能让人们通过这个形象来'礼'像，能够从中学习、继承中华传统文化。"

尽管来不及更多了解衡水的城市雕塑，但吴为山还是为衡水的城市文化建设提出了指导性建议："城市雕塑可以凝固历史，也可以展望未来。在今天的城市文化建设中，城市雕塑无疑是一道亮丽的风景线。但如果做得不好的话，就会变成一个老百姓不喜欢、走不进老百姓心里的构造。所以还是要强调结合精神与美来为这个城市做一些优秀的作品。"

谈起数年前举办的衡水书画精品进京展，吴为山说，当时他专门到场，还讲了一段话，是对衡水文化建设的支持。"我觉得作为中国美术馆的馆长，我应该有这种义务、有这种责任，为中国各个地区美术的发展、文化的繁荣做工作。"

"不知道衡水有没有建很好的美术馆。这方面，还可以跟中国美术馆加强合作，把中国美术馆的那些国宝也请到衡水来展览。"吴为山说，衡水不仅要引进像"飞天奖""星光奖"这样大的文化品牌，还要引进一些大师的作品。

"要引进文化之经典到衡水来。衡水的文化发展要依靠地方的力量、依靠地方的艺术家,更要和全国乃至世界的艺术家们进行沟通。"吴为山说,我们要借助衡水这个平台来讲好中国故事,让民族的、时代的、历史的、先进的文化创造,能和衡水文化艺术的发展以及衡水经济社会的发展结合在一起。"这样,衡水就会像衡水湖那样,可以照见人类艺术的光芒,就会发展得很好。"

如何活化心中的董子形象

数十年来,吴为山做的一件很重要的事情,就是把中国历史上杰出的人物形象塑造出来。"我觉得董仲舒等历史人物给中国文化作出了贡献。他是一个思想家、教育家、哲学家,应当用雕塑艺术的形式把他们塑造出来,让我们年轻的一代能'顶礼膜拜',能学习、继承中国的传统文化。"采访中,吴为山讲述了创作系列董仲舒雕像的初衷及艺术思想。

"人物塑像是要有神的。这个神是什么?"吴为山说,董仲舒不是一个孤立的人,他是在中国文化史上非常令人敬重、引人注目的一座"文化丰碑",是中华文化的一个重要的坐标点。"我们研究儒家思想,就不能不研究董仲舒,不能不研究汉代整个的历史文化背景,也不能不研究董仲舒所处时代人的精神风貌。"

如何做好董仲舒像?

"一是对汉代文化的了解。对儒家文化要有所了解,对董仲舒在中国文化史上的地位要有所了解,当然也要去研究董仲舒所处时代人们的生活细节、服装等。掌握了这些之后，就能把董仲舒塑造出来、活化出来。"历史上并不存在董仲舒的照片，现在的那些董仲舒画像都是后人根据想象画的。然而，董仲舒像不能凭空来做。"我做过老子、孔子、庄子等一大批历史人物，特别是董仲舒之前的那些杰出人物形象，是慢慢延续过来的。董仲舒之后的形象我也做了很多，所以他就成了一个坐标点。"

吴为山在创作任何一个古代人物的时候，第一考虑的是时代特征。第二考虑的是其人物身份，是政治家、思想家，还是哲学家、教育家、艺术家、科学家……因为不同身份的人神态会有所不同，例如科学家和人文学者是不一样的。第三点要考虑人的个性特征。

"我认为，做董仲舒最重要的要抓住几点。首先就是汉风，一目了然的汉风，不仅仅是穿的服装——很多人对人物形象、对服装并没有多少研究，常常让汉代的人'穿上'唐代的服装，唐代的人'穿着'明代的服装。如果仔细观察研究就能发现，汉俑和唐俑各有其特征。唐代的比较圆润、比较饱满，而那些汉俑比较扁，同时很概括。汉代风格最了不起的就是只用一种非常概括的线、面以及体，就能把'汉风'体现出来。那种简约之风，大气磅礴。"

"所以，作为一个大儒，董仲舒的塑像首先要体现汉风。从很遥远的地方一看，就能感觉到这是一个汉代的人。汉风很重要，不仅仅从衣服的细节、样式，更重要的是从造型风格里找到汉风的存在。所以我就吸收了许多汉俑的表现手法来表现董仲舒。"吴为山提出的中国写意雕塑概念，吸收了汉风的表现手法和审美取向。"所以，我在创作董仲舒的时候第一考虑这一点。"

还有就是要在雕塑中体现艺术家的个性。吴为山对儒者风范有自己的理解和表现方式。他认为："董子像孔子一样，会不断讲述自己的思想理念，所以他抓住这个袖子在讲，独尊儒术……这是古代文人在讲学、传道的时候，常常有的一个动作。"吴为山抓住这样一个大儒、教育家的特点来表现。据他介绍，董仲舒的衣纹比较简洁，远远看去就是汉代的人物。"偏向扁平的脸吸收了汉俑的表现特点，这是审美的时代风格，也是造型的时代风格，还有他作为大儒的、个人的这种精神风貌。'罢黜百家、独尊儒术'——从董仲舒的形象可以看得到，他虽然是个儒者，但也是很霸气的。"

"我觉得，不管用什么方式，最重要的是抓住时代的精神风貌、抓住这个人物的精神、抓住他的个性特征，抓住他特有的社会角色，特别是在历史上的重要坐标点——一个整体而恢宏的精神意象，就能把人物塑好。"吴为山说道。

有人在吴为山 2005 年创作的那尊董仲舒像的眼神中读出了一种沧桑感。吴为山说："一些大师、哲学家不一定把眼睛睁大了以后再看世界，而是把一切都融到里面去了。所以我创作的董仲舒，眼睛不是像一般的雕像那样睁得很大。这尊塑像实际上带有一种思考，把所有的一切都包含进去。作为一个有文化沧桑感的、有历史积淀的大儒，他应当是淡泊的、自在的。"

采访结束已是午夜，因为次日还有很多日程安排，吴为山在蒙蒙细雨中踏上了归途。作为中国美术最高殿堂中国美术馆的"掌门人"、中国著名的写意雕塑大家,吴为山的日常工作十分繁重,艺术创作计划规模庞大。可以说,他的每一分钟都是宝贵的。衡水一行,我们留下了他真诚的祝福和耐人寻味的讲述。

(2020年)

他用镜头呼唤国家的希望

——访摄影家解海龙

解海龙卸任中国摄影家协会副秘书长一职,已经有几年时间了,日程依旧排得很满,采风创作,写作出书,在各地讲课办展……他一天到晚忙忙碌碌。相机从不离身,总惦记着把电充满、把卡整理好,解海龙像一个枕戈待旦的战士,随时整装待发。

好照片一定"有想法"

提起希望工程,人们立刻就会想到题为《我要上学》的照片中的"大眼睛",解海龙创作的这件标志性摄影作品几乎成了一个时代的象征。曾有作家这样写道:"如果把希望工程比喻成一顶军帽,'大眼睛'就是帽徽;如果比喻成一本画册,这张照片就是封面;如果比喻成一个人,这张照片就是面孔。"

问及这么多年一共拍了多少张照片,解海龙说,可能也就

200来张是他认为这辈子能留下来的,数字不能拿来衡量水平。

"现在出去一趟就是64个G,1 000来张。但习近平总书记讲过,好的艺术是'留得住,传得开'的,那才是真正意义上的好照片。"

科技进步了,人们的思考却少了。数码时代的影像泛滥,让解海龙也很无奈。"我们过去是想好了之后再摁快门,一个胶卷就36张片子,不能像现在似的咔咔就拍,在过去胶片时代花不起那钱。数码时代成本降低,人们拍摄变得随意。其实这很麻烦,拍得越多,出片子反倒越难。这是一个反比。"解海龙最初拍摄希望工程的那套片子,办展览用了60张,是用70个胶卷拍出来的,他拍了一年多,跑了12个省,去了28个国家级贫困县。

关于摄影器材,解海龙说,我们现在搞新闻摄影,手机已经够用了,而且隐蔽,更能拍到真实的东西,专业相机容易暴露目标。不过一些特殊的题材,比如体育、军事、艺术表演等,还是需要用专业相机。在商业摄影中,拍摄巨幅的艺术照片需要很高的精细度和品质,现在的手机还达不到要求。专业相机和手机算是各有所长。

"不要刻意追求那种纯技术的东西。我们讲,新闻纪实摄影,简单得很。脑子里想的全是事件,而不是技术。现在的好相机,你拿起来根本就不用对焦,都是自动到你脸上——追脸。有什么问题,工程师都能给你解决。科技太发达了。你需要思考的就是拿着相机拍什么的问题,就是为什么要摄影。"

"我们拍片子一定要有想法。你是要拍个专题,讲述一个故事，还是要回访曾经拍摄的对象？你关注一个题材，是准备长期地去观察，还是在短时间内把情节交代清楚？摄影其实很宽泛：有一种是单纯追求片子的形式感，从审美的角度拍，就是所谓的艺术摄影；有一种是从记录的角度拍摄，某种东西即将消亡，再不拍下来以后就没有了；还有一种是为了传播，告诉人们发生了什么事。"

解海龙认为，纪实摄影的传播功能既有横向的即时性，也有纵向的历史性，记录今天是为了告诉未来，因为摄影真正的功能、最根本的属性就是记录。与此同时，纪实摄影也是社会改良的利器，是一种历史情怀的视觉化，是直接作用于观感的历史的载体。

"世界上最有名的照片基本都是暴露问题的，提醒人们去关注。我的'希望工程'系列也是，关注教育的不平衡发展，农村的教育落后等。提出问题，解决问题，社会才能往前发展。我是赶上了这么一个机会。"

"画家组织一个画面会有长时间的构思过程，摄影也是一样，脑子里思路清晰了以后，就等待机会的到来。拍摄是一个水到渠成的过程，几秒钟甚至是几十分之一秒就能完成——包括'大眼睛'，这不是摆拍出来的，我就是寻找大眼睛去了。我去找那些失学的孩子，跟着她走了多少里地之后，到了她的学校，进了教室，她一抬头，我立刻摁下了快门。当时我脑子里就认定了，这张就是我的代表作。之前，一个大山一个大山，我已经走了很多路，去了很多地方。"

"这张片子我确实是主观的，想说的就是'我想上学！'

但与此同时，这是客观的现实，我只是拍下来、记录下来，体现的是一种真实性。具备了真实、自然、鲜活、生动这些要素，作品就感人。"

"只有深入生活中去，才能体会到那些丰厚的东西。我们现在讲摄影课，就是在海量的照片中去提取那些感人的影像。不管是海底还是星空，典型、自然，就是最好的。"

现在，解海龙是被公认的一个社会发展的推动者，但拍摄"希望工程"系列的过程其实困难重重，他曾遭遇很多尴尬和质疑。

"那个时候大家都在拍各种'好'。我拍的这个，既发表不了也得不了奖，还被说给社会抹黑，当时的阻力多了……然而，结合习近平总书记的讲话就是，你有一个梦想，就要坚持不懈地为之付出，坚定信念。当大家都在质疑，而你认准了这条路是对的时，就要去坚持，一直走到底。追梦，就是这样。首先心中要有目标。我们说'不忘初心，牢记使命'，我要牢记的使命就是呼吁人们都来重视广大农村的基础教育，去帮助那些贫困落后地区的失学儿童。"

"那时候不少人跟我说，别拍了！你这肯定不行，惹事。人家是对我好，我不跟人较劲，但是回来就得思考，到底坚持不坚持？我认为还要坚持怎么办，就在笔记本里写：'咬定青山不放松，立根原在破岩中。千磨万击还坚劲，任尔东西南北风。'有时候烦了，就看一会儿。越看越明白，然后接着还干，1年、2年、3年……一直到现在30年。"

他也曾说"我想上学!"

解海龙当年拍摄"希望工程"系列作品的时候,常常会想到小时候在老家读书的那个村小学,"有种亲切感"。他人生的起点,是在衡水景县。

"我1951年5月出生,老家是景县隆兴公社大周庄村,现在叫西周庄。当时我爸爸在北京,妈妈在农村老家。我爸爸13岁从景县来到北京,在大栅栏一家首饰行当学徒,给人看孩子、打扫卫生,什么都干,到了十五六岁开始学手艺、做店员。新中国成立后他当了干部,50年代就入党了,后来在街道办事处工作。"

解海龙是家中长子,在老家出生。"我们在北京住的地方不大,没有自己的房子,妈妈要生孩子就回了老家,我两岁多才进城。"解海龙4岁时,弟弟出生,他又回到老家,跟着奶奶、姥姥在村里上学。

"班里我最小,也拿个本,背个书包,坐第一排。其实跟上学前班一样。一个老师就把我们全教了,就是那种农村的复式教学。一下课孩子们全跑出来,大家一块儿玩,有踢毽儿的、跳绳的……五年级的把我们这些小的背起来,互相拽,这位叫骑马打仗。我们被拽倒了后回回把我砸底下,这边还没哭出声来呢,那边就喊:'上课了!'又回屋里了。"在解海龙的印象里,村里学校的房子破破的,窗户也没有玻璃,是糊的那种窗户纸。地上有砖垛,上面用木板一搭就是桌凳。

老家条件简陋,解海龙却有种特别自由的感觉。他在野地里跑啊,玩啊,一会儿爬树,一会儿刨花生,有时还帮着大人摘棉花。村里人打井,他坐进筐里下到井底去"参观",碰到谁家娶媳妇、办丧事,跟着跑前跑后看热闹……生活中的一切,他都觉得新鲜有趣,充满了强烈的好奇心。

解海龙6岁时回到北京,还是不到正式上学的年龄,被送到当时宣武区一个私塾。他记得老师是位半身不遂的老先生,每天被工友背着来上课,教孩子们识字、写书法。"这老先生六七十岁吧,当时觉得他已经很老了。我们谁得腮腺炎了,他就拿毛笔蘸上墨在我们脸上画,半张脸都画得黑黑的,特凉——墨里面有冰片,很管用,很快就消肿了。"解海龙对那段时光很留恋。"一说上学了放学了,背起书包就很兴奋。"

解海龙正式上小学时是7岁半,1958年。"这时候我们家老三半岁了,是个女孩。我一上学,奶奶就来了,帮着照看我们、做饭,妈妈就能上班了。她在房管所当小工,修缮房屋,砌砖、抬沙子、和水泥,都是体力活儿,很辛苦。每天老早就起来走了,回来很晚,到家几乎连吃饭的劲儿都没有了。太累。她身体还不好,年轻时得过肺结核。"

生活虽然艰难,但解海龙的父母非常重视孩子的教育,每到交学费的时候,总是提前准备出来,用纸包好,让他争取第一个交上,被老师表扬。

一次,解海龙上学路上淘气,跟同学一起玩沙子,不小心弄丢了学费,被妈妈狠狠责罚了一通。"那天我妈让我当着全四合院的人在院子里跪着,从吃完晚饭一直到半夜。邻居们家家户户出来劝,说海龙他妈,他记住了,你就原谅他吧。我妈说,不成!"

10点多了,解海龙眼看着邻居家的灯一盏一盏都关掉了,空旷的院落里只剩下自己一个人还跪在那里。忽然,他发现自家的灯也关了,就歪过来,坐到了一条腿上。再一瞅,妈妈那屋撩开了一个窗帘角,赶紧又起来跪正了。他一直跪到了半夜,最后在外面睡着了,被抱进了屋里。妈妈说:"为什么让你跪这么长时间?如果轻易就过去了,你永远也记不住——挣钱太难了,你却那么轻易就给丢了。"那时候,解海龙的妈妈每月挣30元,都是血汗钱,这2元5角的学费她要拼死拼活干上两天半。

多年以后,解海龙拍过一个背砖的女孩,身形单薄,手臂纤细,被沉重的砖块压弯了腰,让人看着心痛。或许,在那个瞬间,他的眼前闪现出了妈妈当年疲惫的面容吧。

"家里跟我说得很清楚,到16岁不养,必须自立。早点儿上班挣钱减轻家里负担。我上初二时15岁,爸爸就给我找了工作。我嚷嚷说我不去,同班同学还都上学呢,干吗让我去上班?我还想上学!"抗争的结果是解海龙又回到了教室。然而没过多久,"文革"开始了,他还是被迫告别了学校。

"那时候不叫失学,算知青。黑龙江来人到我们这里讲,北大荒将来就是北大仓,'棒打狍子瓢舀鱼,野鸡飞到饭锅里',好地方!全班我第一个报名插队——这就能解决自己的吃饭问题了。结果人家嫌我们太小,没去成!那年我16岁,才一米五几的个子。"

当时,解海龙所在的96中学校里有驻军,他一天到晚跟解放军战士们泡着。"睁开眼就去,还给他们擦枪。人家问我,喜欢枪吗？喜欢。愿意当兵吗？愿意。那太好了，有一批要当兵的，给你也报上名吧。"解海龙当兵是班里最早走的。他记得很清楚，那天是 1968 年 2 月 15 日。"当时我穿上军装坐着火车就出发了，都不知道去哪里。第二天天一亮，到青岛了。"他被分到海军北海舰队后勤部，在离青岛 200 多千米的乳山修水雷。

解海龙多才多艺，在中学就是学校宣传队的活跃分子，他会山东快书、快板，歌曲、舞蹈都不在话下。部队组建宣传队，他当了队长。"我们到处演节目。白天演，晚上编，自编自演。"他在《智取威虎山》里演过栾平，惟妙惟肖。

部队的生活紧紧张张。解海龙白天一睁眼就是学习、训练，投弹、射击，然后就是修水雷。1964 年全军大比武时，水雷检修的全国纪录是 2 分 30 秒。解海龙所在连队训练结束，战士们能做到 4 分钟，全营第一。原来，他把复杂难记的装置程序编成了妙趣横生的相声，让战友们在捧腹大笑中牢牢掌握了个中诀窍。解海龙的聪明才智赢得了部队领导的赞赏。

拍照 曾是他的阴影

解海龙曾说过这样一段话："我是一个非常相信照片的人。同一个场景，被说出来、被写出来、被拍出来的感觉是不一样的。当语言在空中越飘越远、文字在记忆深处逐渐发黄时，照片以它沉默和固执的方式停住，供我一千遍、一万遍地默念、抚摸和怀想。"

1969 年，解海龙第一次接触相机。之前，他只在照相馆照过四分之一寸的小相片。

这一年,战友探亲回来带了一台华山牌相机。解海龙觉得很新鲜,夜里熄灯号吹过后,他钻到被窝里拿手电筒照着,研究相机结构,很快知道了怎么上胶卷、摁快门。第二天是礼拜天,他们从20多里外的县城花一块多钱买来两个保定牌胶卷,午饭后招呼全连战士上山照相。战友们很兴奋,扎上武装带,端着上了刺刀的步枪,还披上了雨衣,牵出了大狼狗,在悬崖上、树林边表演格斗和刺杀。"拍一张得折腾10来分钟。"70多张片子,他们拍了俩钟头。

胶卷被送到县城的照相馆冲洗,大家满怀期待。然而没想到,盼来盼去,半个月过后等来的是大失所望——通讯员骑车取回来的全是白板。

"回来我就傻了!大伙儿都嚷嚷'浪费感情'。那时候根本就不懂技术,曝光欠了好几档。打那以后,我再也不敢提照相,一说就堵心,见大家在一起人多我就躲,挨骂呀……"

这件事,成了解海龙心里的阴影。

解海龙在部队待了3年多,37个月没有休过一次假。"天天看着月亮圆了月亮缺了,特别想家。"

退伍回来,解海龙在车站看到来接自己的父亲,特别心酸。"我走的时候他38岁,回来一看,怎么那么苍老啊!他们那些年太累了。我们家是6个孩子,我当兵那3年是爸爸妈妈最辛苦的时候。"解海龙急着回来,也是为了找份工作贴补家用。"我在部队没有工资,每月就是几块钱的津贴。"

之后的13年,解海龙在工厂工作,先是在一个很小的街道阀门厂，后来在北京市半导体器件十厂。"我还是在工会、宣传队常常演出。谁家结婚娶媳妇了，谁家老人去世了，都是我张罗。单位有一台相机，操持这些事我就拿出来，给人照相。"

这期间，解海龙开始学习摄影基础知识。他买来吴印咸写的专业小册子：《如何拍夜景》《如何拍儿童》《如何拍舞台》《如何拍风光》《如何拍体育》……翻来覆去地看。单位的相机不允许拿到外面去拍照，他特别希望有一台属于自己的照相机。

党的十一届三中全会的召开时间，解海龙记得很清楚，"是1978年12月18号"。买相机这年，他的孩子1周岁，是改革开放后的第1年。"1979年涨工资，我从39块8调整到46块6，1个月涨了6块8毛钱。追补1年的工资差，我拿到了70多块钱。又凑了点，用87块5毛钱买了自己喜欢的理光照相机。"

解海龙在一个文化站的摄影学习班上过课，他称之为"我学摄影的黄埔军校"，老师是首都照相馆的经理许喜占。这个班每个月8节课，学费是3块5毛钱。上完3个月，解海龙觉得"不解渴"，又接着上了中级班。在摄影班，他认识了很多朋友。

"那时我们家住一个小房子，才14平方米。我平时上班，周末出去拍片子。晚上大都睡觉了，我把灯关上，拉上帘子就成了暗房，拿放大机开始放。到后半夜基本就放完了，4点多拿一大盆到楼道水管那里冲，跟洗带鱼似的，然后把照片贴到玻璃上，弄上滑石粉，等干了就掉下来。"解海龙和影友们半个月见一次面。"他们全到我家来。照片用夹子夹在铁丝上，大家一张一张点评，谁谁的片子拍得怎样。我们就这么学。"

1981年，解海龙第一次发表作品，《北京青年报》刊登了他的《夜幕静悄悄》，这让他很兴奋。之后，他给自己定了个目标，每个月在媒体上发表一张照片。没想到，后来的进展大大超出了预期，第一年18张，第二年是30张……

解海龙第一次参加的摄影展是《北京晚报》摄影部主任司马小萌在紫竹院公园办的《谁的心灵美》，解海龙的作品《光阴》获得优秀奖。展览现场，他站在人群中支着耳朵倾听观众的意见，还拿个小本记录下来。

"我就是喜欢摄影。自己没上过什么学，当兵回来什么都不会，我得长点知识，算是掌握一门技能。觉得拍了照片登登报纸，还能获奖，很有成就感。人家说，你很聪明啊，我就感觉自己还是干这行的料。"

解海龙剪下报刊上各种摄影比赛的消息，贴在门后，每天一出门就能看到。一段时间过后，他几乎天天得奖，被称为得奖专业户（到了1989年，他获得的各类奖项有400多个，其中国家级的就有20多个）。然而，这时候的解海龙却陷入新的迷茫，他不知道自己下一步该怎么向前发展。"总拍这些甜甜美美的，难道一辈子就是得奖、得奖吗？"

寻找那双"大眼睛"

1984年，解海龙被调到了北京市崇文区文化馆。"当时觉得这是我最大的目标了，一辈子就在这儿工作最好。当时开展的工作在全国都有名了，文化部给了1 000万元，我们盖成了非常漂亮的中国第一文化馆，全国的人都来这里参观，学习我们摄影协会的工作经验。我又得了一个大奖杯，是文化部颁发的组织工作奖，大家都认为我是一个组织者。但是，我也想当一个创作者、一个专业的创作者。我们培养了很多记者，那我自己能不能去当记者呢？"

思索着一位老师讲的"好片子令人喜不如令人思"，解海龙开始了广泛而深入的阅读：尤金·史密斯、刘易斯·海因，萨尔加多的《劳动者》……徐勇《北京的胡同》和《汪强十年说凤阳》摄影展，让解海龙看到纪实类摄影作品的魅力和潜在的推动社会发展的力量。"相机不全是用来陶冶情操的，一个沉湎于追逐'小我''小功利'的人永远也不可能获得'大功利'与'大我'。"他慢慢自己悟出来："我得找一个适合我的领域，不要再去瞄着得奖，而是要坚持数年去干一件有意义的事。"

解海龙最早关注农村的基础教育始于1986年4月《义务教育法》的颁布实施。"那时候我就琢磨，为什么要有这么个法呢？不让孩子上学就是犯法，都提高到法律的高度上了？"他查阅资料了解到，中国10亿人口的时候还有2亿多文盲，而联合国统计的数字，当时全世界的文盲是8.9亿。也就是说，曾经全球近四分之一的文盲是在中国。

"我们国家8亿农民的时候，他们当中有多少高中生、大学生？包括我自己，最早只上过初中。"（解海龙1985年上了中国摄影函授学院，后来又在北京邮电学院进修。）

国家的发展繁荣与国民素质息息相关，虽然基础教育的重要性不言而喻，但当时的国情却不容乐观。身为文艺工作者的解海龙开始思考肩上的责任与心中的使命，准备"把精力放到农村教育方面，用一组不局限于某个地区的图片来反映农村的教育状况，用这几年学习摄影的基础将信息传播出去"。

1987年，在广西的一次采风活动中，融水县寨怀村的女教师戴红英走进了解海龙的镜头。当时，戴老师正背着只有5个月大的孩子在四面透风的教室里给学生们上课。"她女儿是我拍摄的'希望工程'系列中最小的孩子。"摁下快门的下一秒，解海龙就被推出了教室。不只是戴老师不理解，来自方方面面的阻力让解海龙的拍摄举步维艰。在湖北红安七里坪镇的周七家小学拍摄《湖心小学》时，一位姓卢的教师甚至认为解海龙别有用心，是给国家抹黑，跟他起了争执。扭打中，解海龙被弄了一身的泥水……

"我不是暴露黑暗也不是传递负能量，而是要呼吁全社会都来关注教育、关注贫困失学儿童。"静下心来，解海龙开始思考，如何更好地让自己的理想追求与国家的发展合上节拍。

隶属共青团中央的中国青少年发展基金会于1989年3月成立，很长时间没有收到捐款。当时，他们也在调查中国青少年的受教育状况，并计划在国内外宣传募捐。解海龙来到共青团中央主动请缨，要求当一名志愿者。双方相见恨晚，很快签订了合同，解海龙成为希望工程专职的也是唯一的摄影师。他只字不提钱，青基会还是给他批了5 000元"用以购买一些好的胶卷"。

地图买来了，单位领导也支持，解海龙请了假，1991年4

月4日正式上路。安徽的金寨县,湖北的罗田县、红安县,河南的新县、商城县……怀着一腔热忱,凭着一股毅力,解海龙用1年多的时间跑遍了大别山、太行山、沂蒙山,还有云贵高原、黄土高原、青藏高原。

他走最崎岖的山路,深入最边远最贫困的村落,寻访那些最渴求知识最需要帮助的孩子。拖拉机、驴车他都坐过,有时候一天要徒步走上几十千米。万家团聚的春节,他一个人躺在火车的硬座上颠簸。很多时候,他只能睡在农舍,每天吃两个饼子,喝一碗菜汤。一路走来,他手中沉甸甸的相机拍下了一张张震撼人心的照片:"大眼睛""大鼻涕""小光头""烤小手""两姐妹""磨盘学校"……

解海龙说,他在拍摄的每一天都感觉到灵魂受到净化,仿佛在接受一场返璞归真的洗礼。那些在艰难困苦中依然纯真可爱的孩子,在风雨飘摇的学校中默默坚守的乡村教师,常常让他一边拍照,一边流泪。

"有人说,我特别喜欢拍那些大眼睛、亮眼睛的孩子。是的,我就想在困难中找到一种精神。如果我只能拍那种拖着鼻涕、衣衫破烂、惨兮兮的,我们这个民族就没有希望了。我要找的这种精神,就是战胜困难、自强不息的精神。这些孩子,只要你给他们一点点关爱,就会异常灿烂。"

解海龙说,他自己从来不居高临下地看人,而是平视拍摄的对象,哪怕他贫困、落魄。他在多年的实践中悟出来,只有拿出真心,才能捕捉到最真切动人的画面。曾有文章这样写道:"他秉持纪实的手法,用80~200毫米的变焦镜子头抓拍,尽力在不打扰拍摄对象的前提下去抓取最典型的角色和最经典的瞬间。从他的拍摄过程中，人们看到了丰富的人文情怀、长远而艰苦的行走和满怀深情却冷静的记录。"

1992年4月，解海龙拿出了第一批照片，中国青少年发展基金会在北京召开了新闻发布会，请来50家新闻单位，每个单位发一套。"希望工程"宣传，靠着这一组片子一炮打响。半年后的10月8日，"希望工程摄影纪实"图片展在北京与台湾同时展出，反响空前，接着又在武汉、广州、上海、珠海、青岛、大连、大庆、麻城、香港等地巡回展出，后来，又到新加坡、马来西亚和美国展览。解海龙的作品成了"希望工程"的名片，他本人也开始到处演讲、呼吁，参与相关的宣传募捐活动。

1994年1月29日，中国青少年发展基金会在人民大会堂举办"跨世纪的钟声"大型义演，解海龙选出了56张照片于同一天在人民大会堂展出。这便有了我们后来熟悉的另一张照片——"大眼睛"走进人民大会堂。解海龙是在这里举办纪实摄影展的第一人。

"大眼睛"曾一度贴满了全国各地的大街小巷，几乎是20世纪发行量最大的印刷品，成为"希望工程"的宣传标识，注册了专利。华辰2006年秋季拍卖会推出的中国第一个影像艺术拍卖专场上，"大眼睛"的限量拷贝以30.8万元创该专场的最高成交价格纪录。这些钱，解海龙又拿去在西藏捐建了"大眼睛"希望小学。

解海龙的照片发表不到8个月，"希望工程"捐款就达到了1亿元。很快，上至国家领导人，下至普通老百姓，全社会广泛参与其中。截至2016年底，"希望工程"总计接受捐款129.5亿元，资助学生5 536 000名，盖起了19 388所希望小学。解海龙拍摄的每一个孩子都得到了救助，他到过的每一个地方都建起了希望小学。"希望工程"成为当代中国社会参与最广泛、最富影响的民间公益事业，最终促使国家加快了相关政策调整的步伐，逐步加大了对教育的投入。"两免一补"（免杂费、免书本费、补助生活费）从2001年开始实施，到了2007年，全国农村义务教育阶段家庭经济困难的学生均享受到了这项政策。

由此，解海龙成为中国当代摄影史上有着里程碑意义的纪实摄影家。2007年，"大眼睛"被编入全国小学语文课本和高中美术课本；2013年，"全校师生"被载入世界摄影史。解海龙本人在2008年被推荐为第29届奥运会火炬手，于2016年当选十杰人民摄影家。

不忘初心 继续前行

解海龙没有停下前行的脚步。1992年，他得偿所愿，进入《中国青年报》当了一名摄影记者，奋战在新闻一线。张北地震、阿尔山大火、长江特大洪水、汶川地震……各种急难险重的现场都有他的身影。1998年，他被评为全国十佳青年新闻摄影记者。

与此同时，解海龙坚持着"希望工程"的摄影创作。他不再关注社会上的各类评奖，觉得"只要能够帮助一个孩子上学，就相当于得了一个大奖"。他继续拍摄偏远山村的学校、师生，并开始拍摄城里的孩子，作一种对比。10年间行程2万多千米，走过26个省的128个县，他接触了100多个学校的上万名学生，拍摄了近万张底片。

2001年，解海龙被调到中国摄影家协会做管理工作，分管四五个部门，一直忙到退休。如今，他是中国文艺志愿者协会副主席、中国摄影著作权协会副主席、宋庆龄基金会理事，还是几所大学的客座教授，在全国各地讲授摄影课程。

"我最初只是一个摄影爱好者，通过努力，成为获奖者、摄影家，之后开始思考，怎样才能做一个真正的文艺工作者，为这个社会、为大家做些事情。现在我是文艺工作者中的一个志愿者，就是给大家讲课，讲述我的经历，让大家看这条路应该怎么走。我们现在有个倡导，要做德艺双馨的文艺工作者。对个人来说，就是不断地给自己确定新的方向、更高的目标。"

这些年解海龙很少回老家。"我去的地方净是那些特别贫困的，大别山、太行山、大巴山、乌蒙山……很多现在还没有脱贫。当我好不容易找到一笔钱的时候，想来想去，觉得自己的家乡好歹比那些地方要好一些，就把钱送到更穷的地方去了。有人说，你怎么不想着家乡、不为家乡做点事呢？我觉得，还是得胸怀大目标，不是说我是哪村的就光惦记自己村，你做的这些事，也是为家乡赢得荣誉，家乡认可你。朋友跟我说，县志里有我，这也是一种鞭策和鼓励。现在出去开会、参加活动，一说我就是衡水的、景县的，籍贯就是这里，永远不会变的。"

现在经常有人通过网络给解海龙传来他多年以前的作品。

"几十年前的一个瞬间,还是会感动自己。我就想跟他们联系,去找他们,看看他们怎么样,在哪里,在做什么。找的过程,又是一个很好的故事。那个孩子也许上了大学,也许在一个重要的岗位上,也许是一个普通的社会建设者。他们的孩子怎么样,上学又是一个什么情况……这就是一个时代。"

如今,解海龙行走各地,有机会就回访过去那些拍过的孩子,"我去大山多一些。希望工程救助的第一人张胜利所在的涞源县东团堡乡正在建希望工程的展览室。去广西讲课时,会去看看戴老师和她的孩子。我们经常通信。"

前些日子"大鼻涕"胡善辉打电话告诉解海龙,自己新换了电话号码。不久前,解海龙去了"小光头"张天义家,"他们家7个人出来和我们一起吃饭——他媳妇、孩子、爸爸、妈妈,还有他哥哥、哥哥的孩子,我们在一起说这30年的变化。我在爱人的朋友圈里看到'大眼睛'苏明娟现在有两个孩子了,大女儿在学钢琴,又学芭蕾,农村的孩子已经城市化了。他们都希望自己的孩子有更好的教育,都是为了下一代。"

党的十九大的召开,让解海龙对未来充满了信心。"我们共产党人从1921年开始,经历了那么多风风雨雨,他们流血牺牲,就是为了让老百姓都过上好日子。习近平总书记讲话中提到,要优先发展教育事业,高度重视农村义务教育,办好人民满意的教育,努力让每个孩子都能享有公平而有质量的教育……的确,我们比历史上任何时期都更接近、更有信心和能力实现中华民族伟大复兴的目标。"

采访手记：

解海龙给人的印象就是热情、亲切，没有一点儿架子。他被姜昆称为"被摄影耽误的曲艺大师"，在他的叙述过程中，"包袱"不断，让人发噱。机智幽默的另一面，是他的大爱与怜悯心，令人感动，让人肃然起敬。

解海龙有个幸福的摄影之家，爱人是他的中学同学，和他一样，曾经是宣传队的骨干，爱好文艺、能歌善舞，现在也是摄影高手。解海龙海量的照片，都是这位贤内助帮助整理保存的。他们的儿子大学毕业，已在业界初露峥嵘。

解海龙给我看他弟弟妹妹的照片，每个人都是他的骄傲。"大弟弟当上了北京市重点中学汇文中学的副书记、校长；大妹妹曾是燕莎和贵友集团的总会计师；这个妹妹后来和人合伙办公司，做房产评估；这个弟弟当兵回来以后在北京铁路局水电段，现在是铁路调度；最小的弟弟是国际饭店的厨师长，现在跟人一起做一个很大的养老项目……"

解海龙说，他们兄弟姊妹几个都曾经是学校里的大队长、班干部。"爸爸妈妈管我们特别严，盯得也特别紧。到什么程度呢？我们这6个人，在家庭上，不允许任何一个人说另外一个人不利于家里团结的话——咱家没这习惯。"在他的大家庭中，没有困难，因为大家守望相助、同舟共济。解海龙的善良正直、富有责任感和勇于担当，与父母的言传身教、和睦团结的良好家风不无关系。

（2017年）

"我自豪,我为家乡代言!"

——访 2019 国际智力运动联盟世界大师锦标赛(衡水)赛事推广大使、"棋圣"聂卫平

对于那些棋手和棋迷,聂卫平是一个如雷贯耳的名字,在很多人们心目中,聂卫平是如同神话一般的存在。

空前绝后的"棋圣"称号,对聂卫平来说实至名归。从连续夺得数届全国冠军,到横扫日本围棋界顶尖高手、在中日围棋擂台赛中取得 11 连胜的佳绩,聂卫平力克群雄、扭转乾坤,让中日之间的围棋力量对比发生了实质性的改变。从那时起,中国围棋告别颓势与低迷,一步步奋力崛起、走向辉煌。

聂卫平的赫赫战绩振奋人心,他奋斗拼搏的精神更是令人肃然起敬,在改革开放初期,给人们精神上带来了巨大的鼓舞和激励。在聂卫平的影响和带动下,长城内外、大江南北都掀起了学习围棋的热潮,后起之秀不断涌现,光是他的学生就高手如云,古力、常昊、檀啸、辜梓豪、柯洁……这些新生代棋

手中，不少人已经拿下了多个世界冠军，成为当代棋坛的中流砥柱。

让每个衡水人都倍感亲切和骄傲的是，"棋圣"是衡水人——籍贯深州市西杜家庄村。

一直以来，聂卫平都关注着家乡的发展与变化。2019国际智力运动联盟世界大师锦标赛（衡水）在5月举办，聂卫平担任了这次赛事的推广大使，为家乡衡水代言。

日前，聂卫平接受了记者的专访。他畅叙乡情的同时，阐释了这次国际顶级赛事的多重意义、人工智能对现代智力运动的深刻影响，分享了自己早年学棋的经历，并对如何发展围棋文化提出了中肯的建议和指导。

聂卫平畅叙家乡情——"我骄傲，自己是一个衡水人"

春和景明。晴朗的周日上午，记者一行人在北京市朝阳区一家咖啡店见到了久负盛名的"棋圣"聂卫平。他中等身材，穿着合体的西装、衬衣，发型普通、略显随意，干净的镜片后目光坚定……这位棋坛名宿气度沉稳，风采不减当年。

几年前罹患癌症，加之有先天性的心脏病，步行而来的聂卫平有些气喘。略待平复之后，我们谈起了家乡、赛事、围棋……聂卫平毫无架子，坦诚而直率。朴实亲切的话语中，是他对家乡真挚的情感和对为之奋斗一生的围棋事业的由衷热爱，更有对衡水美好明天的憧憬与期待。

说起家乡，聂卫平谈到一件让他非常感动的事。去年夏天他回衡水时，市领导帮他找到了两位已故亲属的资料。

"我的两个叔叔抗战时牺牲在枣强,是1942年被日本人打死的。以前我只知道他们牺牲了,但是不知道具体过程。咱们的市委书记王景武帮我在县志上找到了。回去我就把这些情况跟母亲汇报了。我母亲去年99岁,今年1月份去世了。她去世前知道了这些,很感慨。我为这事很感谢王书记。"

其实,当时聂卫平是略感意外的,因为他就是随口一问,谁不想知道自己亲属详细的情况呢?"没想到,书记真就给我找到了。"

聂卫平用手比了一下,说:"县志有多少万字啊,那么厚的一大本书,找出这些内容太不容易了!"

"当时我问书记,书能给我一本吗?书记说,这就是给你的啊。"

聂卫平非常感激,经常念叨这事。这次又提了起来:"下次再去衡水的时候,我会专门表示谢意。"

聂卫平牺牲在抗日战争期间的两位叔叔的名字被写进了《深县志·人物编·革命烈士英名录》:聂春波(1918—1942),又名聂古楼,牺牲时任深北县大队政治指导员;聂春志(1920—1942),牺牲时是深北县大队战士。聂卫平的两个弟弟一个叫聂继波,一个叫聂继志,名字中蕴含了对这两位革命先烈的深切怀念。

这次衡水之行给聂卫平留下了美好的回忆。"现在衡水各方面已经相当好了,相当现代化。除了环境以外,人的素质也跟着提高了很多,给我留下了深刻的印象。"

然而,说起多年之前对衡水、对深州的印象,聂卫平的感觉并不是很好。

"过去有个词叫脏乱差，用在我老家深县挺合适。我5岁的时候（1957年）回老家，记得我们家住的那个院子都塌了。"因为父母工作繁忙，童年时的聂卫平和弟弟曾被送到深县，在祖父母家生活了一段时间，直到要上小学才被接回北京。

1986年，聂卫平参加第二届中日围棋擂台赛前夕，河北省委、衡水地委安排他回老家参观。

"那次应该是夏天，我回来时还带着5岁的儿子。距离上次回乡将近30年了，本来觉得应该是很新鲜的，却还是给我留下了不是特别好的印象。那时候已经改革开放了，很多地方都在大步地朝前走，可是感觉我们的衡水、深县，还属于迈着小步在后面跟着，速度很慢。"聂卫平斟酌着，尽量选择着委婉的词汇来描述这段记忆。"不管怎么样，这是自己的家乡，没有人会说自己的妈妈长得难看……"

2000年之后，聂卫平与故乡的交集多了起来。他曾带河北围棋甲级队在衡水电力宾馆集训；2007年2月，"富森商城杯"第一届衡水市围棋比赛举办时，聂卫平被邀请前来讲棋；2011年，全国首届运河城市桥牌邀请赛在江苏扬州举办，聂卫平与衡水学院师生代表家乡衡水参赛。

2018年8月初，聂卫平再次来到衡水。这一次，面貌一新的家乡让他刮目相看。

林立高耸的建筑、宽敞整洁的街道、澄澈的蓝天、清新的空气……聂卫平直言，自己以前没有把做一个衡水人当成骄傲，"但是现在，我觉得做衡水人挺骄傲的！过去都说我们中国人是东亚病夫，但是现在我们国家在世界上已经站起来了。国家越来越强大，世界上都能感受到中国的声音，而且中国发出的声音是不容忽视的，所以我们现在作为一个中国人挺骄傲。衡水已经有很多方面做得非常不错了。比如衡水中学，衡水的教育（在全国）肯定是走在前面的。衡水老白干也一样。我希望衡水将来有更多类似于衡水中学、衡水老白干这样的名牌，一说起来大家都知道，这是衡水的！"

这次故乡之行，聂卫平还被聘为衡水市人民政府体育事业发展顾问、衡水学院客座教授。

展示形象 促进发展 增进交流——聂卫平谈赛事意义和影响

国际智力运动联盟是获得国际单项体育联合会总会支持、具有国际地位的体育联盟组织，在全球拥有约5亿会员和参与者，具有广泛的国际影响力。

"醉美湖城·智赢未来。"飞速发展的衡水在智者聚集中日渐繁荣，正在成为世界智力运动的中心舞台。2019国际智力运动联盟世界大师锦标赛（衡水）是国际智力运动联盟顶级的赛事，是全球智力运动竞技领域A级赛事。赛事期间，还将举办中日围棋元老赛和人工智能高峰论坛。

出任赛事推广大使、为自己的家乡代言，聂卫平倍感自豪，没有丝毫犹豫就答应了下来。拍摄宣传片、奔走联络……聂卫平不辞辛苦、不遗余力，向世界推介着与自己血脉相连的家乡衡水和心爱的棋牌文化。

谈到这次赛事的意义和影响，聂卫平说，举办这样大规模、高规格的赛事能有效提高我们衡水的知名度，是展示形象、促进发展、增进交流的好时机，"在宣传中国国家形象的同时，能够向全世界很好地宣传我们的家乡——衡水"。

"能够举办这样的赛事，标志着我们衡水已经对人民的美好生活有了更高的追求。我们不光是要搞好经济，有绿水青山和金山银山，还要提高人民的精神文明素质。"聂卫平说，中国正在成为智力运动的能量之源。这次赛事能够促进智力运动发展、带动相关产业，并能够增进世界文化交流。

与此同时，聂卫平还设身处地考虑为父老乡亲做点实事。他说："我们在扩大自己的知名度、影响力的同时，也希望做到精打细算。搞的活动尽量是影响大、花钱少。好钢用在刀刃上。"

"智力运动赋予了竞技体育全新的意义。从人工智能获得启发，智力运动还有很多提升的空间和可能性。"制作精良的赛事宣传片中，聂卫平神情严肃而睿智。AI这个领域，他一直在密切关注。

聂卫平对我们说，大数据时代，人工智能的影响早已进入了生产生活的各个领域，智力运动也不例外。"自从有了AI之后，中国的围棋水平和世界的围棋水平都提高了很多。现在棋手训练已经不用打谱，有电脑就行。我们国家围棋队是用绝艺程序（FineArt）协助训练。这个程序是腾讯公司送给国家围棋队的，非常先进。"

"棋圣"聂卫平爱好打桥牌，还是一位国际象棋高手。在他看来，智力运动具有启智、修身、养德等多重意义，并不仅仅是休闲娱乐。棋类活动能够让人们锻炼思维、开阔思路、提升境界，桥牌中的协作配合也有利于人们培养团队意识。聂卫平说："智力运动不仅有利于全民健身国家战略的贯彻实施，更有利于在青少年中弘扬社会主义核心价值观，向社会传递正能量。"

"棋虽小道，品德最尊"——聂卫平谈早年经历及围棋精神

谈起早年经历，聂卫平的思绪回到了几十年前。他说，自己最初学棋没人教，是看会的。"天生就比较喜欢，因为下棋需要动脑子。我父亲会下棋，虽然并不是高手，但家里有这样的氛围。"

1952年8月，聂卫平出生在一个革命干部家庭。父亲聂春荣毕业于天津工业学院，很早就投身革命，曾任第一机械工业部第二局副局长、机械科学研究院院长、中国科协书记处书记，是一位技术专家，1937年参与生产出中国历史上第一批化肥。聂卫平的母亲吴贵娥是湖北黄梅县人。聂卫平是家里的老三，有两个姐姐、两个弟弟。弟弟聂继波是他最早的围棋"对手"。

聂卫平的父亲聂春荣在延安的时候下棋就很有名。虽然在聂卫平眼中父亲算不得"高手"，但他后来才知道，那时父亲经常教人下棋，其中一个学生后来在延安一直陪毛主席下棋。

聂卫平小时候非常好胜，很早就显露出不服输的韧性和顽强的斗志。他成名很早，10岁的时候就开始经常和陈毅对弈，有很多轶事和趣闻。比如他曾气急败坏地拉着陈毅的手腕不让他悔棋，逗得陈老总哈哈大笑，一时被传为笑谈。

"陈老总跟我一共接触了四五年的时间，从我10岁到十四五岁。'文革'中我们失联了，后来他就去世了……"说到这，聂卫平的声音有些低沉，神色中显出几分哀伤。他是重情义的人，对陈老总有着深深的怀念与感激。

"没有陈毅元帅，我肯定不会下围棋（走职业化道路）。那个时候我并不是专业的棋手，只是喜欢，因为有陈老总的关心，专门有老师教。"很多人都知道，陈毅曾写下"棋虽小道，品德最尊"的著名围棋诗句。他是开国元帅，也是新中国围棋事业的奠基人。

"我最早的老师都是陈毅元帅给我找的。一位叫雷溥华，一位是文化宫围棋训练班辅导员张福田，还有一位叫过惕生，是父亲给我请到家里来的。这三位都是我的老师，没有他们的辅导，也没有我的今天。"

聂卫平严格意义上的启蒙老师是张福田，他是当时的棋坛名手，曾作为中国围棋代表团成员去日本参加过比赛。"我现在非常喜欢打桥牌，也是当年张福田老师教的我。"

雷溥华、过惕生都是当时的国手。

雷溥华早年和著名高手顾水如齐名。"雷溥华的父亲是清朝的官员（吏部主事雷祖迪），他们家有清朝留下的一些房子。他没有工作，生活是靠收房租，但那时房租非常低，1个月才两三块钱，他非常贫困潦倒。后来陈老总让他来当我的老师，1个月给他15块钱的工资和15块钱的车马费，也就是30块钱，这对当时的他来说已经是巨款了。老师每个星期到我家里或学校教我，那时我住校。"

过惕生曾在1957年第一次全国围棋比赛中获得冠军，在老一辈棋手中名气最大，棋艺出类拔萃。围棋界曾有"南刘北过"之说，南刘是刘棣怀，北过就是过惕生。"那时候过惕生家的住房条件特别不好，我父亲看他住的地方太窄小了，就把他接过来住到我们家里。我平时有空就到他那里跟他学棋。"

聂卫平对老师们充满了仰慕和敬意。他说，三位老师教了自己很多做人的道理。"老师们的作为，还有对我的教育都是正面的，他们人品都特别好。作为一个棋手，最重要的就是人品和棋品。如果你人都做不好，还下什么棋啊？下棋又有什么用呢？人品必须排第一。"

聂卫平的数学成绩从小就特别好。曾有人说，倘若他当年有机会进入大学数学系的话，也许中国就会多一个"聂景润"，而少了一个"聂旋风"。然而，特殊的年代中断了聂卫平的求学之路。

1969年，知识青年上山下乡。9月的一天，17岁的聂卫平拿着行李和父母告别。刚走到他们的房间门口，就忍不住大哭起来……那时他觉得，这一走就再也回不了家了。

坐上载满知青的专列，聂卫平来到北大荒的黑土地上。他所在的黑龙江山河农场曾是劳改农场，条件极端艰苦。聂卫平说，那种艰苦的条件是"用语言都很难描述"的。

枯寂的生活中，聂卫平远离了心爱的围棋。陈老总送给他的那副棋，居然被别人在打架时当成暗器全给发了出去，令他心痛不已。实在憋急了,他曾跑到 50 多千米外的好友程晓流那里连下了 3 天棋。"那么远的距离,又没有路,等于没有交通。碰上好心的卡车司机能让你搭车走一段,很多时候都是靠走。去一趟太不容易了。"

聂卫平说,上山下乡的这几年还是有收获的。"对我的人生来说,这是一个很大的锻炼。"对于棋力来说,虽然技术上并没有什么提高,但是境界不一样了。"以前生活在北京,城市中的胡同很窄小,没有现在这么宽的马路,给人感觉视野都非常有限。到了东北的农场,那地一眼都望不到头。视野更开阔了。"

"棋圣"聂卫平 家乡衡水为你骄傲!

围棋源于中国,但近代出现颓势,一度陷入低谷,而日本的围棋力量开始壮大,强手如林。新中国成立后,两国围棋界开始交流往来。在我国一代代棋手的努力下,从日方下指导棋一步步发展到双方进行友谊赛、擂台赛、对抗赛,形势逐渐变化。聂卫平的横空出世,就是中日围棋力量对比发生改变的转折点。

1973 年,聂卫平进入国家集训队,两年之后就登上第三届全运会围棋冠军的宝座,标志着陈祖德之后又一代新秀的崛起。从 1975 年起,连续十多年,聂卫平一直是国内外成绩最为突出的棋手。

在 1976 年的访日比赛中,聂卫平连克日本九段藤泽秀行、加田克司、岩田达明、石田芳夫等,取得 6 胜 1 负的优异成绩,被日本报刊赞誉为"聂旋风"。

在1985年第一届"NEC中日围棋擂台赛"中，他连克日本超一流棋手小林光一、加藤正夫和日本擂主藤泽秀行，为我国夺得了第一届擂台赛的胜利。在第二、三届"中日围棋擂台赛"中，聂卫平连续担任擂主。在连续四届中日围棋擂台赛中，他取得了11连胜的骄人战绩。

聂卫平曾两度被评为"全国十佳运动员"，是1985年度的"亚洲十佳运动员"。1982年，被中国围棋协会授予九段。1986年起，聂卫平开始担任国家围棋队主教练。1988年，聂卫平被中国围棋协会授予"棋圣"称号；1999年，聂卫平被评为"新中国棋坛十大杰出人物"；2011年，聂卫平获首届中国围棋年度大奖终身成就奖。

第一届中日围棋擂台赛迎战小林光一时，聂卫平身着绣有"中国"字样的红色运动衣，与其他棋手的西装革履形成鲜明的反差。他说，这意味着去拼搏，"中国"二字会激励自己的斗志……那次凯旋，方毅副总理等老同志亲自到机场迎接；之后，北大、清华的学生们把他抬起来在校园里游行；聂卫平在各个大学作报告，每次会场都会超员，人们挤在过道里、窗台上……

报纸上、电视里、街头巷尾的热议中，家乡的人们分享着那些激动人心的时刻。每当看到这个名字，衡水人都会有种亲近之感。"棋圣"聂卫平，是家乡衡水和所有衡水人的骄傲！

当代中国围棋的兴起和国内大众化围棋运动的普及，聂卫平功不可没！

荣誉的背后是艰辛的付出与汗水。过去围棋比赛时间很长，到了聂卫平时代，时长已缩短了不少，但还是有六七小时。长时间的大脑高速运转和全身心投入思考计算会消耗极大体力。比赛时，聂卫平经常需要吸氧。很多紧张的时刻，他的衣服都会在不知不觉间被汗水浸透。比赛过程中，与棋无关的一切，都被他自然屏蔽，他视而不见、听而不闻。无论周围发生什么事，都不能转移他的注意力。

现在下棋，聂卫平还是能够进入物我两忘的"入静"状态。"只要我想赢这盘棋，就会进入这种状态。最重要的是要有精力和体力来支持你这样。"说这话的时候，他眼中似乎闪过一道凌厉的光芒。"棋手都是有感情的，对每一步棋都像是对自己的爱人一样，怎么能轻易让给别人？为这，我就要跟对手拼死一战！"聂卫平依然充满了斗志。

普及围棋是为国家培养人才——聂卫平谈围棋教育与发展

围棋作为国粹，历史悠久，不仅仅是一项竞技运动，更是智慧、哲学、艺术的完美结合，有着深厚的文化底蕴。聂卫平把围棋当作要毕生奋斗的事业，他对中国围棋的贡献不仅在于自己的赫赫战绩，还在于培养了一大批杰出的弟子。

1999年，聂卫平成立了自己的围棋道场，这是一家集围棋培训、围甲联赛队伍建设、围棋文化传播于一体的综合性机构。截至目前，聂卫平的道场共培养了5万余人，走出了110多位职业棋手、23位世界冠军和全国冠军。柯洁、范廷钰、陈耀烨、周睿羊、檀啸等名将，都出自这里。

现在，聂卫平是中国围棋协会副主席，最关注的一项工作就是推广、普及围棋教育。在他看来，学习围棋不仅能弘扬中国传统文化，而且能够提高一个人的综合素质和多方面的能力。聂卫平说，我们国家的很多领导人都是围棋高手，围棋能培养人的大局观。"另外，围棋本身非常有魅力，钻研进去之后，自然就特别喜欢。围棋普及了，人民群众的生活就会变得更有趣。"

为了说明围棋的启智功能，聂卫平举了很多例子。比如在1986年全国棋童杯围棋赛期间，华东师范大学心理系的老师特地为小棋手们进行了智力测验。"当时'神童'的一般成绩在100分左右，而罗洗河164分，常昊138分。他们为什么聪明、智商高？因为他们是围棋运动员。"聂卫平说。

"学了围棋，对孩子将来做别的工作都有很好的帮助，比如足球。"除了爱好棋牌，聂卫平也是资深球迷，经常拿足球说事。"如果会下围棋，球也会踢得很好。古力如果踢球，会是最好的前锋……中国足球水平最高的人就是容志行。他为什么踢得好？人品好，球品好，球技也好。他一直到现在也是个'猛烈'的围棋爱好者，我觉得是围棋助他成为他那个行业的顶尖、第一。还有著名的乒乓球运动员庄则栋、郭跃华，他们的围棋都下得很好。"

"普及围棋，最重要的不在于一定培养出围棋的人才，是为了培养出国家的人才，刚才举了很多各行各业的例子。我们搞围棋，不一定非要得世界冠军、成为职业棋手。学围棋的人里面，有可能一万个人中能出一个职业棋手，其他的人长大了能为国家建设贡献自己的力量就行了。"

聂卫平认为，中国围棋要想做到长盛不衰，一定要从孩子抓起。他多年来一直在呼吁：小学应开设围棋课。理由是，中华文化一说起来就是琴棋书画，那三种都在小学里有课程，围棋也应该有。然而由于各种原因，他的想法一直没能实现，最主要的就是师资不够，能教围棋的老师太少。

"我们衡水的围棋文化现在还在起步当中。虽然我是衡水的，但现在围棋界下得好的就再没有人是衡水的了。"聂卫平略带遗憾地说，河北围棋在全国也是处于中下游水平，需要从基础抓起，构筑厚势，最关键的是多举办围棋比赛和活动，夯实群众基础，扎扎实实从基础做起。

近年来，衡水市十分重视围棋事业发展，组建了衡水市棋牌协会，连续3年举办了"衡水杯"全国业余围棋公开赛，在全市大力推进"全国百城千县万乡全民棋牌推广工程"，积极组织开展围棋、象棋、国际象棋、国际跳棋"四棋"进校园活动。聂卫平表示，他一定发挥自身在中国围棋界的影响力，助力衡水体育事业特别是围棋事业的发展。

展望衡水的明天，聂卫平有很多美好的期许

"希望我们衡水早日进入三线甚至二线城市的行列。通过衡水人自己的努力，早日进入国家先进城市的行列。我是真的希望衡水能够大踏步地跟上我们国家的步伐，甚至我们衡水的步伐要超过国家的步伐，给全国、全世界人民留下好的印象。"

"我们衡水有非常好的红色传统,也希望能在这方面坚持好。我们的革命历史,不能在我们这一代丢掉,要搞好教育,使我们衡水地区好的革命传统都能传承下去。"

"希望衡水市委市政府,除了把衡水市建设成金山银山、绿水青山之外,还要把衡水市人民的生活水平提高一个档次,使人们的精神文明素质提高一个档次。抓好文明素质,也抓好生产建设,使每一个衡水人都因为是衡水人而骄傲——希望今后我们所有的衡水人被问起来'你哪里的?'都能很骄傲地说'我是衡水的'。"

(2019年)

"扎根人民、深入生活"是文化艺术的源泉与生命

——访衡水籍影视艺术家张和平

汇集国内一线顶尖导演、演员,成本13亿元,5月25日杀青,7月进军戛纳,公映在即……2021年国产战争片巨制《长津湖》未映先热,备受关注。杀青海报上,艺术总监张和平的名字并不显眼;各种宣传站台的场合,他也会与C位保持一定距离。资深影视艺术家、"金牌策划"、6年人艺"掌门人"……衡水深州人张和平,像家乡的土地一样朴实低调、沉稳平和,却蕴含着深厚的文化积淀,有着强大坚韧的力量。

第一次听到《长津湖》这部电影的名字是在去年。2020年9月28日,第32届电视剧"飞天奖"暨第26届电视文艺"星光奖"颁奖典礼在衡水举办,张和平再次回到故乡。衡水大地全新的容貌让他心生感慨,他曾对家乡人说过许多肺腑之言。当时,《长津湖》还是他下一步的工作计划。

求学生涯与早年历练

2020年回衡,张和平停留的时间并不长,但明显感觉到衡水的空气、街道都发生了很大的变化,跟以前的记忆完全不同。"看到家乡的变化,我作为一个衡水人很自豪。衡水新农村建设跟全国是一样的,而且还走在了前列。我们的家乡与时代同步,正在飞速向前发展……"

1946年1月1日,张和平出生在衡水深州王家井镇西蒿科村。"我75岁了。抗日战争胜利多少年,我就多大岁数。为什么叫张和平呢,就是因为抗日战争胜利了,所以爹娘(我们不叫爸爸妈妈,叫爹娘,咱们这里的方言就是这样叫的)给我起名叫张和平。"

张和平兄弟三人,他排行老三,小时候曾在老家生活过一段时间。"父母在北京工作,我们每年过年过节、放假都会回来。父母作古之后都葬在了老家。现在老家还有侄子、侄女……根儿在这里。"

很多人评价张和平"低调、谦和、包容",这种性格的形成与他少年时的经历有关。张和平说,自己经历坎坷,生活境遇并不好,从记事儿起就是这样。"因为家庭出身不好,是所谓的资本家。其实连小业主都算不上。我父亲曾给一个煤铺做经理,煤铺在公私合营时核定资本才500块钱。煤铺掌柜没有儿子,他死了之后,我父亲还在经营这个煤铺,于是就成了资本家。"

张和平之所以走上文化艺术道路,家庭的影响并不是主要的。"家里没有人搞这个。主要是因为生活、人民吧。无论什么时候，扎根人民、深入生活，都是文化艺术的源泉和生命。"

15岁上初三那一年，张和平在课间正和同学打乒乓球，忽然被两位老师叫到一边儿，一位陌生的女老师亲切地问他："你想演话剧、演电影吗？"张和平有些愣神儿，当时的他还不知道话剧是什么，但对电影有着天然的向往。

1961年，张和平凭着好嗓子，顺利考入北京艺术学院话剧表演专业，读了3年预科、4年本科，1968年毕业。"说起来，我从事文化艺术工作是从1961年开始的，2021年是我从艺整整60年。"

张和平在北京艺术学院学习的时候，最怕别人提到家庭出身。"那时候经常填表，表里都会有一栏，叫作家庭出身，填的时候我总是要背过身去写，有一种自卑……"在一个访谈节目中，张和平提到这段经历时哽咽了，但很快调整情绪说："其实这对我来说也是一件好事。我觉得我应该做得比别人好，才能够得到别人的认可……由此，我付出了很多。"别人花一分力的时候，张和平会花十分。他觉得，磨难是一种财富，特别是对搞文学艺术的人来说更是这样。"为什么呢？文学就是人学。只有对人的状态有一种透彻深刻的理解，才能够更好地去表现。"

张和平的艺术道路并不顺利。青春期变声，让他的嗓音不再有优势。那个年代舞台上流行的英雄形象高大魁梧，瘦小的他也不适合。他开始大量读书，尝试搞创作。夜以继日地写作，日积月累，张和平成了一位编剧，同时还是一位有着200多首经典歌词作品的著名词作者。

"一定不要拒绝苦难,而且要意识到,这对你的人生可能会产生巨大的正能量。"1968年,张和平毕业后去了山西解放军某部队毛泽东思想宣传队,在农场锻炼、演出。1970年回到北京,在北京大兴县毛泽东思想宣传队工作了5年。"那时候跟现在完全不一样,基层没有真正意义上的剧院,舞台很简陋,有时候演出就是在田间地头。我们骑着自行车,背着、驮着行李,睡的都是大通铺。"

当时,张和平的工作主要是演出和深入生活搞创作。他写了一个单弦联唱作品——《铁打的骨头 举红旗的人》,风靡一时,传唱很广,里面的唱词"王国福家住在大白楼,身居'长工屋'放眼全球……"可以说脍炙人口。他还有一个歌舞作品——《喜晒战备粮》也很受欢迎。"当年,大兴县毛泽东思想宣传队在全国都很有名……你看,不是因为在基层就矮人一头,但必须拿出好的作品来,要有自己的代表作。"

1975年,张和平被调到北京市毛麻丝公司任工会干部,4年后到了北京群众艺术馆,1985年成为北京群众艺术馆副馆长。他从不讳言自己胡同大杂院的平民出身,17年的基层群众文化工作,更是让他和普通百姓建立起一种深厚的感情。他说:"我读得懂他们的喜怒哀乐,能够理解他们的情趣爱好,能够设身处地、换位思考。"

"金牌策划"、贺岁片与成功的词作者

谈到自己的职业生涯,张和平说:"我跨界很多,群众文化、电影、电视剧、舞台剧……方方面面,包括歌曲、歌词的创作。"

20世纪90年代,张和平先后出任北京文化艺术音像出版社总编辑、北京市文化局副局长、北京紫禁城影业有限责任公司总经理等职务,在文化艺术领域大展身手,事业做得风生水起,把中国的影视文化水准推向了一个新高度——他在任时,北京文化艺术音像出版社先后推出《爱你没商量》《宰相刘罗锅》《过把瘾》等热播经典电视剧;1997年参与组建北京紫禁城影业有限责任公司并成为首任总经理后,他率先提出引进港台贺岁片的概念,支持冯小刚投拍了中国内地首部贺岁片《甲方乙方》,加之后来的《不见不散》《没完没了》等,被称为"金牌策划"。担任北京市政协副主席后,张和平策划了电影《张思德》《云水谣》《建国大业》等,都是叫好又叫座……许多业内人士由衷佩服张和平,因为他面对文化产品时能够同时拥有三种视角:创作者的情感基调、投资人的市场眼光以及文化官员的评判标准。

张和平的市场眼光非常精准。1994年拍摄的电视剧《过把瘾》不但在当年广受好评,时至今日仍是一部经典佳作。然而,最初剧本在北京电视剧制作中心并没有被通过,即使在北京文化艺术音像出版社内部也有批评,说专写男女之间的事,低级。张和平为什么敢投拍?"我是看到了王朔作品中骨子里的真诚,表面是'痞'、是'调侃',但骨子里不是。"

8集电视剧《过把瘾》由3个短篇小说(均为王朔早期上升阶段的作品)合并改编而成,内涵和容量很大。张和平连夜读剧本,一直看到凌晨,"最后定下来,拍!当时这个作品没有被有关制作单位采纳，后来央视安排在晚 8 点档播出。当时社会开放程度没有那么高，播到一半有压力了，于是从 20 点挪到 21 点，21 点挪到 22 点，最后挪到 24 点，爆出了一个'零点效应'。第二天大家上班时会抱怨电视台，你们把一个好好的电视剧非搁到 24 点播，弄得我们都休息不好。这说明老百姓懂行，是最真实、最真诚的。只要（作品）好，就是'酒好不怕巷子深'，即使是凌晨，他们也会追着去看。"

《过把瘾》主题曲《糊涂的爱》至今传唱度也很高。张和平说，这是自己最重要的作品之一。"人家都说我是不是感情受到什么挫折了……写这个歌词是在洗手间写的，是坐着马桶趴在一个单缸洗衣机上写成的。"

"爱有几分能说清楚，还有几分是糊里又糊涂……爱怎么能说不清楚呢。"张和平对爱的理解很前卫，自知在当时也是有点"大逆不道"。他找到导演赵宝刚，念完歌词之后问行吗，赵宝刚说，你要是敢写，我就敢用。

面对影视剧佳作，张和平会投入更多时间精力和感情去参与创作，他的很多经典之作都是影视剧主题曲，大气磅礴，风行全国，男女老少都会哼唱几句。

"没有黑就没有白，没有恨就没有爱，没有孤独就没有明白，没有欢乐就没有悲哀……"（1992 年电视剧《爱你没商量》片尾曲《活得就是现在》）。

"天地之间有杆秤，那秤砣是老百姓……"（1996 年电视剧《宰相刘罗锅》插曲）。

"追寻我生命的那份纯真，心中抹不去的那一片云彩，追寻那永远属于我们的那份无悔的忠贞……"（2010年电影《建国大业》主题曲《追寻》）。

这些词作的共同之处就是"接地气"，通俗易懂、富有哲理，蕴含着浓重的人民情结、家国情怀，能够启发人如何看待挫折、苦难，如何正确对待人生一时的得与失、幸与不幸。

张和平是1998年全国百佳电视艺术工作者之一，他说，电视艺术是自己文化艺术生命中很重要的一部分。

张和平在电影领域的开拓和建树，同样引人瞩目

1997年拍摄《甲方乙方》的时候，冯小刚正处于低潮期，几部影片连续被毙，其中一部《过着狼狈不堪的生活》前期投资还是张和平给拉来的。张和平跟他开玩笑说这是"习惯性流产"。问及为什么继续给冯小刚投资，张和平说："还是那句话，是在许多调侃背后，发现了他的真诚。"

《甲方乙方》最早是一个电视剧剧本《好梦献给你》，"之前我看过。一个电视剧剧本几十集，最后凝练成一个电影比较容易做到。所以这个时候对他的支持，是看到了他在艺术上的潜力"。张和平把冯小刚看作"潜力股"，但并没有把自己和冯小刚后来的成功联系到一起。"归根结底，成功是他自己的。因为你帮人是一时，人家后来走那么长的路，还是他本人的素质成就的。"

电影《甲方乙方》的名字也是出自张和平之手。"当时我在广州机场等飞机，琢磨电影的名字，想到公司会签订业务合同，就想到《甲方乙方》这个名字，比之前《比火还热的心》

要好。于是马上打电话给冯小刚。冯小刚觉得这名字不一般,又问了韩三平,大家都同意,就这样定下来了。"这部影片打出贺岁片的招牌,也是张和平的提议。《甲方乙方》的票房当年达到了3 000多万元,成为我国第一部贺岁片。

张和平看上去个性很温和,与世无争,但做事非常有魄力。无论是对当年别人都不看好的项目独具慧眼,还是后来投拍主旋律电影,想办法找到艺术和商业的契合,都是力排众议、果断决策。张和平说:"一个人总是两面的,在看着平和的背后,我还有果断的一面,包括所有项目的推进和成功都是这样。可能这跟经历有关。我总会在磨难当中找到一个方向,还有一种锲而不舍的精神,有一股激情吧。另外,就是我自己的一种追求,支持着我的梦想。"

六年"人艺"掌门人

2007年11月,张和平开始执掌北京人民艺术剧院(简称北京人艺)——中国最负盛名的话剧院团,成为继曹禺、刘锦云之后的第三任院长。之前,他已当了5年北京市政协副主席,做过4年多北京市文化局局长,在电影、电视剧、音像等多个产业之间自由穿梭。而此时的北京人艺正经历最艰难的时期——大量老艺术家离去,导演青黄不接,演员向影视剧流失,院长一职已空缺4年。在这个曾被形容为"乱成一锅粥"的地方工作了6年,他获得了众多资深艺术家众口一词的认可。多人评论,张和平在中国话剧界最出彩的角色,就是成为中国话剧艺术殿堂的"掌门人"。

"当时也曾有过犹豫。因为当时已经是北京市政协副主席了,另外在艺术事业上也'小有成绩',生怕'晚节不保'。我的前任们都有很多苦衷,他们的经历告诉我,这不是一个美差。"张和平说,自己之所以接下来,是因为一个儿时的梦想。"我是学话剧表演出身的,上学时的最大理想是去北京人艺做一个演员。直到今天,这也是全国所有从事话剧表演的学子们的第一志愿。所以在这件事上我说不出一个'不'字来。因为对于我来说,这是儿时梦想的超值实现。所以到最后还是同意了。"

2007年,张和平还兼着另外两个职务——奥运会工作部部长、北京市政协副主席。"这几方面都要兼顾到。最重要的还是奥运会的工作,那是百年梦想的盛事,最较劲,压力大。那时候是把自己的业余时间挤出来,前前后后走访了60多位艺术家,通过面对面接触、谈心,从中找到力量、找到方向、找到办法。"上任之初,张和平先后走访了于是之、郑榕、吕齐、吕恩、林连昆、欧阳山尊、朱琳、朱旭、蓝天野等十几位老艺术家,听取他们对剧院建设的意见建议,也找了濮存昕、林兆华、任鸣、宋丹丹、何冰、杨立新、李六乙等30多位一线导演、演员,和他们谈心交流。

有人说人艺"腕儿"多,不好管,但张和平觉得,艺术家都是有个性的,"只要真诚地和他们交朋友,工作就好做。当时觉得最难的是艺术创作"。赴任之前,张和平找到刘恒,请他给人艺写一部戏。"正好他是奥运会开闭幕式的文学顾问。我们俩有过很多合作,是老搭档了。他之前也没有写过话剧,但很想写。所以有了后来的《窝头会馆》。那是为新中国成立60周年献礼的剧目。成功了。"这部2009年人艺推出的新戏，公演之后一票难求，首轮36场创下千万票房，被称为"金窝头"。

刘恒在自己的话剧处女作里，讲述了一个地道的老北京故事：北平解放前一年，北京南城一个叫"窝头会馆"的小院里发生的几户小老百姓的悲欢离合。舞台上云集了徐帆、宋丹丹、杨立新、濮存昕、何冰这5位北京人艺最具实力的明星演员，也是多年来北京人艺五大台柱子首次在同一部话剧中亮相。

北京人艺建院之初就奠定了文学剧院的传统。但是20世纪90年代以后，人艺出现剧本荒，大量剧作家开始创作影视剧，不再写话剧。张和平上任后，从最薄弱的剧本原创环节入手，聘请了万方、刘恒、苏叔阳、邹静之、何冀平等10位国内一流的剧作家担任北京人艺的荣誉编剧。

其实，从某种意义上说，创作绝非张和平面前最难的那道考题。在2010年的一期朱军主持的《艺术人生》里，宋丹丹讲到，张和平到任的时候开了一个全院大会，从不参会的宋丹丹去了，听了张和平的讲话后掉了眼泪。"当他讲到团结的时候，他说团结就是力量。5个手指头要怎么样来变成一个拳头，我们也要这样团结。我就想哭。因为我们太了解自己的剧院了。"

2010年，张和平写了一首歌《我们》，他说这首歌是照着情歌来写的，"有你才有我们，我们就是我们"这样的情感不仅可以表达政协委员的精神、理念，也适用于任何一个团队。

"昨天今天有多少不同,路上还有无数崎岖不平,我们肝胆相照、荣辱与共,我们同舟共济、携手前行"。

"最触动我的一件事,应该是设过一个'鸿门宴'。"2011年北京人艺创排曹禺名剧《家》,张和平第一次出任院内剧目的艺术总监。他请来朱旭、蓝天野,在人艺食堂吃了一顿饭。"之前,他们并不知道我要说什么。因为这个戏里有两个角色需要他们来演。落座之后,我开宗明义,说剧院要排一个戏,是老院长曹禺先生很重要的作品。话锋一转,你们二位要演什么什么。他们愣住了,本以为就是平时的联谊,没想到我会说这些。他们都是80多岁高龄了。当时我也很忐忑,他们的身体状况让人担心,真没有想到,他们会答应。老艺术家们对艺术的追求、对人艺的情感,也包括对我的支持,让我非常非常感动。"

不光是老演员,陈道明、宋丹丹、胡军这样一些阔别舞台很多年的演员,也纷纷回归。排《窝头会馆》时,张和平亲自跑到唐山请正在拍摄《唐山大地震》的徐帆。"从中午开始,等了半天的时间,一直到晚上等她拍完了。当时还有很多事,但那次就是为了请演员。"其实徐帆演的并不是最重要的角色,张和平的心愿是集齐"五星级"明星阵容。

张和平还有个一瓶衡水老白干让胡军回到《原野》的故事。"那是在人艺食堂,酒还是我自己的。胡军是个身体很棒的人,我那时已经六十四五岁了。血压高,身体也有慢性病。那天喝酒我没输他,他反而有点失常了,后来还道歉。喝完酒他说,和平院长,可交。我觉得这是男人情感交流过程中一个真诚的表现。酒喝到尽兴往往是一种情绪的表达，酒风正嘛。"

张和平上任后，从复排《家》《原野》《龙须沟》《蔡文姬》这些经典剧目，到推出《窝头会馆》《喜剧的忧伤》等新戏，慢慢地，明星阵容出现在人艺舞台上不再是难事。"坦率地说，请明星大腕回归舞台符合艺术规律，因为他们之所以能够成为明星大腕，一定有过人之处，所以他们会很忙，片约多，片酬也会很高。他们之所以回来，主要还是出于对艺术的敬畏、对人艺的热爱。当然也有我个人的努力，最重要的是坦诚相见、真诚相待。"

2010年5月23日，为了宣传《窝头会馆》，张和平应朱军之邀上了一次《艺术人生》。在那次节目中，对北京人艺种种弊病感同身受的濮存昕，用自己的方式表达了对张和平的钦佩："怎么就都改了？怎么就变好了？怎么这些演员们就不像前几年意见那样多了？叫你回来演就回来演戏了。这是怎么改变的？我忽然想起我演的话剧《建筑师》里有这样的台词，建筑师索尔尼斯说，你知道吗，有这么一种人，世界上就有这样的人。他有资质，有能力，去渴求那些不可能发生的事情！这种人不是自己就能够把事做好，他必须得有帮手，但这帮手不会自己来的，你必须去召唤他。拿什么召唤？力量。什么力量？就是你内心里面得有一种力量。你有这种力量，帮手自然就来了。"

濮存昕在另一次采访中讲过一件事，有一部作品，说好由他演男主角，也谈了多次剧本，可到签约时，自己觉得还是没有找到感觉，决定辞演。张和平没有流露出一点儿不满。濮存昕说,这是张和平作为艺术管理者的气度和心胸。"要知道,为了我,整个演出计划都调整了。他心里的失望我能想象到。但他尊重我的艺术状态,这让我很感动。"

有朋友形容张和平"未必是最聪明的,未必是最有才华的,但性格上是最没有缺口的"。张和平脾气好,温和,内敛,在北京人艺6年遇到过很多困难,要解决很多问题。有顺心的时候,也有不顺心的时候;有被人理解的时候,也有不被人理解的时候。他也生过气着过急,作为宣泄,有时回家后就想喝两口。"好在我韧性比较强、抗击打能力比较强。这可能跟我的经历有关,因为经历过磨难,后来的这点磨难,比起我儿时、青年时期成长过程中遭受的那些,微不足道。"

张和平说,人艺最宝贵的传统是包容。"要想发展,没有团结不行。要团结就必须有包容。"而对艺术、艺术家的支持,除了生活上的照顾外,最主要的是对他们艺术创作的支持。"因为艺术家把艺术创作当成比自己生命还重要的东西。'真功夫在台上',现在各种类型的演员中,对话剧演员的要求是最高的。"

当了院长之后,张和平在人艺恢复了曾一度中断的艺委会制度。"人艺的艺委会是有历史有传统的,这是一种艺术民主,把一个人的眼光变成了很多人的眼光,而且变成了一种流程。一部戏的诞生,从剧本的创作室到主管副院长,副院长经过艺委会,艺委会通过后,上院长书记会,进行讨论确定后进行排练,在排练厅要审查一次,合成之后在剧场再审查一次,然后才能上演。这样就避免了因为个人好恶致使作品产生不应该有的损失。"

在北京人艺6年，张和平之所以能够一呼百应，既因为他为人真诚、待人包容，更因为他既懂艺术又懂市场，值得大家信任。张和平看戏不是坐在前排，而是黑灯以后才悄悄进入剧场，在后面边上找个空位坐下。他说，因为那是真正坐在观众席里，听到的声音会更真切。"我会观察他们的喜怒哀乐和他们在台上的反应。这个反应是很准确的，也是需要我做工作进行调整的方向。"

守正创新 尊重艺术 建设文化

谈及艺术创作理念，张和平最推崇的就是习近平总书记说的"守正创新"。"这个理念我们应该贯彻。'守正'是前提，'创新'是发展。该坚守的坚守，该改变的改变，该发展的发展。我们要坚守的是精神，要像土地那样朴实，而'变'是永恒的，这是辩证法。发展是硬道理。"

张和平说，自己当北京人艺院长时，固然要发展那些前卫的戏剧，但是传统剧目、经典作品，如《家》《茶馆》《雷雨》等是不可以变的。"经典就是经典，是作为一座丰碑立在这儿，要给后人传下去。要有一个博物馆里的东西永远保存下来，这是对历史负责。表演其实在潜移默化中也是有变化的。因为演员在变、导演在变、审美在变，怎么可能作品本身不变呢？形式还是那个形式，词儿还是那个词儿，但是说的语调、演员的理解和表达是会有变化的，这是不以人的意志为转移的。改变也不一定是坏事。"

文化都是相通的。张和平说,作为文化工作者,没有退休的概念。可能职务上、人事安排上有制度,"到点儿"就会有变动,但从事文化工作是没有年龄限制的,应该是活到老做到老。"因为这是我生命的全部。"

现在,张和平的工作还有很多,冬奥会工作就是其中之一,"因为2008年北京奥运会的时候我就是开闭幕工作部的部长,经历了全过程。奥运一脉相承,所以我还能在冬奥会这项工作中尽微薄之力,这是应该履行的一种使命。"

此外,张和平还有文学艺术特别是电影方面的很多工作,还参与很多国家重要项目,例如《长津湖》就是一项"硬任务"。这部电影是为纪念抗美援朝70周年而作,陈凯歌、徐克、林超贤联袂执导,吴京、易烊千玺主演,超过7万人次群众演员参演,制作成本打破华语电影纪录,拍摄过程非常艰苦。

除了自己的工作,张和平也在关注家乡文化艺术事业的发展。看了深州青年导演徐磊拍摄的充满衡水元素的电影《平原上的夏洛克》,他感觉非常好。"带给自己的亲切感和别人是不一样的,扑面而来。能够闻到那种乡土气息,体会到那种人文关怀。"他说,近年来衡水的影视戏剧等文艺作品做得很好,应要注重影视作品传播、影响力的扩大,更重要的还是要让人民有更多获得感,重视文化的普及与提高,千万不能忽视普及。"要重视基层文化馆、文化站的工作,重视那些基层文化工作人员,创作有乡土气息的文艺作品。在这片沃土上长出来的庄稼是最多的。就像习近平总书记说的那样,深入生活,扎根人民。我们只能扎根这片土地。根是不能丢的,那是情感和理想。"

"在立足本土的基础上，我们还得走出去。要有适合自己的作品和表演形式，只要水平到了，自然会吸引人。现在网络这么发达，传播手段又多，我们要借助数字化的传播方式扩大自己的影响力。"张和平说，我们必须跟上时代，但是根不能丢，魂不能丢。"这个魂，就是我们的精神。衡水人的精神与国家的、民族的精神一脉相承、息息相关。不管到什么时候，我们的根在乡音里、在血脉中，这是家乡的烙印。"

张和平由衷感谢故乡这片热土的滋养："家乡衡水对自己的影响是深刻的、挥之不去的。衡水人就像衡水湖一样，包容、宽广。"家乡的变化，让张和平感到自豪。"现在的衡水和几十年前差别太大了，日新月异，现在能够真切感受到国际化的气息。这些年的变化，是家乡人劳动的成果。这样的劳动强度和丰硕收获，让人称赞。在新时代，家乡衡水一定有更辉煌的表现，也一定能够创造更大的辉煌。"

（2021年）

褪去岁月尘埃 重现应有光彩

——齐白石入室弟子、郭沫若终生挚友、衡水文人画家周铁衡

用沧海遗珠形容周铁衡应该并不为过,但用一个明确的身份来定义他,似乎就是一道难题:行医为生,同时又是诗人、书画家、收藏家、文化学者,精篆刻、通音律,著述颇丰;齐白石的入室弟子,是郭沫若的终生挚友……他的一生,见证了半个世纪的离乱与传奇,却因为种种原因几乎湮没于历史的重重烟尘。在近几年,这位学贯中西的通才、有着多方面成就的艺术家,才逐渐回归世人的视野。

2017年10月13日,"风起辽海——周铁衡书画篆刻文献精品展"在荣宝斋沈阳分店美术馆举办,在辽沈大地引起轰动。

曾任中国美术馆研究部主任的著名美术史论家刘曦林,"惊异其笔墨之精能,写意之高超",为他被埋没多年深感遗憾:"查《齐白石辞典》,在弟子部分有龚文男撰之'周铁衡'

词条，大约三四百字，尚有知者，但言其篆刻较详，叙其画甚少。回阅拙著《20世纪中国画史》，在《大匠之门·齐白石》章第六节'齐白石的弟子与传人'中竟只字未提，深感艺海无涯，画史难全。"

周铁衡的故乡是我们的衡水，他的童年，就是在冀州北榆林村度过的。

画才、急智 家学渊源

周铁衡的遗孀2000年去世，终年95岁。此前，周铁衡之子周维新依据母亲的回忆和父亲留下的札记信函、作品款识及其他旁证资料，写下了周铁衡的年表。

1903年，周铁衡生于一个书香门第。像传统文人一样，他有很多别号、斋号、堂号。祖父为其取名德舆，字铁衡，意在长命。他仰慕吴昌硕（号大聋），自号阿聋、半聋，堂号四音馆；因祖籍冀州，有河北周郎、冀州布衣之号；终生从事古钱币研究，别号清泉堂、五百钱富翁；晚年书画变法，号跳出古人室、后来居。20世纪60年代，他曾任鲁迅美术学院兼职教授，又号灌园丁……周铁衡刻有一枚"濂溪后裔"印章。据称，周家的先祖可追溯至宋代周敦颐，祖籍本在江西，其中一支辗转迁徙到河北。

当年周氏家族依靠祖上传下来的田产维持生计，还算富足。周铁衡的祖父周汝南曾是晚清言官。父亲周樾溪是清末最后一批进士，学问渊博，富有收藏，光绪三十年（1904年）赴开封参加甲辰恩科会试，是第270名，但没有"传胪"，即考中而未殿试。1905年中国废除科举制度，开始实行现代学制。

因为祖母和母亲都有一定的文化素养，周铁衡幼年接受的家庭教育质量很高，祖母会给他讲《山海经》《三国志》《西游记》《岳飞传》等故事，母亲则教他背一些唐诗、宋词、元曲。

周铁衡的绘画才能很早就被家人发现了。3岁时，他用祖母做鞋底的褙褶剪成了一条飞龙，极为肖似。祖父由此断言："此子乃吾家千里驹。"

"千里驹"在6岁时通过一个佳对上显示出不凡的聪明才智。那年6月，周樾溪由京师回乡省亲，在一个下雨天背着周铁衡蹚水到家塾上学，塾师见状，脱口道："将父作马。"周铁衡几乎不假思索，大声答道："望子成龙！"

仅仅2个月之前，祖母才为周铁衡开蒙，他进入家塾读书的时间还很短，刚开始学习《三字经》《百家姓》。周铁衡的急智让塾师和父亲极为赞赏，"稚子佳对"的故事不胫而走，在当年的北榆林村乃至冀州各私塾传为美谈。

过了一年，周铁衡从家塾转到了北榆林村的私塾，读《千家诗》《诗品》《唐诗正义》等。他一直喜欢画画，在私塾时经常为塾师和同学画像，在家则为祖母和邻居描花样。

1911年6月，周樾溪任安东（今辽宁丹东）县令，把家眷安顿到了奉天（沈阳）。8岁的周铁衡颇受父亲器重和喜爱，被周樾溪带到任上，进入安东元宝山师范附属小学。每天放学回家后，他跟父亲学习对句，五、七言试帖诗及《小学》等。家学渊源为周铁衡打下了扎实的国学底子。

1912年，周樾溪带着周铁衡到热河省的隆化县上任。次年春,隆化县发生饥荒。看到饥民的惨状,周樾溪请求拨内帑救灾并减税,不想却触怒上司,被革了职。因此,周铁衡父子回到奉天。

回到奉天后,周铁衡白天在学堂读书,回家后继续跟随父亲修习国学,课程逐渐加深,开始学习《书经》《段注说文解字》等。期间,母亲阎氏患病进京治疗,他也随行前往,就读于北京的小学,两年后母亲病情好转才回来,在奉天省立第四小学完成了小学阶段的课业。

1920年,周铁衡以优异的成绩升入南满中学堂,1923年21岁时考取了满洲医科大学。繁重的课业之余,周铁衡很注重锻炼身体,是个体育健将。在1925年6月满洲医科大学举行的运动会上,他是铁饼项目的第一名,获得了一枚铜制镂空奖牌。这年暑假,在长辈的安排下,周铁衡回老家到冯家庄夏家相亲。

冯家庄与北榆林村相距不远,是历史悠久、远近闻名的大庄,曾有高高的寨墙和武装,至今还有不少残存的古迹。夏家是冀州望族,族谱可上溯到明代,历史上出过不少官吏。传到近代,夏氏家族有很多产业和生意,例如油坊、烧锅一类,还在保定开设当铺及铁厂,和周家可以说是门当户对。

周铁衡对这桩婚事很满意,十分爱慕聪慧秀美的未婚妻夏语冰。他为夏语冰画了一张肖像,精美传神,承载了当年风华正茂的两个年轻人美好的情愫。

两年后的1927年4月,周铁衡大学毕业,进入满洲医科大学附属医院工作,同年6月就和夏语冰结婚了。两人一生情爱甚笃，育有四男四女，周维新是他们最小的儿子。

夏语冰精明能干，在父亲夏吾给她指派的经纪人的帮助下在奉天购房置业，把家族生意拓展到了东北，涉及工商金融多个领域，在吉顺丝房、内金升等不少著名老字号都持有股份。

周铁衡工作1年之后，被保送到日本九州帝国大学进修，后来还到东京深造。1930年回国后到四平出任四洮铁路局医院院长一职，这年他刚刚28岁。

不久，九一八事变爆发，东三省被日本人占据。周铁衡不满日寇横行霸道，辞去院长职务回到奉天，在小南门里开了一家"舆记诊疗所"，主治内科和儿科。他钻研父亲的中医验方，对照自己所学，很早就开始了中西医结合诊疗的实践，写下了《妇科抉微》，郭沫若曾为此书作序、题写书名。

1959年，周铁衡被中国医科大学聘为客座教授，讲授中西合流治疗妇科疾病课程。因为德语出色，他曾在德国友人来访时担任翻译。

齐白石的"手艺买卖官"

写下《歌唱二小放牛郎》的著名作家、诗人方冰曾任辽宁省作协副主席，他与周铁衡在20世纪50年代成为朋友，彼此相投，过从甚密。

一次，方冰问周铁衡："你在医学上很有成就，为什么又沉溺在书画文物中呢？"

周铁衡说："我当医生只是为了生活，其实兴趣早就不在医药上了……"

诗书画印是传统文人的必修课。周铁衡13岁时拜陆小轩为师学习篆刻，16岁开始跟邱壑学习山水画。他拜齐白石为师，是得到了同乡瑞光法师的引荐。

1919年7月，奉天大南边门外的慈恩寺举行法会，邀请东北和北京的高僧坐禅。北京衍法寺方丈瑞光应邀前来参加典礼。他也是冀州人，与周樾溪是世交，曾一同参加乡试。一次他到周家闲话，周铁衡出示书法、绘画、篆刻习作，请瑞光品评。瑞光问了周铁衡的师承，对周樾溪说："北京有一个齐白石与我是半师半友，在北京独树一帜，现在虽然名望不重，将来必定是中国画界扛鼎人物。名师出高徒，待法会完毕，我带铁衡进京拜齐白石为师。"

临行前，周樾溪给周铁衡拿了一些银圆，又让他去吉顺丝房取些绸缎洋布，给白石老人带上当见面礼。

周铁衡到北京后，瑞光法师带他去菜市口西南的法源寺，当时齐白石在那里寄居。之前，周樾溪曾特意叮嘱，拜师时要穿长袍。见了齐白石，周铁衡撩起袍子，规规矩矩地叩了3个响头。

周铁衡拿出3册习作请齐白石过目，齐白石点评之后说："以我为师，诗书画印不可偏废，铁衡基础不错，今后要兼收并蓄，意会之处须心领，不必言传。"

成为齐白石的入室弟子后，周铁衡放寒暑假或者随父返乡途经北京时就前去请教。他把诗稿、绘画、篆刻、书法作品送到齐白石那里批阅，齐白石也偶有答赠，还把周铁衡介绍给京津画界名家陈半丁、徐燕孙、胡佩衡、金潜庵等人认识，又通过关系介绍周铁衡去故宫博物院参观,让他有幸得见皇家所藏的历代真迹。

20世纪初日俄战争后,日本在中国的殖民范围不断扩大,移民数量逐年增多。到了1940年,东北地区的日籍移民突破了70万人,仅奉天和长春两地就超过了25万人。

很多在华的日本人对中国传统文化非常感兴趣,齐白石作品的买家中有不少日本人,周铁衡曾经为齐白石当过书画篆刻作品的交易中间人。

西哲太郎是日本文化商社驻奉天代表,他通过周铁衡买了很多齐白石的印章。日本文化学者长桥也曾委托周铁衡购买齐白石的一套印谱。齐白石当年在北京以卖画刻印为生,并无其他收入来源,对钱财非常在意。对他来说,"过钱"的事假手他人,颇为不易。他与周铁衡的师生关系一直很和谐。

1936年,周铁衡所著《半聋楼谈画》杀青,托人带到齐白石处请求审阅。不久,齐白石为其作序:"谈画楼头人半聋,口谈还与手俱工,有人画里穷三昧,来看周家此卷中。"这一年,齐白石为周铁衡治了"半聋楼""手艺买卖官"两方寿山瓦钮印。

1951年,沈阳故宫举办"抗美援朝书画作品义卖展览会",周铁衡邀请齐白石参加。齐白石很快寄去10余件作品,并邀请胡佩衡等知名画家捐赠画作参与义卖。齐白石还将题有"愿世人都如此鸟"的《和平鸽图》赠给了沈阳故宫文管处。

1957年,周铁衡在55岁生日前夕收到了齐白石托人从北京带来的一幅《和平鸽》。感念师恩,周铁衡将画作精心装裱后悬于壁间，朝夕晤对，每逢朔望还在宣德炉中放上檀香，点燃后供奉于画前。

1957年9月，齐白石在北京去世。周铁衡听到噩耗悲痛不已，前往奔丧，回来后一直郁郁寡欢，之后的半年多一直茹素、不剃须发，每天在《和平鸽》前拈香，怀念老人。

与郭沫若的交往酬唱

周铁衡与郭沫若相识，缘起于上文提过的收藏家西哲太郎。周铁衡与西哲太郎1927年相识，西哲太郎年长，两人算是忘年之交。1945年日本战败投降，西哲太郎一家没有回国的路费，周铁衡解囊资助，帮他在黄牛手中买了4张机票。临行时，西哲太郎将所藏之印全送给了周铁衡，多达500余方。

周铁衡去日本留学时，西哲太郎把他介绍给了日本望族西园寺公望。西园寺公望的家族在日本是地位很高的贵族，他是日本政界的自由派和反战派，日本战前民主最后的守护者。周铁衡在课余时间为他整理府上收藏的各类中国古代艺术品。

郭沫若曾流亡日本，研究金石学取得不少成果，在日本学术界知名度很高。西园寺公望曾经在家中宴请过他。

20世纪20年代，在西园寺府上相识后，周铁衡与郭沫若成为一生的至交。两人有不少诗词书画上的酬唱往来，郭沫若和于立群的很多印章都出自周铁衡之手。

在为西园寺工作时，周铁衡对其府上所藏的中国安阳出土的甲骨文片产生了极大的兴趣，开始对"石鼓文"与"诅楚文"进行比较研究。结识郭沫若后，两人经常在一起探讨学术问题，还曾结伴去文求堂书店查寻有关甲骨文的资料文献。

文求堂书店是田中庆太郎1900年在东京开办的汉籍书店，在日本的学术界非常有名，20世纪30年代郭沫若在日本完成的一些金石研究著作都是文求堂出版的。田中庆太郎和近代中国很多重要人物有联系，除了郭沫若，还有郁达夫。

回国后，周铁衡一直与郭沫若保持着联系。1931年周铁衡独立开办诊所之后，曾致信郭沫若："如此可不为公务所累，闲暇时可搜集整理钱币、陶瓷、书画等。亦可半职业从事绘画、篆刻创作。"

1948年底，郭沫若随第二批北上民主人士辗转到达沈阳，到周铁衡家中做客时为其写了一幅行草书法作品："貔子窝前舟暂停，阳光璀璨海波平，汪洋万顷青于靛，小屿珊瑚列画屏。"并为其印谱题笺《半聋楼印草第二集》，以诗代序："萍翁有入室，铁笔神可通。性逸业亦逸，我聋君亦聋。刀圭先后学，金石左右逢。嗜者又奇癖，无乃太相同。"

看过周铁衡所著的医书，郭沫若用草书为其作序："铁衡本习西医，顷以所著《妇科抉微》见示，乃系中国旧术，用知著者实兼冶新旧于一炉也。方今习医术者大抵皆有所偏，通新者则蔑古，泥古者则拒新。新良不可拒，旧术积数千年之经验，谅亦有足取之处，宁可一概弃置之耶？以新御旧，斯为正轨，铁衡殆有意于此矣。方今妇女界正谋解放，而由疾病中解放，亦一切要事，望读者酌取此意。"

1952年4月，郭沫若在莫斯科接受"加强国际和平"斯大林国际奖金后与茅盾一起回国，路经沈阳，来到周铁衡家。周铁衡为郭沫若、茅盾各刻一印,并为郭沫若画花鸟、金鱼斗方册页。

1964年,周铁衡为郭沫若刻了"郭沫若""于立群""桃花源里可耕田""东风万里堂"等十几方印,托人送至北京郭沫若宅邸。印石是之前郭沫若托人送到周铁衡那里的。

第二年,周铁衡到北京中国美协与李苦禅、李可染等人商量筹办"齐白石弟子作品联展"事宜。他来到郭沫若家,郭沫若为他写了一幅中堂:"纵有寒流天外来,任教冰雪积成堆。东风自孕胸怀里,瞬间山花遍地开。"于立群写了四尺对开条幅"敢教日月换新天"相赠。

回沈阳前,郭沫若又约周铁衡小酌。席间于立群以檀香木骨小扇相赠。扇正面为郭沫若草书"卫夫人笔阵图",背面是于立群绘"荷包花",款题:铁衡同志留念。

"雨后花开写乍晴,穿枝鼠到助诗成。龛中泥像微微笑,笑我多能误一生。"

这是周铁衡留下来的诗作。"笑我多能误一生"一句,堪称他最为贴切的自我写照。

周铁衡被称为通才,在医学、诗词、书画、篆刻、收藏、古琴等领域都取得了一定的成就。他一生勤奋,著述颇丰,有《半聋楼谈画》《东窑考》《半聋楼印草》《妇科抉微》《清钱轶录》《半聋楼札记》《东风集》《中西古典音乐之比较》等。

周铁衡30多岁时当过奉天美术协会委员,还在奉天美术专科学校当过中国画专业教授。他1955年参加了第二届全国美展,1958年成为中国美术家协会会员,后来当过鲁迅美术学院客座教授、沈阳市文史研究馆馆员、沈阳市文联副主席，1964年当选辽宁省美协副主席。

周铁衡的绘画从工笔重彩入手，中年后形成了以写意、大写意为主的表现形式。他借鉴西方绘画中的素描，把透视、光感等元素引入了中国画的创作，有种超前的意识。

《中国美术报》执行总编、中国国家画院信息中心主任王平说，周铁衡转师诸家，终成笔墨大家，诗书画印皆精，是画坛遗珠，其笔墨的可贵处是重品比德。

荣宝斋常务副总经理、著名画家范存刚认为，周铁衡的书、画、印皆受齐白石影响，并在此基础上有所创造和发明。其大写意花鸟、山水皆能删繁就简，呈现出一种朴质无华的自然之美，是白石老人一脉重要的文人画传承者。

因为有着深厚的国学功底，周铁衡的书画作品几乎都是自写自画自钤印。1949年10月出席东北人民政府建国招待会时，他即席作画赋诗，语惊四座。

1961年6月，傅抱石与关山月联袂到东北进行为期4个月的写生之旅。他们一行在9月来到沈阳书画研究会，笔会交流时，周铁衡与傅抱石合作了一幅《双松图》，傅抱石画的南国松树婀娜，周铁衡画的北国松树苍郁，各具特色。

第二年8月，谢稚柳、张珩、蒋兆和等著名书画家来沈阳讲学交流，周铁衡与钟质夫、王文燦、蒋兆和、谢稚柳等人联手创作了《东北风光》；与蒋兆和联手创作了《东风到处果儿红》。

1966年，周铁衡绘制的《开门红》发表在《美术》杂志上。这幅作品被中国美术馆收藏。

周铁衡曾为不少名人刻过图章，除了郭沫若、茅盾，还有萧克、塞先佛、塞先任等人。他藏有文彭、丁敬、沈达、吴昌硕、齐白石等人的印章，还亲自考察章料产地，并对各种石料进行比较研究，很早就发现产自内蒙古的巴林石"光润怡人，奏刀以为与寿山石无异"。周铁衡在札记中记载，20世纪50年代，他把自己收集的精品巴林石章料"艳血""冻石"等送到齐白石的面前，老人"笑逐颜开"。

就篆刻艺术来讲，周铁衡在某些方面曾被齐白石认为超过了自己，甚至超越了赵之谦。1938年齐白石为周铁衡《半聋楼印草》题笺并作序："……铁衡弟由奉天寄呈手刻拓本二，求批其短长。予见之大异！何其进之猛也？其粗拙苍劲不独有过于予，已能超出无闷（赵之谦）矣……"

周铁衡的收藏广泛，包括陶瓷、钱币、文玩、书画等。

留学日本期间，周铁衡参观了东京的帝国博物馆藏瓷器之后，对陶瓷的研究兴趣日渐浓厚。在西园寺家，他结识了日本陶瓷专家小山富士夫，日本古文学、石鼓文专家中村不折，与他们有学术方面的交流。回国后，周铁衡曾去陕西铜川黄堡镇考察耀州窑遗址，去河北、河南、四川、江西、福建等地考察宋代官窑及各名窑窑址，写下了图文并茂的《东窑考》一书，后来在日本发表。周铁衡50多岁时，曾自己研究烧制瓷印，但"十之七八不得成就，惟'学快活'一印以为稍稍满意"。

"关东三才子"之一的王光烈是近代东北书法篆刻第一大家，民国时曾任奉天金石书画研究会会长。周铁衡就是看到他收藏的历代钱币精品后,才开始了货币收藏。30岁以后,周铁衡专门收集清代货币,曾与我国著名的钱币收藏家马定祥有过探讨交流。

马定祥是中国钱币学社创始人之一,《中国钱币大辞典》元明清篇主编,为我国的钱币收藏与研究作出了开拓性的贡献。周铁衡20世纪30年代开始与在上海的马定祥通信,交流藏品信息及收藏心得。

20世纪40年代,周铁衡开始致力于太平天国钱币的搜集,与马定祥一起探讨过太平天国军饷银洋铸造起讫时间。1942年7月,周铁衡与马定祥在北京第一次相见,两人出示所藏"货泉"拓本,互为对方藏品之精而叹服。

周铁衡在43岁时写下了《清钱轶录》一书。20世纪80年代,马定祥出版专著《太平天国钱币》。

周铁衡在音乐上的研究探索持续多年,曾把《东方红》改编成了古琴曲,1962年写成了《中西古典音乐之比较》一书。

周铁衡酷爱中国古典音乐,自号"半聋",一个原因是他很钦羡吴昌硕(号大聋)的才艺,另一个原因是中国传统的匏、土、革、木、石、金、丝、竹八音,他自谦只能听其一半。20世纪40年代,周铁衡将自己收藏的明版古琴谱中的数首曲子由工尺谱改写成了五线谱。

1940年周铁衡去北京看望齐白石时,与古琴名家查阜西相识,开始进行古琴曲、琵琶曲与国外古典乐曲的比较研究。回到沈阳后,他托人将所藏古琴送往北京,经查阜西鉴定,此琴为宋代"焦尾"。

现代淮阳琴派古琴家凌其阵当过工程师，后来是沈阳音乐学院教授，新中国成立初期与顾梅羹一起创建了辽宁古琴研究会，任副会长。他在1954年拜访过周铁衡，商议在沈阳组织琴社。周铁衡一度与凌其阵探讨古琴改良，因为抚琴时总觉得琴音发闷，弹着不激越。再就是，古琴与西洋乐器是不是能在一起配合？凌其阵鼓励他去尝试，周铁衡反复试验，最终体会到古琴和箫在一起才能最真切地表达文人内心世界最深邃的幽怨，而且将古琴琴弦改为钢弦也是有问题的，他后来又都恢复成了丝弦。

爱国、思乡 乱世之中的文人情怀

19世纪晚期，清政府开放关禁，允许河北、山东等地的人们闯关东。早年，衡水也有很多人到东北做工、经商，后来在那里安家落户。青壮年移民的大量涌入和民国初年东三省推行的经济发展"新政"等因素，极大地刺激了工商业的迅速发展。东北地区的工业化水平很快超过了长江流域，曾一度是中国城市化程度最高的区域。

然而，这里一直被日俄等列强垂涎觊觎，愈演愈烈的渗透、殖民行为最终演变为赤裸裸的侵略。周铁衡有这样的诗句："本是观光上国宾，遇穷不得展经纶。空肠饥叫三秋蚓，蔽体衣披百结鹑……"诗中吟咏的，就是他在日本侵略者铁蹄下的悲愤压抑和无尽的痛苦。

周铁衡曾经就读的中学和大学都是日本进行侵略活动的组织机构——南满洲铁道株式会社所办，这些学校虽然客观上使一些中国人接受了较为先进的现代教育，但却无法掩盖其背后侵略者的面目。日本人居然曾试图把中国画改名为"东洋画"，他们在文化上的侵略，在思想上甚至是风格上压制着中国艺术家的创作。

周铁衡读大学时就有了这样的感受：中国文化艺术为日本人取去，略加改变，便为日本人所有。日本人研究中国文化煞费苦心，意在瓜分中国，夺为己有，故国人要锐意继承国粹。

刘伯刚是周铁衡在南满中学堂时的同学，很早就加入了中国共产党，20世纪30年代介绍周铁衡到奉天第二监狱当兼职主任医师。周铁衡对狱中关押的所谓"政治犯"非常同情，经常利用自己的身份便利，设法为他们争取药品衣食。

乱世之中，周铁衡有过不止一次的牢狱之灾

1939年6月，周铁衡的弟弟周德兴（"兴"字繁体为"興"）因为贩药被日本人通缉。日本人分不清两人名字中的"衡"和"興"，就把周铁衡抓起来顶罪。夏语冰四处奔走，找周铁衡在沈阳的文化界和医学界的朋友帮助解救，才使他在被羁押将近1个月后得以获释。

1944年，周铁衡因为以药品周济两位中原人士，再次被日本宪兵以反满抗日之名拘押了2个月。

战争后期沈阳经济的萧条，让周铁衡和家人的生活都受到很大影响。

1948年沈阳解放后，周铁衡结识了东北文物管理委员会常务委员兼文物处处长王修，"大有倾盖如故之感"。周铁衡受聘为东北文物管理处顾问后，周铁衡和王修带领文管处的同志们把盛京皇宫等处的文物进行分类，一起整理了数万件文物，参与创建了沈阳故宫博物馆、东北博物馆（现辽宁博物馆）、东北图书馆（当时为全国第三大图书馆）、东北档案馆（1960年）。他们还在战火中抢救保护了包括张旭的《古诗四帖》，周昉的《簪花仕女图》，张择端的《清明上河图》，蒲松龄的《聊斋志异》《农桑经》手稿和存于沈阳故宫文溯阁的《四库全书》等国宝。

1950年抗美援朝的时候，周铁衡和王修一起组织书画、古玩、演艺界人士进行义卖义演。周铁衡夜以继日，亲手拓印了100部《半聋楼印草》义卖筹款。20世纪五六十年代，周铁衡响应党的号召，将近百件个人藏品无偿捐献给当时的中国历史博物馆、东北博物馆、沈阳故宫博物馆等。他很多优秀的画作、印作都是在这个时期创作的。

周铁衡1945年办完父亲的丧事后再也没回过衡水。然而，他对家乡始终怀念，曾刻下一枚"断乡音"印章抒发自己的游子情怀。他还有一些"来奉×年"的印章，也是怀乡之作。周维新说，父母之间的对话都是冀州乡音，官话是对外人和孩子们说的。

到了20世纪60年代后期，周铁衡的人生受到强烈冲击。他开始了长时间的游历。1968年，周铁衡从沈阳出发至北京，走过了泰山、黄山、华山、庐山，沿长江逆流而上，过三峡、重庆至涪陵，又北上至大连……辗转于几个儿女家。最终，他以自杀的方式结束了自己的生命，他的作品与藏品也在数次抄家中散失了。

周维新从20世纪70年代开始搜集回购父亲的作品,历尽波折,终于在2017年出版了《半聋楼画集》,其中收录周铁衡的诗、书、画、印共283件作品。周维新还曾计划把父亲的作品展办到北京,办到中国美术馆:"我要让更多人认识到父亲多方面的成就,让他重新回到艺术史上应有的地位。"

在民族复兴、文化振兴的新时代,周维新正一步步努力着,让父亲的名字逐渐褪去岁月的尘埃,重新闪耀出应有的光彩。

(2018年)

米羊画室三人行之一：绘者与哲人段秀苍

　　对现当代美术史有所了解的人会知道，在20世纪80年代的"85美术新潮"中有3个知名的青年艺术家群体，米羊画室就是其中之一。在那个年代，当众多艺术家都在关注西方时，"米羊画室"的3个年轻人却把目光转向自己国家、民族的传统文化，这在当时是特立独行的，其历史意义不言而喻。他们的艺术活动让衡水美术在当代艺术史上留下了闪光的足迹，或者说是截至目前唯一的印记。

　　时光流逝，转眼间30多年过去了，后辈对那段让人激情澎湃的岁月已印象模糊，甚至懵然无知。很多人也不知道，那3个年轻人曾经驻足的地方，曾经那样有名的、引领时代潮流的艺术群体的根，就是我们的衡水。

米羊画室的3个年轻人中,有一个土生土长的衡水人,他就是段秀苍。

段秀苍小学没有毕业,阅读不成系统,却凭天分和勤奋独立完成了艺术理论著作《艺术与人的自然本质》,并获河北省文艺振兴奖;他没有进过一天美术学校,他的画作却数次入选全国美展并获奖,被中国美术馆和故宫博物院收藏。他的代表作和艺术活动被收录进不同版本的现当代艺术史,他被"中国现代水墨之父"刘国松推介到海外,他的创造力今天依然旺盛。在很多人看来,这是一个不按常理出牌的人,他定义自己"无师、无门、无派"。这样一个不走寻常路的奇才,有着怎样的人生轨迹和内心世界呢?

半生坎坷浮沉　画笔为他改写命运

如果从最初的那张涂鸦开始,一路走来,一张画作也不曾失落,那么段秀苍个人展的画廊将会是一个漫长的时空隧道。作品的数量恐怕连段秀苍自己都说不清楚。命运中的那些起起落落和他手中的画笔密不可分。

1953年,段秀苍出生在景县一个干部家庭。他是父母的第八个孩子,他有4个姐姐、1个妹妹,曾有2个哥哥和1个姐姐于幼年夭折。

幼年的段秀苍生活在一个充满爱与美好的小世界,不论是家中的父母姊妹,还是学校的老师同学,都给予他无限温暖。他5岁随父母迁居承德。上小学时,一个亲戚的朋友是学美术的,曾给他的姊妹画像。那是他第一次接触绘画,他被深深吸引住了。自此，段秀苍开始拿起笔勾勒眼中看到的一切和心中想象的世界。

1963年，段秀苍回到景县到城关联小上学。除了爱画画这一点没有改变，他的很多事都开始不对头。他成了一群天天不等放学就想冲到野地里去打坷垃仗的顽童的"孩子头"，父亲恩威并施严加管教，却收效甚微。他开始肆无忌惮地野蛮生长，成绩一落千丈。他现在说起最爱自己、一心想把自己培养成大学生的父亲时，声音都有些改变。但当年，他就是那样顽劣，不听管教。

"文革"袭来，父亲受到打击，他美好的小世界崩塌了。寒冷的1966年冬季，段秀苍被母亲送到老家周各庄村的大伯家。冰冷土炕上的油腻、散发着异味的被子，让他记忆犹新；内心的寒意和对未来的茫然，更让他深感痛楚。

好在段秀苍是个坚韧的人，有自我治愈的能力，很快就融入农村生活中。十二三岁的孩子，身材瘦小，却是心灵手巧，学啥像啥——赶大车，吆喝牲口，耕种锄耙，扬场簸簸箕……大伯帮着他盖起了3间土房，他居然自己动手垒起了院墙。春天到来的时候，他和乡亲们一起耖地耙地。跟在牲口后面，站在颠簸的农具上，他闻到了泥土的味道，感受到了大地的脉动。农村生活对他的影响是深刻的，烙印在脑海中的各种乡间风物成了他后来创作的素材，出现在那些超现实主义、意味深长的画作中。更重要的是，他意识到学习的重要性，开始搜罗一切能找到的有文字的读物。找到一些残旧的中学课本，他便拿起来"硬啃"，很多数学、物理定理定律都是他在苦思冥想中自己弄懂的。

两年后,段秀苍被安排到景县塑料厂当工人。这一年,他15岁。除了延续读书的习惯外,他的画笔也没有停下。他下了夜班就在车间的大工作台上继续写写画画,甚至拿出全年的布票买白布绷画框尝试油画创作,成了那时厂里的"笑料"。偶然到手的一本北大中文教材让他爱不释手。晚上他在宿舍读书,怕影响别人,就用涂黑的纸把灯罩起来,让那一束光聚拢在自己的床头。因为能写会画,他很快被调到厂里的办公室搞宣传,后来又成为一名业务员。他背着画夹子,三四年间走遍了全国各地。

锥处囊中,其末立见。段秀苍向报社投稿不久,他的速写作品《送子务农》就发表在了《衡水报》上。1972年衡水地区举办画展,他有3张国画作品入选。在衡水师范学校的大礼堂,他的作品被挂在了画展的正中,引起了文化部门的注意。次年,衡水县文教工作站在各县抽调了5人搞创作,他是其中之一。

段秀苍一直说,当年在《衡水报》工作的李丰田是有恩于他的人。在李丰田的帮助下,1974年他被推荐成为一名文艺特招兵。然而,到了部队以后,他发现事与愿违。因为他并没有被分到宣传部门搞创作,而是去了第三监狱站岗巡逻,天天看管犯人。没有时间画画,他心中的苦闷和失落可想而知。

"让邮递员把你的作品送到首长面前。"在已调到《河北日报》的李丰田的鼓励下,段秀苍继续刻苦学习,努力创作。当时连队有图书室,他半夜巡逻结束后,就不再睡觉了,在图书室里看书画画。冬天时,图书室里不生火,涮笔的水都会结冰，他穿得里三层外三层的，坚持看书画画。在这种条件下，他一年之内在《衡水报》《河北日报》《解放军报》《战友报》等报纸上发表了70多篇作品，出版的年画《叔叔更早》印数达15万张。在部队3年多的时间里，他出版了2张年画，参加了全军美术作品展，荣立2次三等功。后来，《河北日报》有意邀他去当美术编辑，他因此从部队复员。然而，由于种种原因没能如愿。之后，他去了衡水县文化馆，后来被调到文联当了《农民文学》的美术编辑。

"85美术新潮"中的米羊画室

转眼到了20世纪80年代，改革开放让段秀苍呼吸到了新鲜的空气。通过阅读，他接触到西方的艺术哲学思想。

80年代初，段秀苍绘制了一系列连环画，如《大战韩昌》《三国故事》等，作品《平原枪声》参加了第六届全国美术作品展，获河北省美术作品展一等奖。这时，大学毕业分配到衡水的两个年轻人走入他的视线。因为投稿，他结识了当时任教于铁路中学的乔晓光和就职于群艺馆的王焕青。

在段秀苍的印象中，乔晓光是个诗意、浪漫的人，特别喜欢孩子，而王焕青读书很多，非常有思想。3个意气相投的年轻人因为共同的艺术理想成为莫逆之交。他们先是因为插图投稿的不同看法开始交流，后来发展到争辩一些艺术和哲学范畴的问题。他们相互之间都有一种相见恨晚的感觉。

段秀苍记忆中有这样的镜头：白天自己画画，傍晚3个人去铁路中学的操场打篮球，打累了就去乔晓光的宿舍一边吃东西一边争论。物质的匮乏影响不了精神充实带来的快乐，甚至几个人一起吃"炖回锅剩骨头"都成了多年后的笑谈。大家回去了都要看书，为的是下次重聚时交换看法。贝尔的艺术，纯形式问题，纯艺术问题，我们的画该怎么办，武强的民间艺术与西方现代绘画，什么是原生艺术，原生艺术和民间艺术的关系是什么……有时3个人争论得面红耳赤。在一旁倾听的乔晓光的对象悄悄打开了录音机，把这些录了下来，然而回放的时候，又会引发一场新的论争……那是一种属于80年代的浪漫，距离现在已经有30年之遥。远远回望，似乎还能感觉到那种热血沸腾的温度，那是理想与青春的激荡。

段秀苍说，那是他一生中非常重要的时刻，改变了他的绘画思路，是思想上的转折点。"85美术新潮"之前，他的绘画是传统的写实主义风格，而与乔晓光、王焕青交往之后，他充分理解了小时候一个老师的话："艺术是创造一个你自己的世界。"他停下画笔，丢弃原来的绘画方法，开始寻找自己的绘画语言。不久，他的画风发生了改变，以水墨的形式呈现出一种超现实主义风格。

争吵了一段时间后，3个人萌生了搞展览的想法。1984年的一个夏天的傍晚，他们用翻字典的方法确定了米羊画室的名字，之后就各自着手准备作品。1986年1月，"米羊画室新作展"在石家庄的工人文化宫开展，他们向世人展示了自己思索、沉淀之后的作品，包括剪纸、油画、国画、版画等100多件，呈现出一种与众不同的文化取向，引起很大的轰动。

当时，国内顶尖的7家美术报刊《中国美术报》《江苏画刊》《美术》《新潮美术》等，都对画展进行了重点报道。在1986年第七期《中国美术报》头版，肖原在题为《青年运动之潮》的文章中这样评论米羊画室："他们的作品是现代的，但又有着独特的民间风味和乡土气息；他们根植在自己的土地上，又吸收了西方现代文化的营养。"画展随后计划入驻中国美术馆，然而因为一些原因未能实现。

米羊画室被称为当时三大青年艺术家集群之一，后来3个人的作品和艺术活动也被载入不同版本的现当代艺术史中。段秀苍广为人知的作品是《三个对话者》。米羊画室的艺术活动让衡水美术在当代艺术史上留下了闪光的足迹，或者说是截至目前唯一的印记。他们的艺术探索是难能可贵的，对于衡水美术来说，那是一面旗帜。

"我们为什么与众不同？就是因为在大家都在关注西方现代绘画的时候，我们在思考自己民族文化的走向。这在当时的各个艺术集群中是绝无仅有的。因此，米羊画室有其历史价值。"段秀苍说，尽管三人在艺术观点上的争论从来没有停止过，但对于民间艺术的热爱和对民族文化价值的认识却是相同的。他们为了保护民间文化遗产也做了很多工作，乔晓光和王焕青曾去武强等地农村搜寻年画、画版，甚至去找那些古版。这种搜集活动是单纯的文化研究，与当下的全民收藏还不一样。在20世纪80年代，很少有人这样做，因为人们尚未真正认识到民间文化遗产的价值。他们三人的举动，有着前瞻性和开拓性。

《艺术与人的自然本质》与段秀苍的绘画思想

阅读是段秀苍成长、成熟的一个非常重要的支撑。他在衡水招贤楼住的时候，曾闭门读书 2 个月不下楼，萨特、弗洛伊德、贝尔……那些哲学家讨论的晦涩难懂的哲学词汇仿佛于他有种难以解释的神秘引力，让他感觉置身智慧的圣殿。他不是为了用其装点自己的语言去故弄玄虚，而是在深入思考和探寻那些拗口语汇背后的旷古真知。当他彻底读懂那些书后，仿佛被打通了任督二脉一般，再次下楼时，他居然有了一种超然物外、登高临远之感，强大的自信油然而生。

"形式是一切存在的载体。形式取决于自我意识对存在形式的显现。这绝不是靠学习得来的。这就是我当时的一个基本观点。"段秀苍认为，所有生物都有一种源生本能的创造力，而这种源生本能的创造力是推动文化发展的原生动力，要"回到艺术状态的本身"。1989 年，他写下了《艺术与人的自然本质》这本书。"因为当时自己读了很多书，有了很多想法，就想梳理一下思路。目的并不是写给别人，也不是要评职称。"

段秀苍说，《艺术与人的自然本质》这本书很多人看不懂，因为是谈理论，语言比较涩，不是用通俗的语言进行表达的。他甚至曾经一度想过放弃绘画，纯去研究理论，"因为理论更重要。绘画太简单，尽管这也是一种表达的途径，但是经常停留在一个庸俗的层面上"。但他很快发现，自己需要面对的东西太多了。"说白了，我毕竟是一个没有读过书的人。我一直想回答的问题就是'我是谁'。这个问题很难很难，但是答案也只能自己去寻找。在寻找这个答案的过程中，我升华了思想，升华了对一切事物的看法。同时，我的画的立足点就绝对是在一个高的层面上，一个'人'的层面上。"

段秀苍认为，一个人艺术的提升源于几个方面，必须成体系，一个是理论的，一个是实践的，即作品本身的体系。首先要有自己的艺术思想、艺术观念，给自己的绘画指明一个方向，但并不是用绘画来解读自己的思想，只是方向性的。毕竟绘画无法阐述理论。他真正思考的问题不是画什么和怎么画，而是"画是什么"，画的本质是什么，艺术是什么，人为什么会有、会崇尚艺术活动。

段秀苍在创建自己绘画思想体系上的探究从未停止，延续至今，他说道："绘画思想是我绘画的灵魂，如果没有这些，我就去画商品画，只是去挣钱了。现在我衣食无忧，要啥有啥，我有时间、精力和能力去思考一些终极问题。因为这些问题别人回答不了我，我的思考也将最终体现在绘画作品。"然而，他曾经有一段时间停下来，是因为需要钱，"我在北京买第一套房子的时候，一张画没卖过，还要还百十来万的贷款……但我已经用10年的时间实现了财务自由，所以不再为金钱困扰，可以去实践自己的绘画理想了。"段秀苍认为，画家的成就不是指一张画，或者他的技艺到达什么水平，重要的是建立一个体系，而他就想建立并完善自己理论上和艺术上的体系。"这是我今后要做的一个工作。"

刘国松与来自台湾的邀请

刘国松是国际艺坛公认的我国最具代表性的画家之一,被称为"现代水墨之父"。

20世纪80年代,刘国松在《中国美术报》等报刊上看到段秀苍的画后非常激动。1987年,刘国松通过编辑部和段秀苍取得联系,后来二人有了数十封通信。刘国松让段秀苍把作品照片给他寄去,看到照片后给予了高度评价。1988年,刘国松在亚洲现代画会联盟展放了段秀苍的作品,进行了宣传。1989年,刘国松邀请段秀苍去台湾办个人画展。

段秀苍是刘国松在台湾介绍搞个人画展的第三个人。前面两位是吴冠中和韩书力。台湾的《第一画刊》为画展做了重点介绍,刘国松亲自写了评论文章。之后,刘国松为段秀苍和另外几人还搞过国际水墨画巡回展(韩国、美国、法国)。

1994年,台湾举办了一场大型的国际水墨画展,邀请了大陆16位画家、理论家参加学术研讨会和开幕式。几经周折,段秀苍和杨力舟(时任中国美术馆馆长)、龙瑞、薛永年同机抵台。

那次与会专家学者多来自北京、上海、广州等大城市,只有段秀苍来自北方的小城衡水,一口景县话。在首都机场见面后,一路上,同行人没人跟段秀苍说过一句话。而段秀苍在打过招呼之后,也就不发一言。从启程到香港转机,到抵达台湾住下,再到画展开幕式,段秀苍周围都是所谓的"大腕",没人关注他,一是因为他年轻,才40岁;二是他当时毫无名气。

台湾的学术研讨会是这样的，主讲人阐述自己的学术观点，然后有持不同意见的一方上台反驳，中间有一个评判人。研讨会中间有半小时提问时间，大陆去的16人中，一个发言的也没有。到了第三天的时候，段秀苍站了起来，给发言的人提出一个问题：就现代水墨画而言，中外学者有不同的概念和不同的解释，在这种状况下，你如何以自己的观点面对这一情况？发言人停了半天，说以后再回答这个问题——他没有回答上来。

随后吃饭的时候，杨力舟开始主动和段秀苍交谈，称赞他的理论水平高。"那是我第一次在大型学术会议上露面，在返程的飞机上也是感慨万千。"后来，2000年段秀苍在中国美术馆开个展，杨力舟让展览部、理论部、收藏部等5个部门的主任去看他的画作，并拿出了5万元来收藏。当年中国美术馆全年的收藏费才22万元。杨力舟退休之后还对段秀苍说，我真后悔，当初应该拿出更多的钱来收藏你的画。

这一年（1994年），段秀苍的《舟》《文化变革的时代》入选第八届全国美术作品展，且《文化变革的时代》获得优秀奖。这件作品后来获得河北省政府"五个一工程"特别奖。1995年前后，段秀苍开始全身心投入"中华农耕文化精神图示"系列的创作中，后来获得河北省第四届文艺振兴奖。2000年，"回到起点·现代水墨艺术展"段秀苍个人画展在中国美术馆举办。《文化变革的时代》《自我缠绕的小舟》《生活的故事》《打捞希望》被中国美术馆收藏。

"第一画室"与"第二画室"

2002年,段秀苍辞去衡水文联副主席、衡水美术家协会主席等职务,离开衡水,在北京紫竹院公园附近买了一套房子,定居北京。

"当我搬到北京,无依无靠,心里也有点空荡荡的,因为还没有卖过画。晚上站在紫竹桥上看着来往的车辆和人流,我在想,我是北京人了?我属于谁呢?后来想,我是北京城市中的一块绿地,我的心是静的,没有被城市的喧闹和市井的贪欲污染。我还有一颗纯净的心灵。"

因为到京后面临生存问题,段秀苍也不想让自己活得很艰苦,"第二画室"就此产生。

这时,刘国松带着台湾的一个艺术团体来到北京。当他看到了"第二画室"的作品时,非常不愉快。他说,段秀苍,你的画无人可比,是独树一帜的,你不要看眼前,你曾经那样的一张画比这一批画还有价值。你怎么会画这样的画呢?

段秀苍说:"面对着百万贷款,再不去挣钱,我还活吗?某些阶段,必须画老百姓喜欢的画。"刘国松一言不发,感觉对他非常失望。

当时还有人对段秀苍说,你早已解决了赖以生存的基本保障问题,你不是一个虔诚的艺术家。段秀苍回答说:"不对,我既然是一个好的艺术家,我有能力,就不应该比别人生活得差。其实我对钱没有过多的欲望,当满足了自己的生存需要(不是基本需要),就会自然而然地放弃。我还有比钱更重要的事要去做。"

现在,段秀苍总结认为,自己的绘画风格演变经过了几个不同的阶段:"85美术新潮"之前是传统写实阶段,"85美术新潮"之后到90年代末是现代水墨和新艺术形式理论与实践的探索阶段,2000年在北京举办个人画展之后是"两条腿走路"的阶段。"我的'第一画室'是面对收藏,面对博物馆,'第二画室'是面对生存。生存需要和精神需要是两个问题。我把它们分开了。"

段秀苍把自己真正的艺术探索和面对市场的画分得很清楚。"人们往往会陷入市场。但我对自己有一个要求,原则就是:一,不炒作,买画的都是找上门的;二,对自己的作品负责,虽然是商品画,但也要画好;三,面对市场也是对自己能力的检验。"段秀苍的"第二画室"卖画,但不出卖灵魂,现已基本关闭。

21世纪以来,段秀苍绘制了四大文学名著系列条屏,2005年参加了故宫博物院建院80周年中国当代名家书画展,作品被故宫博物院收藏。2008年他创作了"红旗飘飘"系列,2010年前后绘制了"墨写龙门"系列,被称为"墨写龙门第一人"。2015年,他为"一带一路"绘制百米长卷《玄奘圣迹图》。2016年绘制了"石窟佛韵""洞窟"系列作品……

行走途中,人们会不时回首。"从前,我在临摹时有个很大的缺点,但也是优点,就是要加上自己的东西。别人会把作品临得很像,而我临摹是要把原作提高。我是一个具有批判精神的人,在我眼里没有完美的东西。面对画,面对艺术,我只能说真话，不看人。"段秀苍说，自己在面对画时，往往忘记了对待人的方法。因为专注于绘画，他在待人接物上多少有点不拘小节。多年以后，他还为自己当年的礼貌不周全心存歉疚。"但是我想，我的朋友是会理解我的，因为我是为了事业。"

对段秀苍来说，学习是每时每刻的。夙兴夜寐自不必说，他几十年来都没有节假日的概念。在景县塑料厂时，大年初一他也背着画夹子在雪地中步行十几里路回厂画画，因为厂里有大工作台可以施展身手。那是一个让他充满幻想的人生阶段。走在路上，他心中对未来有很多憧憬。

姚振函老先生曾这样对当年在文联还是"小段"的段秀苍说："你一上楼，咱楼里都放光。"年过六旬，段秀苍已是英华内敛，低调温和。但说起绘画，说起自己思维深处的探寻，他的眼中依然会闪烁光芒。

端午已过，夏日的燠热悄然袭来。段秀苍准备把画室从三楼搬到更为凉爽的一楼，开始进行下一阶段的探索与创作。

创作，多么有趣的一个词。我们该有多么丰富的内涵才能让这个行为不至于显得浅薄和无趣，又该把多少他者的经验转化到自身，才能够熟极而使出那样让人眼花缭乱而又妙趣横生的一招一式，对抗生活的粗粝，实现生命的升华？很多灵感是与朋友互相激发，思维碰撞冲击后才产生的火花。然而，志同道合、势均力敌，能够相互对抗、相互激励的朋友，是那样可遇而不可求。门口一隅的篮球，不知是否承载着几十年前的青春记忆？或者它已完成了自我的进化，可以进行一场自得其乐的单人的游戏。对于一些人而言，段秀苍的人生显得异常折腾和另类。而内心超乎寻常强大的他,从来都没有在意过周遭异样的眼光甚至不怀好意的嘲讽。他认为,最优秀的画作,能够真正读懂的人寥寥无几。曲高和寡并不是他的困扰。"艺术家的责任是引领时代的方向,创造更多美好。"

(2017年)

米羊画室三人行之二：综合艺术家王焕青

王焕青是米羊画室的另一位成员。这些年，他的经历和艺术创作线索众多，呈多元化态势。打开他的画册，厚重的暗色扑面而来，只有屈指可数的几张色彩明艳、创作于早期他在衡水生活的那段时间。离开衡水多年，他现在是一种怎样的状态？30年前的记忆，在他心目中又是一幕怎样的场景呢？

"如果一定要我在没什么用的工种里挑一个，我应该算是个艺术家"，王焕青这样定义着自己。资料显示，他画油画，做装置，拍电视剧，当制片人，导演话剧，编写剧本，搞艺术评论，创作歌词，做文化项目、策展，教书，策划图书、设计版面……王焕青科班出身（1982年毕业于河北师范学院美术系油画专业），但青少年时期因为时代的原因没能系统接受学校教育，基本上靠自学。那时的他就像一个被放逐到荒野的孩子，不得不独自四处寻觅野果和猎物。或许，这是20世纪五六十年代出生的很多人都无法回避的命运吧。

漂泊、乡愁与成长

1958年，王焕青出生于内蒙古呼伦贝尔市莫力达瓦达斡尔族自治旗。后来随当工人的父亲来到千里之外的得耳布尔镇，也就是得耳布尔林业局驻地。那是20世纪60年代，在王焕青的记忆里，依然保留着坐在牛车上被妈妈抱在怀中与故乡告别的乡愁。

"那个镇有点像现在的开发区，所有商业、医院、学校、幼儿园甚至墓地都是按图纸兴建，一切都是新的。居民来自全国各地，文化背景都不一样。我家住的房子是苏式的，中间一个宽走廊。邻居有大连的、北京的，还有的来自吉林、四川……由于大家都是异乡人，彼此之间就特别重情义。得耳布尔只有一条铁路，一切生活用品都从外地运来。"

王焕青小学和初中就读于得耳布尔林业局子弟学校。学校设施很好，就是不怎么上课。他上二年级的时候，"文革"开始了，经常停课，阅读就成了他很好的消遣。"那会儿小孩们很少有文化娱乐。一年看不了几次电影，看也是重复的内容。所以看书是那个时代小孩们最重要的文化娱乐形式。"

王焕青看的主要是小说。"新中国成立初到七十年代的那些著名小说，我15岁之前几乎全读过。《红岩》《林海雪原》《青春之歌》之类，后来看现代文学史上的书目，发现不仅是经典作品，一些边边角角的冷门书我都读过。"段秀苍曾说，王焕青的阅读是"照相"式的,速度非常快,一晚上能读完一本书,还把内容讲得头头是道,绝不是囫囵吞枣。少年时,王焕青的阅读有点饥不择食。

王焕青说,虽然学校总停课,但还是遇到了一些好老师。"我初中的语文老师后来是湘潭大学的校长,政治老师是北京师范大学毕业的……他们都是支边过去的大学生。"

"之所以来衡水,是因为我爸爸的一个好朋友是衡水人,他先回到了衡水,然后动员我父亲离开林区——那会儿林区铁路经常中断,社会秩序也不好。这样,1973年的时候,全家就来了衡水。"到衡水后,王焕青先是在新华路中学读初中,1974年到衡水中学读高中。"后来我经常跟朋友们吹,我出身名校!当我说出衡水中学的时候,他们都承认那是中国最棒的学校之一,对我刮目相看。于是我得赶紧解释,告诉他们,我上学那会儿还是衡中的低谷时期,而且我也不是好学生。"

不过,"那时候,衡中有个特别好的图书馆,是一个独栋的建筑。虽然不大,但里面有'文革'前各种各样的书刊。这对喜欢拿看书当消遣的孩子来说,实在是有福了。"

1976年,王焕青从衡中毕业,插队落户到侯店。"现在回想,那段生活经历对我的影响很大。原先虽然是工人的孩子,但因为是孩子,并没有真正进入活生生的底层工作的内部。现在好了,你得每天一身土一身汗地改造自己。"

在王焕青的记忆中,20世纪70年代的衡水,是个充满诗意的小镇。

1977年恢复高考,王焕青考入河北师范学院美术系。之前，他 16 岁开始就在衡中跟周传易老师学习绘画。"考学之前我就认识段秀苍，他那会儿当兵，也是周老师的学生。他已经画得很好了，在河北省军区创作组，有一段时间还被借调到《河北日报》做美术编辑。偶尔遇见他，都禁不住肃然起敬。我好像有一段时间还要管他叫'叔叔'，因为最早见到他，周老师介绍说，这是小段叔叔，解放军。后来接触多了，我费了很多时间才把他这个'叔叔'给废了，做了他的哥们儿。由于周老师的缘故，我还认识了贡振宝、王学明、王金生、张德伦、王习三等老师，他们都给了我很多帮助。"

"我为什么选择油画？那会儿的社会风气不是崇洋媚外吗，都认为西方的就是好的，而且我也确实喜欢油画的表现方式。"王焕青上大学时，河北师范学院还在宣化。他毕业之后，河北师范学院迁到石家庄，后来与河北师范大学合并。母校的消失，让王焕青有些伤感。带女儿寻访校园旧址时，他写下这样的诗句："荒草接替你我，忠诚地生长，因为没有根，我们只好浪迹天涯……"

米羊画室的"三个小土匪"

1982 年，王焕青被分配到衡水地区文化局的摄影美术工作室，半年后衡水群艺馆建成，他转到群艺馆工作。"当时，衡水画画的年轻人不多，画油画的极少。小段在画家当中算年轻的，我还得管他叫叔叔……你想，周围都是前一代人，他们有自己特定的文化氛围，我很难融到里边儿去。"

"我和乔晓光'搞'到一起一定有某种必然性。衡水就那么大个地方，就那么几个画画的，他是师大78级的，被分配到铁路中学教书，离群艺馆不到1公里。他是邢台人，在衡水人生地不熟，我们俩相遇，就像两个在荒野里一直找不到同类的动物碰到了一块儿，立刻就'如胶似漆'。我一直觉得那是我青年时代特别值得珍惜的友谊。"

"乔晓光身上诗人的气质特别浓，一旦喜欢什么就会特别投入。本来他是学国画的，但是好像没学出什么快乐。那时候他常给报纸、杂志投稿，画一些题头尾花等装饰作品。有一回他到群艺馆我那儿玩，我正好收了一个陕西富县文化馆寄来的邮件，是张林召的剪纸集。我们一看就晕了，而他完全被迷住了，然后就开始做剪纸。"

"当然，（我们）是好朋友吗，相互看画，做对方的老师，可以直言不讳地批评对方，也毫不保留地赞赏。他想画油画，我就帮他弄框子绷布刷底子；我刻剪纸，他就会告诉我选什么样的手术刀（当时用手术刀刻剪纸）。"

王焕青在群艺馆的一项日常工作是收集整理民间美术作品和资料，但他对此只是好奇。"我们到武强去，就会搜集一大堆木版年画，堆到办公室里。后来因为对西方的现代主义感兴趣，比如野兽派马蒂斯那种平面平涂，用激烈的对比颜色来画画——那些东西照亮了我。回过头一看，我喜欢的与身边这些民间美术是可以融合的，然后我就把两者结合到一起画了好多画。这不仅仅是创作风格、样式的改变，是我自己整个的美学理念都改变了。"

"段秀苍毕竟年龄和我们比较接近，很快和我们成了'一头儿'的。'三个臭皮匠'互相激励、相互影响，逐渐形成了学术的小圈子。"

关于当年投稿的事情，王焕青的描述是这样的。那时的《农民文学》美术编辑段秀苍手里握有"权力"，杂志需要封面、插图，会有几块钱的稿费，王焕青和乔晓光就去争取、"瓜分"，之后去买书或者喝酒。其实那是季刊，出得并不多。乔晓光画得特别认真，段秀苍也很"挑剔"，经常会数易其稿，王焕青看着都很着急，直说段秀苍"你太过分了"。这种过程几乎会发展成一个小闹剧。现在看来，他们之间更像一种顽童般的游戏。

三人当中，王焕青和乔晓光年龄身份接近，都是外地人。"虽然我在衡水生活多年，但是没有融入感，和小段在一起就特别开心。他想让我们'巴结'他，给我们发东西，在那'嘚瑟'，然后我们就'欺负'他，抢他的东西。其实真在乎那几块钱吗？我们毕业工资是 56 块，当时不算太少了。我们是喜欢这种气氛。他握着那么小的资源，就像手里拿着一把糖，他是一会儿给你一个糖豆儿，我们是恨不得全抢过来。"

"在八十年代，整个中国都生机勃勃。年轻人都在积极思考，大量地阅读，广泛地接触，大家都想有所作为，况且时代也提供了这种条件。你不可能再像前一代人那样安静、从容地自得其乐。"

"我们的目标是参加国内的美术展览。但是那时候画展特别少，一年也不见得有一个。在 1985 年，有个首届中国体育美展,我画了《乡间擂台》,得了二等奖。这是一个刺激,意味着在国内美术圈子里被认可。当时国内权威性专业刊物《美术》刊登了这幅作品,很大的一个彩页。能在这样的杂志上露面,对当时的画家来说算是不小的荣誉。那时候这个刊物全国画画的都会看,在上面发表作品,多少都意味着一夜成名。"

王焕青去拜访河北画院的油画家费正。费正建议他做展览,并介绍他去找当时河北美术协会主席王怀麒先生。"他们那时候对年轻人特别支持,觉得你有想法有干劲。王怀麒老师说'没问题,河北美协为你做一个个人展览'。"

"为像我这个年龄的青年做展览,这在当时是没有先例的,让我很兴奋。回来我就跟乔晓光说,他觉得这简直是天上掉馅饼。我建议小段我们仨一起做个展览。我一直喜欢志同道合的人合伙做事,觉得这比一个人做更有意义。"当时他们手头上都没有多少现成的作品,于是分头赶了半年多,大大小小准备了将近100件。

"我想说这件事的有趣之处。我如果狭隘一点儿,利用这个机会做一个个人展览的话,你今天就不会来采访我。那时候虽然不太清楚,但总体来说,全国一些地方已经有了'青年艺术家集群',刚毕业的画画的人都遇到了相同的问题:旧的系统不能马上融入进去,单干又没什么大意思,就变成一团一伙的。我们的合作恰逢其时,就像各地都在'暴动',我们就是'三个小土匪',但三人成众,反倒合上了时代总体的拍节。所以,当时的《中国美术报》《江苏画刊》以及后来写美术史的人，会把我们当作一个个案。"

"我们之所以显得另类，让一些人大惊小怪，一个是人少，一个是地域特殊。很多人不知道衡水在哪儿，意思是这么偏僻的地方，居然也有人闹出动静。我觉得这说明他们的文化态度成问题。我们并不是生活在与世隔绝的地方。你上的学和我上的大同小异，你画的石膏我也画过，你看的那本外国人的书甚至和我看的都是同一个版本，你的困难是我的困难，你想的问题也是我想的。极端地说，你的肤浅平庸和我的都没有太大区别。所以，在中国发生的事情都是一样的。我们不过是在应该觉醒和奋进的那个年龄段，正好没睡着，和这个时代的动势比较合拍，做了应该做的事情。"

"和国内其他地方的人比，我们做的事甚至更有意义。因为我们从民间美术中和现代主义之间找到了连接关系。我们是有美学逻辑的，不是同时期很多人那种简单直接的模仿。"

"米羊画室新作展"之后，20世纪80年代末90年代初，王焕青曾和段秀苍合作，画了好多连环画。王焕青速度惊人，一天能画好几十张。但他说："小段画得好，我画得不好。"因为"好"需要花精力，需要有才华。"那（连环画）是一门很好的学问，跟电影创作一样，需要深入生活、搜集素材，才可能创作出好作品。我画连环画就是为了挣点稿费，不像小段，他是把它当作品去创作。他做事认真、专注。"

"我1987年调到了师院（河北师范学院），乔晓光去美院（河北美术学院）读研，所谓的米羊画室也就不复存在了。我们按各自的目标、方向和价值观去构建自己的生活,经历应该说还算丰富,但在衡水的日子,尤其值得回味。"

《切·格瓦拉》《我们走在大路上》及其他

1991年,王焕青到中央美术学院进修,之后10多年的时间停薪留职做了很多"杂七杂八"的事情。

从某种意义上说,王焕青也曾是我的同行,而且走得更加高远——他做过一些电视访谈,采访过马三立、陆克文、鸠山由纪夫……拍摄过关于袁隆平、腾格尔、三峡工程移民等专题纪录片,制作电视剧《边区故事》,导演先锋话剧《切·格瓦拉》《我们走在大路上》等。做这些事情,就需要提到两个人,杜禹和黄纪苏。

"杜禹和我一般大,是国内特别有能力的制片人,《我爱我家》就是他制作的。他也发行影视剧、动画片,是电视发行商,拍《焦点访谈》和各种各样的电视节目。我曾经在他那里兼职,做各种文化项目,也有广告宣传策划等'乱七八糟'的东西。那些事情对我影响很大,是很好的锻炼。他的朋友圈子很杂,姜文、葛优、宋丹丹、英达……不仅是艺人,还有商人,涉及国际合作。策划、考察、商务谈判……杜禹给我提供了一个画室,我在做这些杂事的时候,随时随地可以画画。"

2000年上演的先锋话剧《切·格瓦拉》,最早由王焕青任导演,后来由于一些原因退出了,只作为主创之一。这部话剧被中央电视台《东方时空》栏目全程跟拍,被收入中国基础教育教材的语文课外辅助教材。这个剧本的作者是中国社会科学院的黄纪苏。

"纪苏是国内知识界很有影响力的一个人。作为剧作家来说，他在我心目中是最好的，几乎没有人可以接近他。"王焕青说，孟京辉最好的戏《一个无政府主义者的意外死亡》就是黄纪苏写的。"在西方，格瓦拉已经被时尚化了。黄纪苏是把他当作一个革命符号来写，阐释这个符号跟我们每个人的关系是怎样的。《切·格瓦拉》是一个社会史诗剧。这个戏的上演成为2000年中国知识界十大事件之一，传播率特别高，引起很大反响。"后来，他们合作的社会政治剧《我们走在大路上》成为2006年三联书店评选出的十大文化事件之一。

2004年，王焕青被调到北京服装学院，回到一个半职业画家的状态。1998年，他就已经定居在北京了。王焕青在美术创作之余，担任了一系列文化学术类刊物的策划、出版人或艺术总监的工作，主持出版了《文艺：热点与前沿》《艺术手册》《文艺理论与批评》等文艺理论书刊。"艺术总监不是挂名，而是从整体结构到体例，到视觉包装都要亲力亲为。这些不是商业活动，不挣钱，但是有意思。"

谈到自己的艺术观，王焕青说："我们活这么大岁数，经历的事情很多，但只有那些触动心灵的东西才能记住。这就像蒸馏一堆谷物，得到的酒是极其有限的。这是升华的过程。留在记忆中的，都是你生活的精粹。你的生活不能直接转化成艺术作品，还需要提炼和升华，就像酿酒。"

"绘画的难度在于，你要把经历过的无数时间浓缩成那么短暂的一瞬。你要在大量的生活里提取极少的精华，就像用1

吨小麦酿出这么一点儿酒。"

王焕青定义自己是个艺术家。他认为:"表达很重要,表达的内容更重要。表达方式可以多种多样,某些想法,可能适合做成装置,可能适合做成电影,也可能是一本书,一个刊物。表达方式可以灵活选择,我不喜欢被工具所困。并不是所有的想法都适宜通过绘画来表现,(不适宜)那就换一种媒介。"

向着遥远的方向散步

问及有没有打算把米羊画室拍成一部纪录片,王焕青的回答是否定的。"我没有那么不自信,20多岁做了一件事,50多岁还沾沾自喜,把它看成是人生的高点。不会。那就是青年时代做了青年人该做的事。我承认它值得纪念,仅此而已。我是持续地、按照自己的逻辑,向遥远的目标散步似的靠近。我去年和几位朋友做展览,起名叫'登山者'。散步还是登山,其实都是比喻。"

在王焕青看来,散步的形式有可能更好。"其实我说的散步也没这么轻松,是有巨大难度的。康德的好多思想就是在散步当中产生的。心灵活动不见得一定要让身体提供相匹配的形式。坐在这儿发呆,看着无所事事,脑子里有可能已波澜壮阔。这就是精神生活的特征。画画不是你必须光着膀子一张一张地画,有可能是坐在这儿不断地发呆,一年都不动笔。"

76岁的尚扬是王焕青的好朋友,也是他心目中这个时代最好的画家。"我们俩没事的时候在一起喝酒聊天。他经常说,半年又没画画了。其实他每年都会有新作品,每年都在发生变化,都在深化。这样的人就是我的榜样。"

"我有 10 年的时间没好好画画,但是从没远离美术,而是在其他一些活动中获取了另外的经验。因为艺术创作经常会'缺氧'——就是你的知识储备、能力、天赋枯竭了,很难进步。那就不如去干别的,放松自己,去吸收别的养分,补充动力。尚扬每年都得停下来,但他永远在攀登。这多牛啊!他是我喜欢的那种有很高精神生活水准的人。"

"我肯定是一个特别努力的人,而且目标也特别坚定、明确。在艺术上遇到问题,就要把它解决掉。但是艺术中的问题是解决不完的,只有解决了这个问题,才有可能看到下一个问题。一重境界一重难度,一重境界一重美。美术的美需要一代代人来建设,对于创作者来说,没资格坐享其成。"

关于近年来画作厚重的色调,王焕青是这样说的:"很多人觉得我的画很压抑,但我自己认为恰恰相反。颜色和人的关系很神妙,并不是黑色就压抑,白色就明亮。不是这样,色彩有自己的生命和发生、发展的逻辑。目前这个阶段,我的兴趣在于:在黑里面,让形与色从零开始,我一步一步去识别它,认识它。泛滥地使用颜色是我以前的习惯,我觉得这是个值得质疑的问题。绘画从零开始,表示探讨任何一种元素,比如说色,比如说光,比如说形,我们不能装作胸有成竹,应该从无知无识的状态去摸索它,然后来构成图像。我觉得,对任事情都应该从基本点去探讨。"

不光是压抑,我们在王焕青的画里还能读到痛苦与悲伤。

"如果要从社会学角度概括自己的作品,我想表达的,是我个人的存在感。这个存在感和历史有关,和具体的生活有关,和我作为人的生命状态有关。这个世界是很明朗的吗?那明朗的后面是什么?我用这样的态度呈现了忧虑。'放心'这个词谁都会说,但这个世界真的让你放心吗?诸如此类,都和我的作品有内在的关联。不是简单的悲观或者黑暗。这里面也包含了某种壮怀激烈,包含了解放的那种欲望。"

"我知道今天中国美术的缺陷是什么,缺的是那种饱满的、内在的、有力度的精神性。我想通过微光,通过有限的形,通过个人化的表达呈现它,我的作品不取悦任何人,如果有谁偶尔被打动,它就是秘密的力量,冷不防给人一种'击中'感。以前我曾经写过那么一句自吹自擂的话:假如有谁被这些作品打动,那一定是孤独和孤独撞在一起了。"

"我当然也卖画,有自己固定的收藏家,要不怎么活下去呢?当然我不是商业画家,不投人所好。我用绘画探索自己,也探索社会。我不见得能做得好,但不偏离目标。我经常画得很失败,但是没关系,继续。这是我心目中好的艺术家的一种特征。"

王焕青并没有远离公众的视线。中国油画学会、中国美术馆联合主办的"在场·第二届中国油画双年展(2014)",他是策展人。在"在意·第三届中国油画双年展(2016)"上,王焕青展示了自己的油画作品。

衡水，衡水——

人是高级动物，却总是渴望像植物一样有个根系来抓住脚下坚实的土壤。飞速向前的社会变革和无法挽留的岁月让这种想法变得奢侈和不现实，精神上的流离失所让很多人惶恐不安。王焕青在自述《发疯的咸鱼——纪念那些远去的和近在身边的……》中，有这样的文字："我是个不断失去故乡的人，是个不断失去亲情和友情没有归属感的人……每一次迁移，都是情感的割裂。和从前的难以为继，和眼前的不知如何开始。在任何地方我总是外地人、局外人。"

在王焕青的心目中，衡水是第二故乡。"在我的记忆里就是诗。我的少年、青年时期都在那里度过，那是生命中很重要的一段时光。"

"我15岁才去衡水，那时衡水是个一贫如洗的地方，我又是一个穷人的孩子，在那里感受到的是一种质朴具体的生活，那么真实。以前没见过蜂窝煤炉子，没见过那种集市，我也没见过那样的农民、那样的树、那么臭的河……滏阳河就在我们家后面，从邯郸那边流过来的水都是黑黢黢臭烘烘的。在东北，都是壮阔的大江大河，涓涓细流都特别清澈，冬季之外的季节非常美，像那种欧洲小城。衡水不是，满城都是煤灰渣子、浓郁的酒糟味。但这对我来说就是诗，因为它和我的生活紧密相连。我曾在那里和父母兄长一起生活，有交往的同学朋友老师，这些在记忆当中就是诗歌。"

"让我感到难过的，就是我们家住的房子后来都被拆了，变成了楼房。父亲退休去了石家庄我哥哥那里,户口也迁走了,拆迁时当地也就不能给他房子。我再回到衡水,几乎找不到原来住的那个地方。家,已经消失了……"

"河被整饬,桥被改了,周围有感情记忆的东西都消失了。但是衡水在我记忆当中是活生生的,想起来就熠熠生辉。"《一九七三》是王焕青纪念衡水的作品,他的家,曾在河东新桥边上。

王焕青说,现在的衡水已经是一个全新的城市了,几十年的巨变令人感慨。人们的生活变得富足,生活环境比从前好了很多倍。"这是我们期待的生活。然而我记忆中的感情热度没有消退。如果一直生活在那里,当看到眼前日新月异的变化,感觉一定更好。"

"衡水在易容,不断地改变自己的容貌,也许再过5年,衡水会比现在还要棒很多,与今天又会不同。生活的形态变得越来越好,就像我现在不用再去抢小段的一个插图。但我不认为我的生活内容比那时候更好。因为精神生活是内在化的生活,改变是非常难的。人们总是希望遵循美德去生活,而对人来说,古老的美德是不朽的。"

很久很久以前,
你在家乡的烛光里悄悄对我说,
我们要过值得过的生活。
你说天下人都温暖才是真正的春天,
于是你化作星火,点燃了寒冷岁月。
你说尊严地活着才是人类正确的模样,

于是你用牺牲把不平之地变成战场。

你在绝境里开辟道路，

在深渊的最深处让希望闪闪发光。

我当然要和你同行，

你的旗帜上汇集了万千烈士的壮烈，

万千战士的力量。

你的诗意，让我激情飞扬，

我牢记了你的样子，永远不能忘。

王焕青说，这首歌代表了他的人生观——努力追求过一种值得过的生活。"我觉得人应该尊严地活着，不是卑躬屈膝的、胁肩谄笑的。实际上做到这是很难的，我们经常在用一种难看的样子生活。很多人活的方式、内容、形态，都是值得推敲和质疑的。"在王焕青看来，文化，是人能化意一切的那个根本的、内在的力量。我们活着，终究需要有一种正确的姿态。

艺术家在普通人眼中多少有些另类，但他首先是一个人，经历和时代的前行同步，思考和困惑与之息息相关。我们在王焕青身上看到的，不仅是个人命运的起伏转折，还有映射出的时代变迁过程中色彩斑斓的波光倒影。

（2017 年）

米羊画室三人行之三：民间文化的守望者乔晓光

刚刚参加一个关于雄安文化发展的高层会议，又要接待来自英国的艺术家，案头厚厚的 8 卷本《村寨里的纸文明——中国少数民族剪纸艺术传统调查与研究》还在等待审阅定稿，那是他带着学生历时 16 年的田野调查报告，100 多万字，8 000 多幅图……多年来，乔晓光的生活一直被工作填满，以前经常熬夜，现在也是半夜才睡，一早就起床，从不午休，节假日也不休息。

作为一个艺术家，乔晓光游走于水墨、油画、剪纸等多媒材领域。《中国当代美术史》（吕澎著，2013 年版）上收录着他的作品，是他创作于 1989 年的《神圣的玉米》；20 世纪 90 年代，他的画作就在嘉德的拍卖榜上名列前十。21 世纪以来，他的剪纸作品走出国门，登上挪威、芬兰、瑞士等国家的艺术舞台，出现在美国芝加哥奥黑尔国际机场。

他是一位美术教育工作者，负责大学民间美术、剪纸等专业课程的教学。作为教育部艺术教育委员会委员，负责国家西部地区高校的民间美术课程推广，是"蒲公英圆梦行动"的艺术顾问和志愿者，编写的教材包括从幼儿美术启蒙到大学基础课程的不同阶段。

他更重要的身份是文化学者，创建了中国第一个"非遗中心"（2002年），创立了第一个"青年文化遗产日"（2003年），策划召开了第一个中国高等院校非物质文化遗产教育教学研讨会（2002年）并推出了《非物质文化遗产教育宣言》。他最引以为傲的事情，是跟自己的导师一道助力中国剪纸申遗成功。今天，他依然在为我国非遗事业的教育、传承、保护等工作奔走呼吁，著书立说。他的目标，是把多年挚爱的剪纸艺术构建成一门有着扎实理论基础的学科——中国剪纸学。

几十年来，乔晓光不是坐在书斋里"述而不作"，而是迈开双腿，行走在广袤的中华大地之上。他是一个勤奋的实践者，足迹遍及黄河、长江流域无数的乡村院落和一个个遥远边疆的少数民族村寨。心怀中央美术学院三代人70年的人文理想，他致力于将殿堂中的艺术与乡间百姓的生活紧密相连，延续人民的文脉，为民族文化的复兴重塑自尊与自信。

绘画如何成为生活

所有的事情在很久之前就初露端倪，只是当时浑然不觉。多年以后，乔晓光发现，自己在父亲的美术小组时就把绘画变成了一种生活。

乔晓光出生于 1957 年 7 月，不到 1 岁就被送到爷爷奶奶家生活。爷爷是邢台师范学校的校医，父亲也是在这个学校上的学。父亲毕业后和母亲一起去了邯郸峰峰煤矿，支援国家矿山建设。乔晓光是家里第二个孩子，他有一个姐姐、两个妹妹。

邢台是一个朴实安静的城市，乔晓光儿时住在古老的文庙街。学龄前的记忆对他来说是吉光片羽，他记得看过电影《追鱼》，回家就拿着笔描绘其中的情节。爷爷很早就给他订了《小朋友》杂志，是一种全图画的儿童读物，还给他买了很多连环画。

乔晓光上的是邢台师范附属小学，当过小班长。老师不在的时候，他会站到板凳上拿小棍指着黑板，领着全班同学一起读拼音。如果老师让念 10 遍，那就一遍都不会少。班里让捐连环画，他把自己最好、最爱看的《宝葫芦的秘密》捐了出去。"其实心里有很多不舍，但还是想让大家看。"

乔晓光热爱校园生活，喜欢跟同学一起学习，喜欢背着手念书，下了课会奔跑打闹，晚上还会跟同学结伴去学校，看老师屋子里的灯光。看着老师给孩子们缝衣服，觉得老师就像妈妈一样。他记得那时晚上的月亮很亮，天上有云，风吹过时杨树"哗哗"作响，脑海里回荡着歌声：我们坐在高高的谷堆上面，听妈妈讲那过去的事情……老师会带孩子们去游泳，一次乔晓光的凉鞋丢了，老师背着他走过炉渣地，回家找出爱人的旧棉鞋让他穿上，拉着手把他送回家。

乔晓光三年级的时候"文革"开始，四年级时他转学到正常教学的峰峰矿务局小学，进入美术小组，指导老师是自己的父亲。

矿务局小学是苏联人帮助建的,学校规模大、条件好。学校的美术小组提供各种画材,包括颜料、纸张、工具等。乔晓光他们在三合板、纤维板上画油画,后来用专业的油画纸。临摹中国画的时候没有宣纸,就用矿务局化验中心大张的过滤纸。"现在想起来,我们的条件跟成人是一样的。"

乔晓光每天下午下了第二节课就去了美术小组的画室,周末也是如此,有时晚上都去。父亲不是科班出身,但也会一些基本的方法,让孩子们临摹油画、水粉、连环画、漫画。最早画油画,因为不懂,他们画得特别厚,后来才知道得用调色油和松节油。乔晓光对多媒材的接触就是从这时开始的。"直到今天,我做剪纸也好,画水墨、油画也好,都觉得很自然,没有门类之间的障碍。"

"我上初一的时候,来了运气。"乔晓光中学的美术老师叫张怀芳,听说中央美术学院的老师在磁县下放锻炼,便前去邀请。"姚有多被请来上了一周课。他是李斛的学生,李斛的老师是徐悲鸿。姚有多十五六岁就进入上海美术出版社画连环画,基本功特别好。"

矿务局很多美术工作者都来听课,乔晓光他们还帮着找模特。姚有多告诉他们怎么画素描、速写,怎样组织画面,怎样通过默写构图,怎样画整身人物的水墨写生……不但讲解,还有示范。"那7天真是大开眼界。我们整天在那里看着他怎么画,从头看到尾。知道方法了,就开始模仿。"

在美术组,乔晓光有个特别要好的小伙伴叫张青山,他们一起画石膏像，一起打乒乓球。听了姚有多的课后，他们下午课后不再去画室，一路小跑去矿区的钢铁厂观察浇钢水，拿着本子画动态速写。画完之后，天都黑了。

乔晓光上高一时，著名画家侯一民到峰峰矿区体验生活，为创作《毛主席去安源》搜集素材。美术老师又把侯一民请了去，在矿务局工会表演写生示范。乔晓光的油画写生就是跟他学的。晚上，老师还带着乔晓光他们到宾馆看侯一民画素描像，一看就是3小时。

这时，乔晓光开始进行创作。为了画《矿山的早晨》，他借来矿工装备找同学王燕当模特画各种动态，扎毛巾的、系鞋的、戴帽子的……画着画着王燕就睡着了。为了画矿山，他借了辆自行车，和同学骑了十几里路去矿山上写生。没想到居然被当成"特务"抓了起来，车子差点被没收。后来，这幅作品在矿区展览时引起了轰动。

"文革"时，很多书都被烧了。乔晓光的父亲有一些老杂志，《美术》《河北美术》《连环画报》等，文字被烧掉了，只留有彩页。父亲还有老版的契斯恰科夫的《素描教程》，苏里科夫美术学院的大学教材等。这些书中，有卡尔托夫斯基的短期作业，让乔晓光印象最深。"当时年龄太小，一知半解的，但是也学了很多东西。"

父亲订的《文汇报》是乔晓光的最爱。他喜欢看文艺版，读那些文艺、电影、诗歌等方面的评论文章，初中以后开始攒报纸，做剪报，"这就培养了我对理论的偏爱"。

乔晓光上初中以后，学校开始有拉练，"没事背个包，走上 200 里地，可累呢"。他们还会被派去挖防空洞、运煤块、修矿山、挖土方。在露天煤矿，3 个人一个排子车，装满以后拉上去。乔晓光记得，那个坡特别陡……他住过几百人的大帐篷，因为干活太消耗体力，2 两一个的馒头一顿能吃 4 个，那时还不到 15 岁。"不管在什么情况下，我一直在美术小组，课余和周末都在学校画画，像上班一样每天去。"

现在回想，乔晓光似乎一直都在为绘画奔忙，也没有家的概念。到了北京之后，在学校无论多紧张，他每天晚上必须到画室去坐一会儿，不然心静不下来。"其实晚上去都 11 点了，画不了画，工作一天很累。现在住到画室就好多了。吃完饭就工作，画画、看书，或者去了解一些事情。我也不是怪异，这就是一种生活吧，从 11 岁开始就是这样。人在 15 岁之前的习惯会影响人的一生，确实如此。"

乔晓光 1974 年高中毕业后回到邢台。街道招工，他去了河北省煤田地质局物测地质队当钳工，修理水泵，干了 4 年。这 4 年中的一半时间他都在画画。1978 年，他考上了河北师范大学艺术系国画专业，王怀骐、唐勇力都是他的老师。"我其实可以选择学油画，不过还是觉得国画有民族性，传统挺好。"

大学校园里，人们开始听邓丽君、贝多芬，跳交谊舞。乔晓光是学习委员、好学生。讲《中国美术史》，大家不爱听都跑了，只剩下他和另外一个同学。老师讲《道德经》，他开始表示质疑："有那么厉害吗，就五千字？"后来，他花了 20 年才知道,田野中有《道德经》的副本,是活的。"中国文明有双重性,或者说是复合性,一方面是表层的儒家文化,一方面是深层的来自道家和本土的俗性。"

偶然到来的客居者

比较起来,米羊画室的3个人中,乔晓光在衡水生活的时间最短,只有6年(1982—1988)。然而,他说这6年是自己人生中重要的转折阶段。"衡水奠定了我所有的兴趣,改变了我的知识结构,也拓宽了我的人生视野,今天我所实践从事的一切,都是从这6年里的选择与热爱中延续过来的。"

乔晓光去衡水完全是一个偶然(他老家是邢台的)。大学毕业那年,邢台没有美术老师的分配名额,衡水有。在他的印象中,1982年的衡水是偏僻而落后的,经济不发达,京九线还没有开通,土地是盐碱地。家人都反对他来衡水,但乔晓光拿到分配通知后,第三天就报到了。他听不懂那些"衡水没有发展"的话,觉得跟艺术没什么关系。

乔晓光去之前,衡水铁路中学已经10年没有进过美术老师了。初来衡水的日子是平静而寂寞的,他形容那是"安稳但不安逸"的,那些花不完的时间只能用来读书、创作。他有个美术班,周末会带学生们到衡水的老街上赶集,画速写。

在乔晓光常常夜读的画室,一只小老鼠闯了进来。"不知是因为它实在幼小可爱,还是因为我那孤寂中诗化的心情,总之,任它留了下来。"寒假返校,他在暖气片下面看到死去的"小室友","静夜里内心惆怅"。

学校的美术课每周只有4节，校长让乔晓光当团委书记。然而乔晓光不愿受约束，在办公室坐了半年多，不干了。后来学校办了一个幼儿园，收了15个3岁到8岁的孩子，他开始教幼儿美术，他说那是"我最快乐的工作"。课后，他常把孩子们带到宿舍继续涂鸦，他是孩子们最喜欢的老师。

"有一天我坐在小板凳上看孩子们画画。突然觉得这事不是我想的那样。他们的世界我不了解，是新的，我很陌生。"乔晓光很快意识到，这是自己到衡水的一个缘分。他花了2年时间研究儿童心理学，几乎都不画画了。他还辗转托人从广州图书馆借到了一本皮亚杰的《儿童心理学》。为了逼自己看书、备课，他主动到培养幼师的职业中学义务讲授儿童心理学和美术课程，两个班的大课，他讲了快1年，还让职业中学的学生到自己的幼儿园实习。

通过对儿童画的观察和搜集，乔晓光发现皮亚杰忽略了儿童非逻辑进入青年期以后的发展。这是美国的心理学家霍华德·加德纳20世纪60年代在哈佛意识到的问题，但乔晓光当时并不知道。他在学术上的洞察力和分析能力可见一斑。现在，乔晓光是中国美术家协会少儿美术艺术委员会的专家顾问，为在贫困地区开展的"蒲公英圆梦行动"提供了十几年的学术支持。不久前，他和杨景芝先生还做了一套幼儿园的美术教材《美的启蒙》，他把传统文化自然适合地融入了儿童启蒙教育。

儿童美术和民间美术是相通的，乔晓光很早就进行了民间美术教育在中学的教学实践。那时国家教材里还没开始正式涉及民间美术,他花了几个月的时间自己编写了 3 万多字的民间美术教材,然后刻蜡版,油印;做了 100 多张幻灯片;找画册翻拍,专门到当时中国最专业的北京图片社冲洗。1984 年,他成功举办了河北省铁路教育系统的民间美术公开课,得了教学一等奖。可以说,乔晓光在这个领域的拓荒是在衡水开始的。他立志把民间美术传统引进中国教育的课堂。2011 年,在教育部体育卫生与艺术教育司的组织下,他编写了国内第一本高等师范院校的《中国民间美术》教材。

"小城 6 年的生活,平静而又充满了激情。我读了很多书,想了很多问题,也画了、剪了很多作品,油画《玉米地》和古神话及民俗生活的系列现代剪纸作品就是那时创作的。"在衡水,乔晓光还收获了自己的爱情。"刘云老家是赤峰的,她父亲是蒙古族,从内蒙古军区换防到河北,曾任安平县武装部部长。刘云喜欢唱歌,是衡水群艺馆声乐老师杨润平的学生。她是安平县医院的儿科护士,后来考上了衡水卫校,脱产学习了 4 年。她毕业时,我考上研究生到北京了。我们在衡水结的婚。"

米羊画室的回忆

乔晓光已经记不清和王焕青在群艺馆相识的具体细节,但他说,当年画画的人是很容易走到一起的,一个城市就那么几个。都是学院出身,年龄相近、背景相似,更重要的是意气相投,在平静得近乎单调的小城中,他们都在渴望友谊、渴望思想上的交流与互动。

王焕青曾形容他们的关系近乎如胶似漆,乔晓光证实这个词用得并不为过。"年轻时,每天脑子都在不停地运转,思考很多问题,爱好、趣味、实践……我比较有激情,会把情绪调动起来倾诉,焕青有耐心,能聆听。"这种聆听是对乔晓光的鼓励。"艺术家都自恋,很少有自我批判的精神,焕青身上有。这是我们互补的地方。我从朋友身上学习这种批判精神,非常受启发。"

铁路中学和群艺馆是斜对门,有操场。乔晓光高中就喜欢打篮球,结识王焕青后,俩人几乎天天在一起打两三小的时篮球。"焕青不用坐班,我不行。群艺馆也没有场地。为了打篮球,我把高中生也叫出来。有时光着膀子,教务处处长还批评我,说'你不雅观啊,穿上!'我说太热了,不行。后来小段也参加了,我这身上都是他挠破的。"段秀苍那时已经成家,住得远,去得少一些,有时还会去群艺馆和王焕青打乒乓球。

那时的衡水,一到晚上街上就没人了,学校9点关大门,老师也不让出来,王焕青经常需要翻铁门才能回去。乔晓光觉得这是一种乡村生活。他晚上11点才睡,看书,画画。冬天的夜晚下大雪了,他和王焕青翻门出去,到麦田里、雪地上打滚。滚完之后还不过瘾,俩人跑到段秀苍住的地方喊他,你出来!太迂腐了,天黑就睡觉。这种撒欢般的折腾,仿佛是种激情的释放。"下了雪就要出去看雪,关上门闷着睡觉,那不行,心是死的啊……"

年轻人的天性和情感是相通的,有了伙伴的生活更有趣味。"通过有限的印刷品了解拉美爆炸文学、荒诞派戏剧、叔本华、尼采、萨特等那个年代最流行的东西,外来的现代思潮让我们兴奋，每天都处在一种清新的追求里。"三个人在一起争论，互相批评、激励。"我们仨有一种缘分。衡水像一个平台，此时此地碰上这几个朋友，内心、思维就活跃起来了。3个人当中我可能属于笨的。小段没上过什么学，但是聪明，手巧，那就是个天才，他还研究哲学，一着急就写书。焕青非常聪明，从小读书，速度又快，记忆力也好，他读了好多大部头，大段大段的都能背下来。"

乔晓光很勤奋，画画常常通宵达旦。他说王焕青更厉害，"我一晚上画一张画，焕青经常改画，一铺开好几幅。那种精神状态在感动我。他的想法更丰富、更有意思"。他们互相鼓励，互相赏识。"每个人都有自己的圈子，就像生态一样。"

"武强年画引起我对民间艺术的最初兴趣。"乔晓光上大学时曾在石家庄博物馆广场上看到过卖年画的，到了衡水，发现武强就是年画之乡。当时王焕青在群艺馆的工作涉及民间美术，周末，他们一道坐2小时的长途车去武强考察，走村串户拜访老艺人，收集老版年画，中午累了就躺在野外的麦秸垛上。至今，他还记得麦秸潮湿而亲切的香味。后来，他的油画《年画之乡》在"米羊画室新作展"上展出，刊登在《中国美术报》上，当时的河北省美术家协会主席王怀祺还在《河北日报》上写了专门的评论文章。

在群艺馆看到张林召的剪纸集后，乔晓光和王焕青一人拿了一本，开始学习剪纸。"我当时不会剪，就用手术刀刻，是爱人帮我找的手术刀。后来我们仨都刻。我是先刻的，也一直坚持了下来，后来学会了剪。任何事物的生长都需要时间，谁坚持都会把事情做得更丰满。剪纸，我一口气坚持了30年。"现在，乔晓光的工作台上也常年放着一把王麻子大剪刀，有空就剪小作品。

"一旦拿起剪刀面对纸张，乔晓光立刻进入忘乎所以的状态，常常变成诗人、哲学家……也常常变成傻乎乎的孩子。"这是王焕青为乔晓光的专著《空花·剪纸研究与创作》写的序言中的句子。剪纸艺术让乔晓光倾倒迷恋。1985年，乔晓光参加济南的全国剪纸展览会，他的几件取材于古代神话的作品构思新奇、造型稚拙，引起人们的注意。刘骁纯在《中国美术报》上发表评论，说这是一种有创造性的表现形式，"标志着延安开始的新剪纸，开始走向成熟"和"展现出新的曙光"。很多人给乔晓光写信，其中有他后来的导师靳之林，也有天津美术学院研究剪纸的仉凤皋。

民间那种新鲜、生机勃勃的气息以及形式感的自由，把他们从西方现代主义身边拉了过来，让他们体会到一种更靠近生活、靠近文化的特性。"我跟焕青是吸收最直接的，小段还含蓄一些。焕青在吸收上比我更成功，他常参加展览，还获奖，这对我们是一个鼓舞，这是我们共同的道路和方向，是民间的成功，很棒！"

乔晓光说，并非所有人都从"85新潮"走向现代、当代，自己恰恰就是以"85新潮"为起点走向民间和非遗传统的人。"米羊画室新作展"之后，他收到中央美术学院年画、连环画系主任杨先让的来信，说很欣赏他的油画《玉米地》和剪纸作品，希望他报考中央美术学院的研究生。1988年，乔晓光考进中央美术学院,成为重返学院任教的靳之林的第一个研究生。

走出米羊画室,乔晓光投身于钟爱的民间美术事业,从平原小城奔向了更加广阔的世界。

沿着河走,守望苦难中的吉祥

1986年夏天,乔晓光和王焕青曾去陕北考察黄河流域的民间艺术,进行了一次文化寻根之旅。他们走了将近60天,经西安、兰州、西宁,到敦煌、格尔木、天水,过六盘山、宝鸡,最终到达陕北。

"这段旅程影响了我们的艺术观。"乔晓光说。一个民族文化的精华不在于形式,而在于深层的文化基因,他平生第一次感受到有些古代传统艺术是凝固的,但民间文化是活的。"正是在民间深厚的土壤中,我看到了民间艺术的生命之光。"旅行也激活了王焕青写作的欲望。在路上,他开始写作,后来写了小说、剧本。

途中还有不少笑话。在陕北,两人为了省钱住大车店,人家问要不要棉被,他们心想,大夏天的,这不黑店吗?"不要!""真不要?你们可考虑好。"俩人没住过窑洞,结果后半夜被冻醒了,不得已,把人家蒸馒头用的笼布一人一块裹到身上,还是冷得不行。第二天房东看见,笑得坐到了地上。

从吴堡到军渡,他们走了几十里路找黄河。路上渴得不行了,弄个西瓜打开,居然烫嘴,不能吃。在放羊人的指点下他们才走到河边。看到黄河,他们发现,黄河是朴素的、平静的。然而,"朴素是一种境界,是一种内在生命的质朴无华的灿烂"。

这是乔晓光第一次见到黄河。后来,他参加了杨先让率领的"黄河流域民间艺术考察队"第八次和第十次考察。刚考取研究生的前9个月,他奔波在黄河流域九省(区),沿甘青一线到冀鲁大地,行程1万多里。在陕西旬邑,乔晓光走进"剪花娘子"库淑兰昏暗低洼的窑洞,看到了终生难忘的一幕。他被满窑的彩色剪纸震惊,被老人质朴天真的歌谣感动,湿润了眼眶。后来,他结识了众多黄河流域优秀的剪花"娘子",把她们当作自己的启蒙老师。"是她们那充满纯朴人性的艺术创造,影响了我的人生观,使我走出狭小的艺术自我,走向自然,走向民间。"

"剪纸和女人的关系是那么深切,我发现很多剪纸女艺人一辈子都是在挫折中度过的,孩子夭折,与老汉不和,在村里被人指指戳戳说克子克夫。她们首先是一个坚强的女人,靠剪纸获得一点点慰藉和自信,最后剪纸也成了她们人格的象征。女人、剪刀、苦难、磨砺、剪纸、人生,构成了这样混生的一种生活。""男人的毛笔,女人的剪刀",乔晓光认为,民间吉祥艺术是从苦难中生长出来的艺术,但它并不表现苦难,而是为了祈愿生命和生活更加吉祥,更加美好。

1990年,乔晓光毕业留校,没有去西方,而是去了西部。他"上山下乡"搞起了以剪纸为主的民间文化田野调查,连续11个春节下乡考察民俗。"我曾经是一个迷恋诗化的生活的大学生,田野改变了我,让我脱掉了'小我'的酸,增加了朴实和苦涩。"

乔晓光亲历了中国乡村巨变序幕的开启，赶上了农耕文明消失前最后一个平安之夜。好像冥冥之中，他的生命就属于大地上的人民、生活和民俗文化。他发现，生活中还存活着许多古老的文化，民族本原的文化基因是活的生命体，循环在民族群体的社会生活中，循环在一脉相承的历史文化中。在多年实践与思考之后，他提出了"活态文化"的概念。

2001 年，乔晓光接任中国剪纸学会第三任会长，次年就主持并承担了中国民间剪纸申报联合国教科文组织"人类口头和非物质遗产代表作"项目的志愿工作，在他的力倡与亲力亲为下，中央美术学院成立了国内首家非物质文化遗产研究中心。

申遗起步之初，工作量巨大，资金匮乏，很多人不理解。乔晓光忽略掉那些冷眼和嘲笑，"用身边的人，做天边的事"，带着几个学生没日没夜地工作，梳理历史沿革，普查、评选传承人，拍摄录像，建立生态保护村，召开国际会议，办大型展览，出中英文画册……他骑着自行车跑前跑后，会议预算精确到一张纸、一瓶水、一个纸杯。他找朋友帮忙，去天南地北的村子拍摄传承人。他们扛着机器坐最便宜的硬座火车，常常是十几小时的路程。每天工作十五六小时，回家还要整理各种文本资料，经常通宵熬夜。为了申遗，他放弃了许多个人发展与提升的机会，错过了买房、卖画，甚至把自己最喜爱的艺术创作都当成了业余活动。因为压力太大，他的血糖开始不正常，患上了糖尿病。

"在战斗中学习战斗"，乔晓光在高强度的工作中练就了好口才，也成了睿智果敢的管理者。他用自己的热情和智慧，赢得了越来越多的支持：分享申遗工作经验，创立"青年文化遗产日"（2006年并入国家遗产日），组织中国首届非物质文化遗产教育师资培训……经过3次申报，2009年，剪纸申遗在国家的支持下终于成功。乔晓光说，他这一辈子最大的光荣就是为乡村妇女、为母亲的艺术申报过世界非遗。

把剪纸做成学问，为"奶奶"争取尊严

申遗成功，剪花奶奶们拿到了奖状，却没有改变生活。在高高的艺术讲堂表演完毕，她们又回到昏暗的窑洞，面对生老病死。

乔晓光感到无能为力，也更坚定了前行的决心。"既然如此，索性有一点意义就做吧。我可能能量太有限，只是个老师，但是当我把一个活态文化做成一门学问，在高校普及，让中国人、亚洲人、全世界人都热爱剪纸，到时候不用宣传，人们自然而然就尊重她们了。"

申遗工作最大的遗憾，是由于时间紧迫，许多面向少数民族的调查和抢救工作未能展开。乔晓光没有停下前行的脚步。2009年，他开始做国家社会科学基金艺术学重点项目"中国少数民族剪纸艺术传统调查与研究"。现在，他们已经摸清了34个民族有与剪纸相关的习俗传统，整理出28个民族的田野调查报告。这是新中国成立以来第一次对中国多民族剪纸做整体的摸底调查，他们的经验与成果也得到亚太地区教科文组织的肯定与赞赏。

乔晓光有点像"葛朗台"。非遗中心成立之初，有20万元经费，10万元买了电脑，余下的10万元他们花了13年；申报遗产时他手里有40万元，却产生了400万元才能有的效应；调查少数民族剪纸，国家给了12万元课题基金，他们做1个民族的调查平均下来还不到5 000元。学生们和他一样能吃苦，顶风冒雪在山区坚守、攻关，住草棚、吃农家饭，来回路上是硬座、汽车加步行。乔晓光说金钱是有能量的，但能量不在金钱，而在持有者的信念。

"什么叫困难，没有困难。放弃就是困难。我是经历了一些坎坷，但跟老师们相比就不算什么，他们人生经历了太多磨难，我不过是多熬了几个夜，多走了一些路。我觉得自己很幸运，因为事情都做成了。那些在基层县文化馆工作的美术干部，一辈子做了许多基础工作，他们有什么名？剪纸确实是伟大，但构建学科，奶奶们做不成，我可以做成：一，我在好的大学；二，我的两代老师都在做，已经70年了；三，我这第三代人应该有成果有能力普及了。我的老师靳之林先生通过研究剪纸提出本原文化，到我这里，我要通过活态文化提出剪纸学，把人民的文化推出来。"

乔晓光是一位艺术家，他用剪纸讲述乡村的故事，讲述中国的故事，也在讲述世界的故事：2006年，受邀为挪威易卜生剧院《寻找娜拉》舞台剧设计具有中国剪纸风格的舞台美术；2008年，在芬兰库赫莫举办"传唱·乔晓光《卡莱瓦拉》剪纸艺术展"；2012年，为瑞士联邦庆典活动创作剪纸《阿彭策尔史诗》；2014年，与挪威艺术家凯伦·碧特·维乐在北京举办《纸的对话——龙和我们的故事》联展；同年，应芝加哥航空局之邀,为奥黑尔国际机场创作了大型剪纸装置艺术作品《城市之窗》;2016年,在英国泽西联手挪威艺术家举办《剪纸新语》展览。通过10余年与国外的艺术合作,乔晓光努力推动中国剪纸走出国门,也让外国观众能够通过剪纸艺术了解与感受中国文化传统。不久前,他的女儿结婚,婚礼就做成了别具一格的剪纸艺术展。

回望衡水,乔晓光说,衡水有原住的衡水人,也有漂泊来的衡水人。"我和焕青在精神上属于客居者,我觉得衡水很单纯。我们的内心什么样,衡水就是什么样的,是内心里的东西让自己在衡水这几年的生活变得充盈。米羊画室的3个年轻人就是活在自己的内心、自己的思想争辩中,活在自己的理想追求中。"

乔晓光觉得,在衡水的那段生活,就是内心跟着理想走,思想不过夜。"年轻人最可爱的一点就是言行一致。今天,衡水人如果能坚持内心,坚持知行一致,一样能成功,照样可以再出米羊画室。人是不可以重复的,但精神的能量是可以传递的,可以穿越千年。"

乔晓光一直在思考,剪纸的终极是什么?答案是人,是慰藉,是倾诉,是自我关照。每一个剪纸者,最终都和自己产生了密切的关联。"剪纸是吉祥喜庆的艺术,这份浓烈的喜庆背后,是喜怒哀乐俱全、酸甜苦辣杂陈的世界。喜庆之际,我们应当记住这一点——珍惜生活,敬畏传统。"

采访手记：

第一次打通乔晓光老师的电话时，他正在乘火车去邢台讲课的路上，他说最近的日程排得非常满，有十几本书赶着出版，还有很多重要的活动，实在抽不出时间接受采访。加上了他的微信，头像是一个生动的剪纸，署名"米羊"。他陆陆续续传过来很多资料——关于自己的艺术、学科、学术活动，而关于个人经历，他说得很有限。

等了1个多月，乔晓光答应在周末给我1小时。当我走了很多路来到他的面前，他给了我整整一个下午。他说，支持你完成这次采访写作，是对衡水的怀念与感恩。

生平第一次，我误车了，但并没有什么沮丧和"糗"的感觉，因为知道自己得到的更有价值。那不仅仅是一种感动，更像是一种洗礼：有对乔晓光的敬佩，有对米羊画室的感慨，更有对自己故乡生发出的自豪。

乔晓光从事的工作意义深远，因为这不是仅仅停留在学术层面的抢救活态的非物质文化遗产上。在21世纪文化繁荣复兴的大背景下，他是在实打实地建设我们民族文化的自信，告诉世人我们丰富多彩的非物质文化遗产和绚烂多姿的民间文化艺术有多么美，是多么珍贵。这些文化绝对值得我们每个人骄傲与自豪，更需要我们重视与保护。他做的，是一件件具体而微、有质感的实事，甚至将自己同样热爱的艺术创作都降到了次要位置。他把那个小写的"我"，完全融入、献给这个大写的"民族"之中。

为了自己热爱的艺术人文学科建设，乔晓光倾其所有、不遗余力，过程堪称筚路蓝缕。他克服的不仅是资金的短缺、条件的简陋，还有更多不为人知的艰辛困苦、冷眼嘲笑——他和他的学生们曾遇到过很多来自方方面面的不理解、不支持。

　　然而，当有所建树时，乔晓光心中只有感激。他感激这个日新月异的时代，感激中央美术学院搭建的平台，这些让他能够从事热爱的工作，一步步走向更广阔的世界。他感谢那些曾经支持过自己的老师和朋友，感谢妻子刘云这么多年的默默承担与支持，他甚至感谢那些曾经走过的困顿坎坷。他说，那都是人生的收获。

　　今天，乔晓光依然在路上。

　　但愿那些传递正能量的真诚与纯粹能够成为迷雾中的灯塔，让文明与高尚的光芒照亮更多平凡的心灵。让我们抛弃那些丑陋与猥琐，去过一种正确而真实的生活。

（2017年）

新中国第一部电视剧原著者——许可

穿越岁月的烟尘去还原一个人的样貌,无疑是件困难的事情。他如流星划过天际,为后辈留下了一份有特殊意义的文学遗产。

现在中国高校影视相关专业的大学生在课堂上应该都学过,新中国的第一部电视剧是《一口菜饼子》,拍摄于 1958 年。但多年以来,原著者默默无闻。很少有人知道,这样一部意义深远的作品是出自一位农民作家之手。而他的家乡,就是我们的衡水。

被遗忘的原创者

1942 年夏天,滹沱河的洪水冲开了饶阳的北大堤,一家九口赖以生存的几分薄地颗粒无收,加上鬼子扫荡,9 岁的许可跟着一大家子逃荒到了县城南的一个小村庄。

傍晚,在临时搭就的破窝棚里,全家的口粮只剩了一块菜饼子。许可的二姐已经饿得不行了,用瘦得像干柴棍似的小手拿着这块菜饼子,先递给奶奶,奶奶说年纪大了,吃不下什么东西;又递给家里几个长辈,大家都说不饿。于是,她便要把饼子往嘴里送。没想到,饼子突然被父亲一巴掌打在了地上,骂道:"就你饿!没出息的东西!"

其实,大家哪里是不饿,只是不知道第二天能不能找到吃的,都想把活下去的希望留给孩子。

许可的二姐哭了。父亲叹了口气,说:"唉,有什么办法呢,穷啊!"

一家人都流了泪

掉在地上的菜饼子被父亲掰成了4块,分给了4个孩子。

许可分到的那一口,他一直没舍得吃,整整珍藏了15年。15年后,他根据这段经历写下了短篇小说《一口菜饼子》,以纪念那段苦难的日子。

小说刊登在1957年12月的《新观察》杂志上,曾被改编成广播剧在全国各地的电台播放。许可曾在一篇文章中形容那为"喧闹一时"。1958年,小说又被改编成同名电视剧,也就是新中国的第一部电视剧。

遗憾的是,这个电视剧是边录边播,没有留下任何影像资料,目前仅存有几张剧照。当时还没有中央电视台,全国只有一个电视台——北京电视台,全北京市才有50多台电视机。

许可生活在农村，对此一无所知。事后多年，也没人告诉过他。直到1985年，许可收到了来自省作家协会的一本书——《广播剧、电视剧概论》，在电视剧部分第一章"电视剧的历史"中有这样一句："一九五八年，中央电视台播出了根据同名短篇小说改编的电视剧《一口菜饼子》，中国的电视剧诞生了。"读后他才知道，这部有着特殊意义的电视剧是根据自己的作品改编的。

不久，许可的大哥从北京写信来，让许可去找一找，说怎么书上连你的名字都没有。孩子们也都为许可感到不平，觉得他的劳动没有得到最起码的尊重。

许可说："那时候刚建国不久，很多事情都不规范，人们不会有这种意识，都过去这么久了，何必再旧事重提，浪费那个精力呢。只要对大家有好处、对社会有益，没有必要在乎是谁做的。"他还说，稿费几十年前就给了，这就够了。"咱已经很出名了，大官亭村都知道'许会计'，再出这个名有意思吗？"

有关这件事的信息，还是时不时通过不同渠道传到许可和家人耳中。他也并不是一点都不在意的。

许可的老朋友、饶阳的作家何同桂说，20世纪80年代，许可曾让他看过一份《中国青年报》，上面有一则信息就是"中国第一个电视剧是《一口菜饼子》"。

"关于作者这一句，一直没有人提。到现在只是咱们本地人知道，有时候这么说说。"几年前，何同桂曾去中央电视台的展厅参观。"中央电视台的几十个第一，第一个电视剧是

《一口菜饼子》，有剧照，但是没有许可的名字。"

现在，不光是各类影视专业教材，就是地方的文学志，也鲜有提及许可。目前网络上关于《一口菜饼子》最详细的信息依然是：一九五八年，根据《新观察》杂志上的同名短篇小说改编拍摄，编剧、导演、主要演员……名单很详细，但原著者缺席。

许可的老朋友、原河北省广播电视厅厅长吕振侠了解情况，编写《河北省影视志》时，何同桂跟他说，应该写上许可这个事。吕振侠还曾推荐河北电视台采访许可。

许可的小儿子许志亮说，2009年，河北电视台的记者小刘来家拍摄。小刘说上大学时就听老师讲过，"中国的电视剧就是吃着这'一口菜饼子'成长起来的"。只是没有想到，原著者竟然是这么一位普通的老人。更没有想到的是，面对这么高的荣誉，在一个极重视知识产权的大环境下，许可对此竟如此淡然。小刘有些好奇地问许可，为什么不去争取在中国电视剧的发展史上写下自己的名字，许可只是微笑。

金星最亮之夜

许可是饶阳县大官亭村人，1933年3月出生。许可是笔名，他原名许国旗，哥哥叫许国印。许可家世代务农，其父许敬忠平时喜欢写写画画，毛笔字写得特别好，至今后辈仍保留着这位老人在毛边纸订成的本子上用清秀工整的小楷抄写的《生意论》《随便录记》，上面还有一些偏方和符咒。

许可幼年时，饶阳是解放区，他家后面就是吕正操曾经驻扎过的地方。20世纪三四十年代，冀中农村的生活条件还很艰苦。在许可小时候，家里的生活非常窘迫，基本没有填饱肚子的时候。有一次和母亲避雨，母亲给他买了一小角饼，他说那是一生中最难忘的美味。

这一带有个老话，"小子不吃10年闲饭"。意思就是，男孩子10岁之后就得给家里挣钱了，要么下地干活，要么外出谋生。许可十四五岁时，家里让他和哥哥去北京学做生意。这时，他只在村里上了1年多高小，哥哥也才上了3年。他们能上学，还是因为家里是下中农。那时候，大部分人都没有上学的机会，一天学也没上过的人特别多。

来到北京，哥哥在瑞蚨祥当学徒，许可在一家小店学做称，那边叫"星称"。许可在北京待了1年多就回来了，因为感觉当学徒太受气。哥哥留到了那里，多年以后当上了北京市成人教育学院的书记。

当时，许可的父亲在密云做生意，卖布。许可跟父亲说，他在店里需要做好几个人的饭，环境肮脏恶劣，辛苦劳累不说，还要忍气吞声，这让他无法忍受。

回到老家，许可开始种地，当农民。1948年前后，孙犁在大官亭村子搞土改，何同桂曾与牛广欣合著《孙犁在饶阳》。那时孙犁经常在这个村的学校里待着，吃饭、开会，和学校的老师们都挺熟。

和普通农民不一样的是，许可的求知欲十分旺盛，想尽一切方法自学。由于种种局限，他并不清楚自己的目标，也不知道该学什么，就是本能地"对纸片的东西感兴趣"。那时候农村很少能见到书，他四处寻觅，几乎是"饥不择食"，公社库房里的、从地主家抄来被丢弃的……不管什么书，他只要能拿到手就读。就算半截的破报纸，他也读得津津有味。许可背尺牍、古文，自学数学，甚至还学过一本《长风速记术》。后来他对孩子说，自己都不知道学这些东西用来做什么。

一个偶然的机会，许可读了秦兆阳的一篇小说，让他萌生了写作的念头。他给杂志社写信，人家要求用稿纸誊写清楚。那时的许可，连稿纸是什么东西都搞不清楚，便写信给在北京的哥哥，让他帮着买。哥哥跟他感情最好，但是并不看好他的理想，一直给他泼冷水，说"你一个农民这样很不实际，要务实，农民就该做农民的事"。说归说，哥哥还是买了稿纸寄来。

一起生活的家人对许可更不理解，更别说支持了。当家的大爷总说他不好好干活，还曾因为他晚上读书写作到深夜费灯油而发脾气。谈起这些，许志亮显得无奈，也表示理解："老人家过日子细。"

许可是个认准了目标就钻牛角尖的人。1956年种麦时节，他去大官亭大队当会计，一边工作一边学习。他开始潜心创作，在昏暗的油灯下度过了一个个不眠之夜。

对一个没有接受过多少正规教育的农民来说，在文学的道路上前行，会遭遇多少困难，可想而知。许可的写作并不是一帆风顺。最初，一次次投稿都被退了回来。但他是个有韧性的人，面对挫折没有气馁。经过不懈努力，1956年，许可终于在《河北文艺》上发表了处女作——小说《喂猪的故事》。此后，许可问世的作品逐渐增多。难能可贵的是，他是在全国的刊物上发表作品,这对一个农村业余作者来说,实属不易。

在许可家中,1957年第二十四期《新观察》被完好地保存着,纸页已经泛黄,书中用的还是繁体字。《一口菜饼子》就发表在这一期的最后两页上,是著名油画家、美术教育家靳之林配的插图。这是许可创作的第三篇小说,是那期杂志上唯一的文学作品(前面都是时政类文章)。封面上,许可写下了这样一行字:"金星最亮之夜 1957.12.24"。

许志亮说,那时他们都很年轻。"我爸25岁,靳之林在中央美术学院,不到30岁,他是1928年的。"《新观察》是一本面向知识界的综合性期刊,被一些外国读者称为"中国美术的一个窗口"。该刊于1950年7月在北京创刊,初期先后由人民出版社、人民日报社出版,1954年成为中国作家协会机关刊物。现已停刊。

当年,中央人民广播电台也播过这篇小说,曾给许可寄过稿费。许志亮记得自己幼年时家里还有这个单子,后来找不到了。这篇小说还曾被制作成广播剧,全国各地很多电台都播过。《一口菜饼子》之所以被改编成中华人民共和国第一部电视剧,也跟当时这样广泛的社会影响有关。

《成语词典》的游戏

20世纪60年代,许可就成了河北省作协会员,后来当上了省曲艺家协会的理事。他还是中国民间文艺研究会会员、省文艺家协会会员。他有时会去石家庄开创作会,也参加省文联组织的采风,类似这样的活动有时甚至会离家数月。许可也由此结识了很多文艺界人士,有的还成了一生的挚友。

许可以创作小说、故事、曲艺节目为主,有相声、快板、西河大鼓,也有小戏剧本、报告文学等。这些作品发表在许多国家级、省级报刊上,如《新观察》《北京晚报》《大舞台》《蜜蜂》《曲艺》《河北文学》《十月》《民间文学》,等等。他比较有名的小戏剧本有《三改门》《桥头会》,都是创作于改革开放初期。

"许可的文学成就在俺们县来说,就算最高了。截止到现在,饶阳最出名的作者就是他。因为别管是机遇也好,还是发表的层次高度,他是影响力最大的。"何同桂说,以前衡水只要出书,必定找许可。20世纪80年代的《百户农民列传》《第四十个春天》《烽火英豪》,这些书上都有许可的报告文学或小说作品。"他有独特的语言风格和叙述方式,善于发现生活中的矛盾冲突和戏剧性,构思成各种体裁的文学作品。"许可的作品大多短小精悍,基本没有长篇,文风朴实,语言生动,风趣幽默,但"厚重的东西并不多"。

从内容上来说,许可的作品大都是取材于身边的人和事,主要反映农村生活,比较真实,比如《一口菜饼子》写的就是当年自己家的事。小戏剧本《三改门》是以邻居家的事为蓝本创作的。写的是包产到户落实责任制后,农民富了,原来院子的小门只能进手推车,后来能进小拉车,再后来能进拖拉机了。"本来是很简单的事,但许可写得妙趣横生,设置的一些矛盾、情节很有意思。"这个作品发表在1984年第三期的《大舞台》杂志上,获衡水地区文艺振兴奖,奖品是一个奖杯。

20世纪80年代,许可还当过河北省文化系统的先进工作者,是河北人民广播电台的优秀通讯员。

许可对自己的荣誉非常珍惜,奖杯、奖章和各类证书都保存得很好。他有一箱子作为奖品得来的笔记本,因为爱惜,从没有让孩子们用过。

许可的大哥曾给他写过一副对联:素甘淡泊心常泰,曾履艰辛志愈坚。

在许志亮儿时的记忆中,在大队当会计的许可晚上总是趴在家里的小炕桌上写作,有时孩子睡醒一觉他还在写。孩子们都知道,不能打扰他甚至不能说话,否则会招来一顿胖揍。

整理资料时,许志亮发现了许可在20世纪80年代获得的两个证书:1983年《长城文艺》刊授学习优秀学员;1986年中国戏剧电视剧创作函授中心结业证书。这些学习经历,连许可的朋友们也知之甚少。

谈起许可,何同桂用的最突出的一个词就是"刻苦"

许可非常留心农村的一些乡俗俚语,经常去采风。他有一本《汉语成语词典》,没事了就翻,记词。何同桂说:"有一个游戏我们玩了好几年,就是用那本成语词典,翻到哪一页哪一条,就用这些词对句,在玩的时候加深印象。比如我说一条'大器晚成',他就说'你大器晚成,过几年必成大事!'翻到'两面三刀',他就说'你这家伙是两面三刀的人。'"但轮到许可用"两面三刀"时,他会说:"这是叫我提防两面三刀的人!"何同桂说,老许在话茬儿上是不会吃亏的。这种游戏活跃思维，锻炼记忆，是学习词汇、有益写作的好方法。

关于投稿，许可有自己的心得。何同桂记得，许可有一个小本子，剪贴和记载着全国各地的刊物名称和特点，对什么稿子应投什么刊物颇有研究。"他经常给我提供这类信息，有时还下手给我修改稿件，适应刊物的要求。有一次我写了一篇小说，说一个做买卖的老汉傍晚回村时，听到树林里有个女人呼救，他胆小怕事恐遭抢劫，就急匆匆回了家。当他向老伴卖弄自己的聪明时，才知是女儿去接自己遇到了坏人。许可说我故事构思得好，但语言不行，就另起炉灶重写了一遍，写成一篇很精彩的故事《张三误》，发在吉林省的刊物《新村》上，作者署名'何同姑'，加了他的笔名'许村姑'中的一个字，算我们合作的作品。但我是写不出那种幽默语言的。"

20世纪70年代，原桃城区文联主席师桂英在饶阳的文友交流活动中结识许可，还曾带着年幼的女儿到他家做客。在她的印象中，许可家就是一个普通的农户，妻子憨厚勤劳，不善言辞。许可有趣、真诚而朴实，言谈举止和普通的农民不太一样。师桂英所说的"不一样"，指的是许可身上有一种文人的气质，这是他多年从事写作慢慢浸染得来的。

命运的残酷玩笑

许可曾有机会走出去，但命运却和他开了个让人揪心的玩笑，最终他没能够在更大的舞台上绽放光彩，半生都遭际坎坷。他的很多作品，也在晚年一次意外中被付之一炬。

1973年，中国话剧团曾有意调许可去当编剧。为此，曾在

《城南旧事》中扮演母亲角色的著名演员郑振瑶特意来到了许可家，还住了一夜。许志亮说，当时招待他们吃的是蒸红薯。那时候家里孩子们还小，许可的母亲死活不让许可去北京，说他一走家里挣工分的就光剩下女的了。许可无奈，留在了家里。后来他说，如果那时候走了，境遇也许会好一点。

1980年前后，许可去衡水地区文工团上班，搞创作。这时，他已经快50岁了。团里有转正指标，当年的衡水文联主席李清帮许可办的转正，之后把他抽调到文联的刊物《衡水文艺》（即后来的《农民文学》《衡水文学》）编辑部。在衡水工作了2年左右，因为母亲闹病，许可回到了饶阳县文化馆，一直工作到退休。

在县文化馆的时候，许可负责创作，主编地方文学刊物《饶阳文学》《争艳》。许志亮说，有时稿源不足，许可会用好几个笔名写作，把一份刊物撑起来。当时，许可还整理民间文学三套集成。这是一个全国性的文化工程，各市、县都有，他四处搜罗民间文学作品，回来整理、编辑。

20世纪90年代，饶阳县文化馆曾一度不景气，发不出工资，许可退休以后才有了工资。退休前后，他曾和一些老朋友收藏古董。出去收古董时，他也会写东西，后来创作了一系列"古董行的故事"发表在《民间文学》上。

退休之后，许可对文学的热爱没有消退，自费订了好几种报刊，日常阅读。

许可发表的作品为数不少，但谁也说不清确切的数目。何同桂、牛广欣都说过，许可退休后曾整理过自己的作品，计划挑选出50篇比较好的出版文集。然而，这本书最终没能面世。

许可不了解出版程序，也不能理解为什么出书要自己负担费用。何同桂曾向县里有关领导、作协呼吁，也建议许可跟孩子们商量解决。后来，许可觉得这事"没意思"，就此作罢。

许志亮说，2003年左右，许可有一次把电热水器放到卧室床头柜上的茶缸里，忘记拿出来就出去了，引起火灾，很多放在旁边正在整理的作品被烧毁，现在已经没剩下多少了。

也是在这一年，许可的眼睛开始出问题，许志亮带他去外地看病，被确诊是葡萄膜炎。"开始还打算配眼镜，后来右眼成了青光眼，就没有视力了。"四五年以后，许可开始小脑萎缩，渐渐不能与人交流。2015年正月初六（1月25日），许可离世。

朋友、家人和轶事

许志亮说，许可在圈子里是有名的怪脾气，不会因为面子对不喜欢的人强颜欢笑，对朋友总是坦诚相待。他的朋友大多是通过文学写作结识的，其中不乏高官名人，有的故事还有种传奇的味道。

原河北省广播电视厅厅长吕振侠退休后曾任河北省影视家协会主席，很多著名的电视剧都是他监制的。他跟许可是老交情，对于曾在许可家吃过猪头肉韭菜馅饺子的事念念不忘。

20世纪60年代，许可还在大队当会计。一次，他以业余作者的身份去参加石家庄的作品研讨会，每到中午吃饭，总看见一个老人只打一个窝头一点咸菜，然后默默地躲到角落里自己吃。许可凑过去说，我给你点饭票吧，吃这么一点哪里行啊！老人说，你离我远点吧，我是右派。许可说，右派也得吃饭啊，我是个社员，没啥可怕的。这让老人非常感动。后来许可才知道，这位老人是河北文艺界数一数二的"大右派"刘艺亭。许可敬重刘艺亭的为人与作品，两人成了忘年交。刘艺亭的女儿结婚，因为物资短缺，老人又是右派，许可就千方百计搞来自行车票和缝纫机票，买了给老人送去。

到了20世纪80年代，刘艺亭恢复了工作，许可却不再和他联系。刘艺亭托人捎信，许可说，我认识的是右派刘艺亭，不是文联主席刘艺亭。刘艺亭知道后很生气，写信告诉许可，不管是什么身份，他们都是患难时的朋友。后来，这段友谊一直持续到许可最后的时光。

许可和唐山市文联主席长正的相识也是在石家庄。一次开会时，许可和长正被分到了一个宿舍，第一天俩人没怎么说话。晚饭是打回宿舍吃的，那天许可打了一点素菜，正吃着，在另一边吃饭的长正把自己碗里的红烧肉倒进了许可的碗里，许可一愣，端起碗就把菜和肉都倒进了门外的垃圾桶。回来俩人谁也没有说话。夜里，长正在床上躺着"喷"了几声。许可问，你咂嘴干吗？长正说，我是说你们农村平常都吃不上肉，你看……许可说，我们平时是吃不上肉，但我们也不吃别人的剩饭。长正听后，对许可肃然起敬。此后，两人成了很要好的朋友。

在朋友们眼中，许可是个特别诙谐、爱搞笑的人。"我爸好多事传开了就成了笑话了。他用过一个笔名叫'许村姑'，有人以为是女的,就给他写信。有的没的,越传越戏剧化。"

何同桂说,许可即使想夸别人几句,说法也与众不同。"第一次他带我到衡水参加评稿会,某县文化馆的一个女同志率先发言。她是刚分来的大学生,一口纯正的北京话。发表了对几篇作品的意见后,说:'我看还是何同桂这篇写得好!'这时的许可,学着北京腔的女音,尖尖细细地接了一句:'我看也是何同桂这篇写得好!'逗得满屋人哄堂大笑。"20世纪80年代初,衡水的创作活动十分活跃,何同桂和许可经常一起到衡水开评稿会,在饶阳也总一起探讨创作问题,一度来往非常密切。

在纪念许可的文章《莫逆之交话许可》中,何同桂写到许可的热情。"见我去总是立即放下手头的事情,给我认真看稿,或拉扯一些有关文学的话题……冬季,他屋里常有家里带来的花生,我去了,他就抓两把烤在火炉盖上,一边香喷喷地吃着,一边说:'这玩意儿是好东西,美国总统也只能限量每天供应3个豆儿,你现在的待遇超过了美国总统!'如果偶尔有客来访,许可就先介绍我说:'这是县委老何,我们是抹泥(莫逆)!'"

二人最后的告别,是许可患眼疾之后的探望。"那天临走时,他摸索着把我们送到门外,伸手重重握了握,随后又笑嘻嘻调侃一句:'老何,就当向我遗体告别吧。'"这话,让何同桂充满了伤感。

在许志亮的印象中,许可对家人生活中的一点一滴都严格要求,容不得半点浪费。孩子们的饭碗里从不允许剩下饭粒,练毛笔字用的报纸、写作业的本子，两面都得用……都是一些很小的规矩。他自己身体力行，不嗜烟酒，深恶赌博，从不买好衣服，一件衬衣穿了十几年。他最爱吃的饭是红薯玉米面粥，改善生活不过是花生米或者熏肠。

孩子们从小就怕父亲。许志亮的哥哥曾经因为用买醋找回的几分钱买了个甜瓜，被许可揍了一顿。后来提起，总是半开玩笑地说，那时父亲用鞋底儿抽到他背上的印子，清清楚楚写着"北京橡胶二厂"。

尽管如此，孩子们都很孝顺。许志亮在石家庄工作的时候，每个周末都回来，抽空给他读书读报，陪他聊天。退休之后，许可才开始慢慢和孩子聊起自己一生的经历。从前生活压力大，脾气急，他很少和孩子交流。孩子们长大后，有了自己的生活，他变得寂寞。

许可卧室墙上，挂着刘艺亭送他的对联："知足心常惬，无私品自高。"许可在各行各业熟人很多，但是从未也不允许孩子们去麻烦别人，常说："人要靠自己活着，才会活得有滋有味。"

许可有3个孩子，一女两子。现在，大儿子因为血栓已不怎么能说话了，女儿在饶阳县城带孙辈。许志亮从部队回到衡水，做校服生意。他曾想接过父亲手中的笔，也写过一些回忆性散文，但当下文学的清冷和父亲一生的清贫，让他踯躅。

采访手记：

2009年的时候，收到许志亮寄到编辑部的一封投稿信，题目就是《父亲心中的那口菜饼子》,保存至今。后来,也曾和饶阳的文友去过许可的家中。那时,他已不能与人交流。坐在他的对面,中间却像隔了千山万水、迷雾深渊。

命运并不曾厚待许可。有些转瞬即逝的机会,他没能够及时把握。因为种种局限,他有才华,但学养还谈不上深厚,不是大家,影响力不大。其作品时代感强烈,遣词造句有着过去年代的烙印,今天读起来,会让读者感觉到距离与陌生。或许,许可的价值就是一个特殊的印记与曾经的存在。时光流逝,他被渐渐遗忘。

靠着自己的勤奋和努力,许可在文学的天空上留下了有着特殊意义的一笔,应该被铭记。他如流星,曾在天际闪耀光芒。

(2017年)

用艺术点亮乡村

——记画家谢永增与中国首个窑洞式庄园艺术馆

2019年7月7日,中国首个窑洞式庄园艺术馆"谢永增孙家沟艺术馆"在山西省吕梁市临县三交镇孙家沟村正式开馆。与此同时,"源于乡土——北京画院谢永增工作室吕梁写生专题作品展"在该馆开幕。

"谢永增孙家沟艺术馆"建筑面积2 000多平方米,是集展览、创作、培训于一体的公益性艺术馆。建立"谢永增孙家沟艺术馆"是当地政府借助名人效应保护利用开发古村落、传承和发展优秀传统文化的具体行动,更是艺术深入基层、助力乡村振兴的创新性举措。

吕梁 谢永增的艺术故乡

衡水籍当代知名山水画家谢永增是北京画院专业画家、国家一级美术师、中国美术家协会会员,其创作以真挚的乡土情怀和独特的艺术风格给人们留下深刻的印象。

谢永增是从衡水乡村走出来的画家。有评论称,谢永增在农村长大,在城市开花,又在乡村结果。他的艺术源于家乡深州小榆林,生发于吕梁大地,被称为"吕梁最亲近的艺术家"。

20世纪80年代中期,谢永增开始到吕梁写生,至今已30多年。他以吕梁乡村为素材创作了大量优秀作品,表现了农村的时代特征和农民的精神面貌,在美术界引起很大反响。熟悉他的朋友们都知道,谢永增迷恋吕梁、深爱吕梁,每年少则早春、晚秋两次,多则数次来到这里,且一住就是月余。老乡们对谢永增已是熟若邻里——他在这里写生作画的时候,经常在村里村外遛弯散步,和村民们谈天说地。吕梁的农家小院、窑洞土炕、沟梁山峁,早已和谢永增的生活融为一体。

谢永增与吕梁结缘是从1985年电影《黄土地》上映开始的。电影中黄土高原苍茫寥廓的画面,瞬间让谢永增产生了一种神交已久的感觉,他为之怦然心动。谢永增意识到,这是值得他描绘一生的美丽画卷。原来,20世纪70年代以前,他的老家——衡水深州小榆林一带的地形地貌,与黄土高原神似。

"那时候家乡不是现在平原的样子。村子周边全是大片的沙土坡、沙土岗,像丘陵一样连绵起伏。村庄周边和田野中还有许多小河沟和水塘,河沟里的小红鱼无拘无束地游动,水塘边的柳树身影婆娑,随风起舞……那种难以言表的美至今还萦绕在我的梦里。"谢永增说,走进黄土高原,仿佛回到家乡一样。一晃30多年过去了,吕梁山早已成为他艺术创作的大后方,这里成为他的精神家园、艺术故乡。

柳林、临县、石楼、兴县……在这片黄土地上饱游饫看的过程，丰富了谢永增的阅历，让他积累了绘画经验，坚定了他在乡土中感受生活和生命价值的方向："我从吕梁厚重浑然、粗犷无限的感觉里找到了属于自己的绘画语言，也借此表达我对乡土故园的无尽眷恋。"

孙家沟 开启吕梁艺术大门的钥匙

谢永增一次又一次来到吕梁，每次都有新的感受和发现。

吕梁市临县是中国历史文化名镇、名村相对集中的区域，因晋商形成了以碛口为中心的明清乡土民居建筑群落，有"明清建筑博物馆"之称。孙家沟一带以其独特的区位优势在晚清时期吸引了众多有钱人前来大兴土木，先后建成十连窑院、亭院、花园院、王长生院、芝麻坪院等，现存古民居建筑近 9 000 平方米。这里不仅是三晋建筑文化的宝库，也是谢永增写生、影视拍摄、休闲旅游常去的地方。

孙家沟村的民居建筑完整记录了晚清至民国初期中国北方黄土丘陵地区农村的真实面貌，其建筑风格不同于一般晋商宅院的平地造势，而是依山傍水，结构参差错落、变化有致，富有古风古韵。明柱、夏檐、厢、廊式砖石窑院，厅台、廊房、阁楼以及别具匠心的大门、照壁、垂花门比比皆是，可谓传统窑院建筑之精华，这在晋西北乃至全国也是罕见的。

孙家沟还曾有过红色的传奇。1947 年 3 月至 1948 年 3 月，中央军委三局和中央机要处在这里驻扎了 1 年时间。当时，中央工作委员会转移到河北平山，中央后方工作委员会则转移到临县统筹后方工作，中央军委三局本部及军委通信总台就设在孙家沟。孙家沟因其隐秘性成为电台活动、情报侦讯的主战场。中央后方工作委员会把90%以上的大功率电台秘密集中到孙家沟，党中央、中央军委的命令、指示，绝大部分由中央后方工作委员会转达全国，各战略区的许多电报，也是由中央后方工作委员会转报中央和军委。

厚重的历史及红色文化的积淀，让谢永增孙家沟艺术馆所在地增添了无穷的历史人文魅力。

梳理近期的写生作品，谢永增感觉自己对吕梁的认知又上升到一个新的层次："第一次走进孙家沟这个村庄就觉得神奇。如今，与之情感上的共鸣更为强烈，感觉找到了一把开启吕梁艺术大门的钥匙。来了就不想走，画也画不够，魂牵梦绕、欲罢不能……"

艺术馆 引领乡村文化发展的方向

习近平总书记说："文化自信是更基本、更深沉、更持久的力量。"在衡水市委常委、宣传部部长马福华看来，理解乡土文化、认同乡土文化、尊重乡土文化、热爱乡土文化，不仅是增强文化自信的内在要求，也是实现乡村文化振兴的必要前提。而谢永增这些年来的艺术创作，正是对这一理念的实际践行。他的创作源泉就在吕梁乡村，每个生活在这里的人都能从他的作品中感受到自己的生活气息。

谢永增自乡土中汲取了无尽的艺术滋养，而回馈乡土的是他作为艺术家的深挚情怀。谢永增经常思考的问题，就是如何让自己的艺术与基层、与大众更好地融合，相互增益。去年在孙家沟写生时，谢永增与临县县政府达成合作意向，计划设立"谢永增孙家沟艺术馆"，以当地独有的历史文化资源——庄园式窑洞建筑作为艺术馆和写生基地，这在国内独一无二。

接下来，修复、改造、整饬周边环境，修建配套设施……经过1年的紧锣密鼓的筹建，结构精巧、院落开阔、面貌一新的"谢永增孙家沟艺术馆"终于惊艳亮相于世人面前。

在这里，人们可以在颇具特色的晚清民居建筑中，尽情欣赏谢永增和他工作室的艺术家们近年来在吕梁一带写生创作的美术精品，品味立足传统又不断推陈出新的中国山水画艺术之美，可以真切感受到深沉厚重的历史沧桑感与新时代蓬勃昂扬的文化气息交相辉映、相得益彰。

谢永增用脚踏实地的工作，践行着"文艺为人民服务"。他深入基层画基层，歌颂百姓和乡土，除了画笔，还用文字抒发心中深沉的乡土情怀。《心灵的故乡》《源于乡土》两篇文章近日分别在《人民日报》《中国文化报》发表，影响很大，引起很多人关注，以至于"谢永增孙家沟艺术馆"尚在筹备阶段时就有很多人慕名而来。

"我就想把艺术作品变成一条乡村振兴的道路，就像一盏明灯，起到一个示范引领的推动作用。"在画家看来，"谢永增孙家沟艺术馆"这个平台，让艺术作品真正地走近了乡村和大众，成为普通百姓可以欣赏品评的艺术，也成为他们了解艺术家"从哪里来、到哪里去"的一个寻踪途径。

"谢永增孙家沟艺术馆"的设立，形成了精神文明和物质文明同时发展的态势，将对当地文化事业的发展繁荣起到积极的推动作用。临县县委书记张建国说，"谢永增孙家沟艺术馆"的设立，是文化助力脱贫、艺术点亮乡村的好模式、好范例，必将为临县脱贫攻坚、乡村振兴注入新活力，增添新动力。

时任衡水市委宣传部部长马福华说，推动衡水文化走出去战略是文化衡水建设的重要组成部分。谢永增作为从衡水走出来的优秀艺术家，是衡水现代文化艺术大家和文化名人的优秀代表之一。"谢永增孙家沟艺术馆"的落成，代表"衡水文化走出去"又取得了一个重要的，历史性、节点性的成果，衡水和吕梁又多了一条紧密联系、友好合作、亲切交流的文化艺术纽带。

源于乡土，回归乡土。谢永增和他的艺术扎根在广袤无垠的中华大地上，行深致远、渐入佳境。

【画家简介】

谢永增，1961年生，河北深州小榆林人。北京画院专业画家、国家一级美术师、中国美术家协会会员。作品多次参加国内外美术展览，多次获得国家级美术奖项。代表作有《绿源》《沃野》《故乡》等，作品被多个国家政府机构、美术馆、博物馆等处收藏，出版多部个人画集。

（2019年）

让衡水音乐文化融入世界
——访作曲家，首都师范大学教授、博士生导师尹铁良

"上次来衡水办讲座，与衡水学院及音乐界的几位朋友聊天时曾说起过这件事，当时非常期待。最近听说教育部已经批下来了，感到非常高兴、非常兴奋，这是件大好事！"日前，衡水学院柴可夫斯基国际音乐艺术学院获批设立，作曲家尹铁良表示由衷的喜悦与祝贺。

尹铁良，首都师范大学音乐学院作曲系教授、博士生导师，学院学术委员会主任，"全国优秀教师"奖章获得者，享受国务院政府特殊津贴专家，创作各类音乐作品500余部，获得各类奖励60余项。2019年11月中旬，尹铁良在衡水市文化中心举办题为《河北民歌的源流与嬗变》的讲座，听者云集。

为什么是衡水

"这件事本身在全国就是一个震撼。"尹铁良说，衡水有了中外合作办学的艺术类院校，让同侪都很羡慕。"像这样教育部批复、与国外名牌音乐大学合作办学的地方院校，在中国北

方是唯一的。"

目前国内很多知名高等艺术类院校都在开展国际合作，但衡水学院与乌克兰柴可夫斯基音乐学院进行的这种合作模式并不多见，在国内可以说首屈一指。"很多艺术类高校只是在某些专业、某些方向上开展国际合作。天津音乐学院与美国茱莉亚音乐学院的合作，是外方使用中方场地，师资几乎都是国外的，而不是像衡水学院这样深度融合、全方位对接。"

"在中国北方有不少高等艺术类院校，为什么是河北？为什么选中衡水？我认为是缘于衡水市委、市政府以及衡水学院的高度重视和开阔的眼界视野。这是一项非常有战略远见的重大举措，据我了解，也是经多方努力推动才促成的，达成合作非常不易。"尹铁良认为，与有着国际知名度的乌克兰名牌音乐学院合作，能够让衡水学院进一步扩大影响力、提高知名度，吸引国内国外的八方学子聚集衡水，进而对衡水这个城市的音乐文化事业、相关产业发展壮大产生推动和促进作用。"这所学院的获批设立有着很强的示范带动及辐射效应。通过加强国际交往，毫无疑问，能够极大促进当地的本土文化蓬勃发展。"

"如果是在音乐文化很贫瘠的地方建立这样的学校，意义和价值不大。而衡水有着相对丰厚的音乐土壤和基础，可以说风格多样、全面开花。"尹铁良说，多年以来，衡水的音乐文化在不断发展，传统的民族民间音乐艺术被发掘整理、传承保护，武强的世界·乐器博物馆和周窝音乐小镇全国驰名。

"据我所知，饶阳的民族乐器产业颇有特色，武强金音乐器厂很早就打入了国际市场。"尹铁良说,衡水的音乐产业早已经与国际接轨,已有几十年的交流合作,也带动了衡水音乐文化的进一步发展,成为吸引外来投资及合作办学的基础。"在衡水这样一个地级市,能有这样的音乐土壤,全国都是少见的。"

友谊根脉源远流长

俄罗斯、苏联的艺术成就举世瞩目,很多在国际上久负盛名的音乐大师都是俄罗斯人。乌克兰柴可夫斯基音乐学院成立于1913年,是苏联音乐艺术教育体系中举足轻重的世界一流院校,其艺术体系、办学理念等有着传统的俄罗斯特色印记。

"大柴、小柴,师资力量都非常雄厚,培养了很多人才。"尹铁良介绍,尼古拉·鲁宾斯坦开办的莫斯科柴可夫斯基音乐学院被称作"大柴院",柴可夫斯基、里姆斯基-科萨科夫等都曾在那里任教。"大柴院"培养了大批音乐人才,如拉赫玛尼诺夫、普罗科菲耶夫、斯克里亚宾等。1913年,在乌克兰首都基辅开办的莫斯科柴可夫斯基音乐学院分校,被称作"小柴院"。"最初大柴、小柴师资是共用的,都是苏联一流的艺术教育高等学府。"

尹铁良说,俄罗斯、苏联的文化艺术对我国影响非常之大。"新中国成立之初,我们与西方的接触有限,主要是从苏联学习。改革开放之后国际文化交流增多,俄罗斯艺术仍是重要领域。"

资料显示,1953年之后,在"学习苏联"方针影响下,我国以"文化交流""国家聘任"的方式,先后聘请了一批包含各个不同专业的苏联及东欧各国的著名音乐家到北京、上海等地的高校、院团进行为期1~6个月的"客座讲授"和为期1~2年的"专家教学"。这种有计划地大批聘请外国专家来华进行讲学，在中国历史上也是空前的。这些外籍教师的工作及影响不同程度地扩及全国。与此同时，国家先后抽调了各音乐院团的青年骨干和毕业生（瞿维、李德伦、朱践耳、杜鸣心、吴祖强、傅聪、郑小瑛……）分送至苏联及东欧各国深造，这些年轻的音乐家后来在我国各项音乐工作中发挥了骨干作用。

"我们曾派出很多人才去苏联学习，不少国内知名的音乐大师都有留苏经历。这不仅是由于我们同属社会主义阵营，更主要的原因是苏联的音乐文化成就在国际上也是独占鳌头的。"尹铁良说，20世纪50年代，中苏之间曾有过很多艺术交流和友好合作，"那时来往很频繁。苏联的作曲、演奏、合唱、指挥、声乐……对我们音乐的发展、音乐教育体系的形成影响太大了。我们一代代的音乐人很多都是按照苏联的体系学来的"。

尹铁良的老师、中国音乐学院的教授施万春先生，曾师从杜鸣心。"施先生的艺术就是俄罗斯体系，给我们上课都是讲俄罗斯音乐教育的理念，如和声学、作曲等。"尹铁良曾听施万春先生演奏柴可夫斯基的作品，"先生一边弹一边掉眼泪，我们深受感染"。

在交互影响中融合发展

时至今日，尹铁良的艺术创作和教学也带有俄罗斯音乐影响的印记。"自己写作品，教配器、作曲，不知不觉就有那种风格。现在我们经常讲文化的多元化，但个体最初的体系是根基。艺术道路上，我们在本民族文化的基础上又吸收了不少西方欧美文化、现代艺术，那种俄罗斯情结永远会有。"

尹铁良对俄罗斯民族乐派最深的印象是在开放包容、兼收并蓄的同时坚持自我。"俄罗斯艺术的发展过程中融入了很多世界各个音乐流派的影响，却始终保持着俄罗斯的个性。对我们的音乐艺术来说，有着启发性的意义。"

格林卡是俄罗斯民族乐派的奠基人，之后是柴可夫斯基、五人强力集团。"他们的口号就是弘扬俄罗斯民族艺术。柴可夫斯基非常重视俄罗斯民间音乐研究，在创作中广泛运用民歌旋律主题，使作品具有民族气质和风格，对于斯拉夫国家的作曲家的音乐活动具有重大的民族意义。"尹铁良说，不同于欧洲音乐，俄罗斯民族乐派吸收了很多东欧、西亚的特征，气质上更接近东方和远东，与德奥、意大利音乐有很多不同。"不是所谓完全的'正统'，而是有战斗民族的剽悍、苦难民族特有的苍凉。他们的钢琴、小提琴、声乐等，尽管现在显得非常国际化，但始终保留着自己的个性，风格非常鲜明。"

中国音乐文化的发展也有着相似的轨迹。周文中在《亚洲美学与世界音乐》一文中有这样的观点：中国音乐的历史正是因不同族群间的文化交流而得以丰富，其在文化上的交互影响，逐渐改变了中国音乐的美学。中国音乐与西方音乐的现代冲突又迎来了新一轮的互融。

尹铁良说，现在经常讲国际化、多元化，国际交流渠道很多，不同艺术之间可以互相学习，取长补短。俄罗斯乐派早已融入了世界音乐大家庭，我们的民族音乐文化创造进程也方兴未艾，音乐艺术教育就是一项基础性工作。

"对河北来说，衡水学院的办学理念、师资力量、课程设置都比较靠前。学院领导非常重视学科建设，学校的音乐教育水平在不断发展提高，理论功底、教学质量都非常扎实。因为这是合作办学，如果软硬件不行，无法开展教学活动。"尹铁良说，这次合作从一开始就应该是高起点、高标准，"办学一定要办好。硬件、软件、师资、课程设置等一定要做好，稳扎稳打，逐步拓展学科领域、凸显人才的集聚效应，这所学校必将会对全国产生影响，前景广阔"。

（2020年）

衡水大地的"土酷"英雄

——访《平原上的夏洛克》部分主创人员

深冬季节,阳光透出几分苍白。在略显清冷的午后去看一场故事情节发生在夏天的电影,多少有些违和之感。幸而《平原上的夏洛克》是一部让衡水人倍感亲切的作品。不久前,与这部影片几位主演的对谈,更是充溢着温暖的乡情。

衡水人的大电影

夏日悠长,故事发生在一望无际的华北大平原上。

超英卖牛挣了些钱,翻盖老房时,乡亲们纷纷伸出援手。树河帮忙做饭,买菜途中遇车祸昏迷住院,肇事车辆逃逸。超英二话不说垫付了医药费,与好友占义一起骑上电动三轮,踏上了"追凶"之旅……

海报定义《平原上的夏洛克》是"荒诞喜剧、土酷探案电影",也有评论称这实际上更像是一部文艺片,节奏舒缓,有点搞笑、有点朋克，更多的是浪漫的诗意与温情，是"有着侠义精神的现实主义力作"。

对衡水人来说，《平原上的夏洛克》有着里程碑式的意义。

衡水籍导演，全部由衡水本土非职业演员演出，采用衡水方言，讲述衡水故事，展示衡水风情……可以说，这部电影是截至目前正式走进商业院线、衡水本地元素最多也是最为成功的大电影。

有心的观众会发现，超英盖房的地方在深州市唐奉镇宋家营村，超英暂住、树河车祸发生的地方分别是兵曹乡张村小学、大贾村，树河受伤住的医院、占义和城管周旋的汽车站都在安平县，两位主演"追凶"路上到过桃城区前进大街，乘坐的公交车上传来衡水人耳熟能详的"爱特购物中心提醒您"报站声，超英在漏雨屋顶下养的色彩艳丽的金鱼是"衡水三绝"之一……最让衡水人乃至北方人倍感亲切的，是全片独具特色的深州方言，抑扬婉转、尾音上扬，优美的乐感与不动声色的幽默和谐共生，而冀T开头的衡水车牌号码，也随着影片全国公映越来越广为人知。

《平原上的夏洛克》受到众多百姓热捧，不光是衡水各个影院，就是在石家庄、北京等地，也能在影片放映厅遇到很多衡水人，深州口音不绝于耳。主要演员徐朝英、张占义、宿树合、杨晓强等，已然成了深州的"大明星"，无论是逛商场、进饭店，还是走在大街上，甚至买个饼条都有可能被认出来，有要合影的，有要签名的……

影片"未映先火"，收获了一众业界"大咖"的好评。专家表示，影片种种幽默荒诞的情节并不是对农村生活的嘲讽，相反，展现的是农民的善良、淳朴和坚强。

这部作品不但引发了整个行业的关注，还带热了一个新词"土酷"。知名影评人藤井树说，之所以用"土酷"来形容，是因为这部电影很恰当地找到了"土"和"酷"之间的平衡。"它来源于农村，带着泥土气息，人物有着野生的智慧，可是骨子里的酷劲儿是挡不住的。这两个平原上的'堂吉诃德'像侠士一样，不管刮风下雨还是受到讹诈，都坚守着自己的道义……"

《平原上的夏洛克》斩获不少奖项。在第9届北京国际电影节成功入围创投单元，并获得"优秀制作中项目奖"；在第13届西宁FIRST青年电影展上获"最佳电影文本奖"；前些天，两位主要演员徐朝英、张占义双双入围央视电影频道M榜"最佳非职业演员表演"。

影片票房收入也是可圈可点。自2019年11月29日公映以来，《平原上的夏洛克》已收获票房近千万。虽不能与动辄上亿、数十亿的商业大片相比，但对于一个青年导演的大银幕首秀、成本60多万元的小成本制作来说，可谓大获成功。

徐朝英——有北京户口的深州农民

主角超英的扮演者徐朝英是导演徐磊的父亲。聊天中，我们捕获了一个让人有点意外的信息——这位看上去朴实诚恳甚至略显木讷的深北（深州北部）农民是北京户口。

徐朝英生于1958年，今年62岁，是家中老大，有一个弟弟两个妹妹。高中毕业后，他曾在深县（现深州市）文化馆学习绘画，和著名衡水籍北京画院专业山水画家谢永增是同学。

徐朝英的父亲曾在铁路三局工作，因为工作调动，在1979年把全家人的户口都迁到了北京。现在徐朝英的父母和弟妹们都在北京生活。

去北京时，徐朝英已经在老家订婚。结婚后，妻子被留在深州。"那时家里还有姥姥，得有人照顾。"徐朝英说。

徐磊兄妹相继出生。1985年，在北京工作6年的徐朝英辞职回到老家种地，当起了农民。他的妻子一直是农民身份，所以徐磊兄妹二人都是农村户口。

对很多人来说，到大城市生活、有个北京户口是求之不得的事情，甚至有可能是不可企及的梦想。可在徐朝英眼里，北京户口并不见得比深州老家温馨适意、实实在在的村居生活含金量更高。"一大家子都在这里呢，又有地，生活挺幸福。"后来徐朝英曾尝试给徐磊兄妹办北京户口，但相关手续的复杂烦琐让他最终放弃了。

时代在前行，城市化进程悄无声息而又步履坚定，村里的年轻人越来越少。2014年，徐朝英再次离开土地，开始承揽工程，从事建筑行业。他在深州市里买了房子，把家搬了过去。工作之余他常在家练习书法，重温年轻时的艺术之梦。

"二次进城"对徐朝英幸福指数的提高似乎是有限的。让他最不习惯的一点就是城市中相对疏离的人际关系——尽管深州只是个并不算太大的六线小城市，但与农村相比也有明显差别。徐朝英住的那幢6层楼上有12户人家，现在相互之间也没认全,更不要说往来了。"到城里这都两年了,对门住的是谁我都没见过。人们之间很少交往。见了面打招呼,'下班了?'也不知人家叫什么、住几楼,更不知是做什么的。一个单元里有结婚的,邻居们可能都不知道,除了同事同学,别人参与不上。"

现在,徐朝英每个礼拜都要回老家。村里有了红白事,"我是必到。谁家有事我也去。随份子不光礼到,我人也必须到"。其实,他本是个腼腆人,不善言辞。"尤其是在外边,不爱表现。"

重视社会关系、人际交往,这种情结是徐朝英一家人共有的。徐磊印象比较深的是,有一次母亲生病了,正赶上村里有人家"过事儿"(有红白事)。有人说你就别去了,孩子还在家里,但她说不可以。"咱家有事儿人家都来帮忙,人家有事儿咱不去?哈个(那)不行。"徐朝英说。

"我那姑娘(徐磊妹妹)结婚的时候是个夏天。咱这里有这风俗,结婚那天早上吃饺子。头天晚上包出来再坏了,好几十帘饺子,冰箱放不下。人们就说,这么着吧,早起包饺子。一般人们五点就起来忙活,接亲的六点到。我们家那次是三点就开始包。好几十号人,满院子都是包饺子的——头天夜里一点多人们才走的。要不徐磊说,家里这人与人之间的关系太让他感动了。"

对一个艺术创作者来说,原生家庭的影响是非常深刻的,这种影响在其作品中总会有所折射、体现。徐磊对故乡印象最深的,就是这种浓浓的人情味儿。

"谁也离不了老乡亲。别管谁家有什么事,整个村子的人都会来帮忙。"徐氏父子对乡村紧密的人际联系带来的温情与踏实感有种难以割舍的依恋。"这也是徐磊拍这部电影的初衷。很少有正面反映这一点的(影视作品)。"

"在农村有这么句话,咱混的就是老乡亲的日子。得有人缘,不能光顾自个儿。孩子打小就得这么教育。在村里不可能关起门过自己的小日子,'我不用人,别人也别麻烦我',哈(那)是不行。"影片另一位主演张占义也有同样的生活理念。

《平原上的夏洛克》的情节源于徐磊身边的真实事件:一位亲戚被车撞了,家人为能顺利报销医药费选择不报案,私下组成"民间侦探团"找寻凶手。有评论称,导演希望通过电影探讨"熟人社会"和"人情社会"中那些更深的情感和文化根基,表达对故土的深情、对社会问题的思考,让观众在欢笑的同时,体会到平凡人的辛酸与不易。

影片中,超英、占义想查一家店铺的监控录像,人家不让,二人打几个电话通过找熟人找关系就把问题解决了;占义的电动三轮车半夜里上不去坡,他一个电话找人来帮着推了上去,找来的这人车也上不去了,就接着再打电话——"这就是咱农村的乡土人情。"

徐朝英说,电影剧本最初的主角是父子二人,有这样的情节:父亲爱管闲事,"村里有事都去协调"。一次,一家人的羊吃了另一家的东西,被那家人打死了。两家闹纠纷,羊主人要求赔1 600元,对方只肯出1 000元。父亲说,1 400元吧,200元我给兜着。儿子不理解,回来后说他爹:"你这么爱管闲事,管就管吧,也不能往里边搭钱啊,这不是赔了吗?"父亲说,"我觉着这不叫赔,这是赚。你看,这两家哪家跟咱关系也不赖,他们要是闹仇了,对咱家也不利——跟谁行走诶?跟谁行走另外那家也吃劲。这么着两家没事了,咱们三家关系不就都好了?"

徐朝英对这种和谐高于一切的"人情经济学"非常认同。就像在电影里,其实超英并没有义务负担树河全部的医药费,也没必要不计后果地去追凶。但为了朋友、为了心中的道义,他义无反顾。

仁义的孩子——徐磊

在《平原上的夏洛克》中,树河住院医药费不够了,超英要卖掉家里的老马。好容易谈妥价格完成交易,一听说对方是"杀苍儿"(屠户),超英宁可再添钱也要把马带回家。

"超英卖马"那场戏中有这样的对话——

超英:"这马可仁义了。"

牲口贩子:"仁义又不值钱!"……

其实,在乡村语言体系中,"仁义"是善良的代名词,是人们极为看重的道德评价。令徐朝英颇为自豪的是,自己的两个孩子非常友爱。

"村里人都说,你这俩孩子仁义多(得)多了。"徐磊和妹妹相差一岁,一般家庭里年龄差不多的孩子免不了闹矛盾、有争执。但徐朝英说,从小到大这么多年,"俩孩子从没吵包子闹气红过脸,更没说过脏字儿"。

在徐朝英眼中，1982年出生的儿子徐磊是个乖巧的孩子，"小时候出去串门从不乱翻别人东西，有书就自己看"。

有了妹妹之后，徐磊曾到北京跟着爷爷生活过一段时间，直到5岁才回老家上学。爷爷有文化，爱写毛笔字，常教徐磊认字。"（徐磊）还没上学就认识好几百个字了，爷爷奶奶都特别喜欢他。爷爷领着出门逛街，问他吃什么玩什么，徐磊就说要买书。在街上看到不认识的字，他就问念什么。特别好学。"

"他看书很杂，哪一类的也看。"徐朝英说，小时候的徐磊并没有表现出对文艺的特殊爱好，除了爱看书就是看外国电影。因为有"外援"，家里条件还算不错，徐磊小时就有很多书。除了连环画，也有很多百科、文学类的书，有成套的《十万个为什么》和四大名著，现在家里还有其中的一本《红楼梦》。

因为看书过于专注，徐磊还闹过笑话。

徐朝英说，徐磊在村里上小学时，一天中午在床上趴着看书，两条腿一晃一晃的，鞋都掉了也没觉出来。上学时间到了，在妈妈的催促中，徐磊出了门，一边走一边拿着书还看。"到了学校上文艺课，老师让学生们轮流上讲台打拍子，他一上去，同学们就笑开了。老师问笑什么呢？'您看徐磊！''徐磊有什么可笑的呢？'再一看，徐磊脚上一只是球鞋，一只是拖鞋。他就这样上学去了。班主任就说，徐磊徐磊，你真是个活宝啊！"

徐朝英说，为了专心工作，徐磊现在的作息时间基本上与正常人相反，经常整晚不睡觉。"夜深人静了，他不是看书就是看电脑，要不就写东西。"

生活接地气，作品才能有想法。徐磊特别恋家。徐朝英说："他为什么对农村印象这么深，就是因为一直在这里生活，喜欢这种氛围。他考上大学才出去的，在村里读完小学到深县一中读初中、高中，每周放假都回家，现在也经常回来。有时不打招呼半夜就到家了。"

徐磊的学习成绩尤其是语文一直很好。他在2000年考入河北经贸大学工商管理专业，2004年毕业到北京上班，工作两年半就辞职了，当起了"北漂儿"。

徐磊辞职多半年之后，徐朝英才知道。"他不愿干就不干呗。"尽管现在徐朝英表现得很"佛系"，但当时父子俩是有过冲突的，毕竟在央企收入不错，"还稳定多（得）多了"。

后来徐磊又进了一家国企，半年后再次辞职。"当白领天天在办公室坐着，客户来了、上司来了，都得敬着，他不习惯。"徐朝英说，徐磊跟影视圈的人们有过接触后，就不太愿意坐办公室了。

徐磊与影视圈的交集始于租房，他最初在北京上班时住中国传媒大学教师宿舍楼，合租者有影视专业的学生。

"接触多，受影响就大。因为爱踢足球，跟他们成了好朋友，徐磊还偷着去听课，一直听了好几年。有的课是要花钱的。美国好莱坞电影导演来了，讲一节课得大几千块钱，他也去听。奏（就）迷上这个了。"徐朝英说，徐磊有了一定专业知识后，就找机会入行，最初是当摄影助理。"实际上就是给人拎包的，摄影师要什么镜头赶紧给人拿过去。拍完了，所有东西都要收起来。一天也就挣 100 多块钱。"不久徐磊成了摄影师，拍过一段时间婚庆，之后开始做编剧、导演，拍了一部 28 分钟的微电影《从台北到深北》，2013 年在 CCTV-6 电影频道播出。

徐朝英说："这片子讲的是一个台湾教师到深北支教，初心挺好，到了一看，这里非常贫困，各方面条件都很差，有点灰心。可学生们和当地村干部都对他挺好，他就回心转意留在了这里。这个片子也是用的咱深州方言，用的咱深州实验小学的学生。"他对徐磊的事业一直非常关注。

"十三太保"张占义

《平原上的夏洛克》中，超英的搭档占义性格直爽幽默，二人都有一种骨子里的"豪侠之气"。

张占义于 1971 年出生在深州镇大榆林村。他的大家族人口不少，都非常贫寒，父亲和叔叔小时曾有外出乞讨的经历。尽管如此，家族成员们还是在艰辛的生活中保持着幽默诙谐、乐观阳光的一面，从祖父那一辈就多是"豪爽重义气的性情中人"。《深州县志》中有张占义三爷爷——张毛永的记载：1918 年生人，1939 年参军，120 师战士，1941 年牺牲于平汉路。

张占义的父亲开过香坊（制作线香），改革开放后先是摆地摊，后来在村里开了家百货商店。

到了张占义这一辈，家族依旧人丁兴旺，张占义有 3 个姐姐，算上叔伯兄弟姊妹，一共 19 人。"弟兄们当中数我最小，排行十三",他也因此有了个颇有江湖气的称呼"十三太保"。

张占义从小过的是苦日子,作为家中唯一的男孩,他很小就跟着父亲在生产队里喂牲口。再大一些,放了学要去拔草,回家给牲口拌草、出棚、上垫脚,还要帮父母看店卖东西、记账,和父亲一起套驴车去县城进货。他14岁的时候,父亲身体开始不好,像挑水这样的重活儿,他也得担起来。

张占义小时候成绩不错,而且酷爱文艺,但父亲一直反对他从事表演行当,也不支持他往外走。"他说你上学成绩再好也别想高升高转,咱家就你自己,得顶门立户,能识文断字算个账就行了……"现在提起来,张占义还是有些不平。

初中毕业后,张占义辍学务农。他拉着借来的柴油机、水泵去浇地,背着沉重的喷雾器给庄稼打药,麦收季节天热得难受,身上被麦子划得又红又疼。有一次拉粮食,半路上毛驴不听话,一车麦子翻倒在狭窄的乡间小路上,他急得哭了起来……

姐姐们陆续出嫁,父亲去世,1989年张占义接过了商店生意。不久,他结婚生子,开始外出务工。先是在深州,后来去衡水,再后来去过沈阳、北京、天津,当过面点师、组装工、建筑工,卖过饼丝,承包过果园。2007年全国农业普查时,他在村里当过协管员。2009年,张占义被朋友介绍到深州市住建局,在市政工程处当临时工,后来转正到了督查部门。

生活中遭遇的种种挫折,曾一度让张占义心情郁闷,是写作帮他释放了不少压力。他在业余时间写散文、诗歌、小品剧本,二十几岁就走进了村里老年人创办的夕阳红诗社,和那些老"秀才"们有过不少交流探讨。

出演《平原上的夏洛克》之前,张占义就有一些表演经验,曾参加过晚会小品、广告片和微电影的演出录制(《桃花朵朵开》《工会乔主席》《向北深处》),由此被推荐给导演徐磊试镜。

这次的电影拍摄过程,给了他很多不一样的感受。

"拍戏真不容易,大中午没有休息过。拍夜戏,有时就是通宵。"张占义说,有时同一个镜头要反复拍好多遍,这对非职业演员来说是很大的挑战。

"职业演员演的是角色,我们是表演自己。"张占义印象最深的一段戏,是树河外甥跟超英讨要医药费的那场冲突。占义替超英出头,过去理论,言语不合,占义冲上去就要打树河外甥……"平时我也这样,看不惯就得说出来。"他说,自己在这场戏中的表现,就是出于一种本能的反应。

2018年9月初,电影顺利杀青。"一共在深州拍了28天。"张占义说,电影的后期制作又用了多半年时间。

起初,张占义对这部电影的期望值并不高。他曾问徐磊,"徐导,电影拍成了,咱们能在河北电视台上看到吗?"徐磊实话实说,自己计划在全国公映。张占义认为,徐磊是在吹牛。

2019年春天,张占义又接了一个电影。他在唐奉镇试镜,碰巧徐磊也去了:"占义哥,我跟你吹了呗?"

"没有没有,真没吹。"

那时候,《平原上的夏洛克》已经定下了档期,11月29日公映。

电影背后"那些事儿"

说到片酬问题,张占义笑而不语,徐朝英则打趣说:"非但没有,还要往里面搭钱儿哩。"

徐磊的导演事业,家人都很支持。"他娘说,没事儿!愿怎么拍就怎么拍,成功不成功的,别拿着当事。实在不行就当给你爹拍个作品吧,后辈人也能看。"徐朝英说,自己更是竭尽所能。"各方面吧,哪里咱也给他'协调',找场地、找车、找人……跑前跑后。那些乱七八糟的费用,我就给兜着了。现在这个票房其实跟咱们没多大关系了,电影已经给了影视公司,卖了100万元。后来这电影在西宁获了奖,饶晓志(监制)什么都没说,又给了20万元——徐磊也实在。人家问他投资多少,他就跟人家实话实说,一点儿不掺假。"

徐朝英的出演很偶然。最初男一号是年轻人,徐磊从北京找来两个北影毕业生,试演并不理想,剧本也因此被修改了。

"这时候,徐磊他妈就跟徐磊说,让恁爹演演吧。我说你别瞎闹了,我什么时候演过这个啊,大小节目都没演过。这是徐磊头一部作品,我再给砸了锅……我也忙,老有事。"徐磊再三说,徐朝英才答应下来,开始看剧本。

在家人的不断鼓励下,徐朝英走到了镜头前面。试了几个镜头后,徐磊说,"还是行喽,能入戏。那你就演吧。"

"一开始一人发了个剧本,按着拍。后来就没剧本了。真事儿!"张占义说,拍摄过程中,剧本还在不断修改。

"他(徐磊)改剧本,一改就是一大晚上,来不及跟演员交谈,拍起来俺们都'吃着惛'哩。"徐磊的认真敬业让做父亲的看在眼里很是心疼，更是无条件地配合支持，心甘情愿被儿子"安排得明明白白"。"他（徐磊）让怎么拍咱就怎么拍。我在这方面是外行，都听他的。"

徐磊对影片的品质有着独到的追求。"有时候演员们觉得差不多了，徐磊还是说不行，一回一回重拍。"徐朝英说，徐磊要求演员不能有表演的成分，要的就是这个土味儿、真实，"'演'就不行了，显得假。得跟平常一样"。

为了拍好那个吃驴肉的镜头，张占义不断NG，一个人几乎把好几斤肉都给吃了。"那个驴头260块钱呢！越着急他越出情况。后来俺们都说，他是不是馋肉啊……"徐朝英说到这里，张占义有点不好意思，大伙儿都笑了。

影片中，树河苏醒后在病床上点了一支烟。这本来是很短的一个镜头，拍摄时，徐朝英一共给他点了17支。"半盒烟抽完了，不够，又拿别人的。点一回不行点一回不行。拍完了树河说：'我这也就戒烟了，再也不想抽了。一回就抽对付了，晕了！'"最近，宿树合没在深州，去北京帮孩子带孩子去了。电影中，他大部分时间躺在病床上。这次采访，他又缺席了。

徐朝英是真正的素人演员，"实际上就是在演自己，本身就是这么个性格，连角色名字都没换"。影片中超英看上去波澜不惊，表情并不是很丰富，台词也不多，"我平时就这样，很少跟人大话小话这么说。尤其是公共场合，不爱发挥"。

这部电影改变了徐朝英。上映前夕，他和张占义去北京、上海参加路演，与观众有很多交流，"上了台光站着不行啊，人家提问你。后来就放开了，不拘束了，算是锻炼出来了"。

"在北京路演挺艰苦的。11月26号这天一共走了19个厅，从下午3点到晚上11点多，中间就没停，楼上楼下地走，腿也酸了，脚也很痛。"张占义说，他们在每个厅都要与观众交流互动。

徐朝英被提问最多的问题是，你一个农民怎么想起来拍电影当演员？"我说我从来没演过节目，通过这个电影，等于向全国人民推广了衡水文化和深州话。"

电影推广对徐磊来说更为辛苦。"10个城市路演，35个城市点映，徐磊每个城市都要去。"徐朝英说，那阵子徐磊几乎成了"空中飞人"，有时会一天去两个城市。

对于影片的成功，徐朝英显得很淡定。"后来我也没太拿着当事。咱这电影能在全国的院线上映，还获奖，不光是导演徐磊的骄傲，也不光是俺们演员的，我觉着是咱深州、咱衡水的荣耀。"

在深州当公务员的杨晓强是个80后。他在片中饰演一位警官，自嘲因剧本的修改"从男三号成了路人甲"，对这部电影同样有种特别的情愫。"咱衡水、咱深州是挺美的地方，自然环境优美，民风非常淳朴，以前很少用电影的方式去发掘。这下全国人民都知道了，宣传意义非常大。"

徐磊对深州方言情有独钟，演员们在拍摄时，基本上是按照深州方言口语的表达习惯来演绎的。用徐朝英的话说，就是"怎么通俗、怎么方便，俺们就怎么说"。徐磊本人在拍摄现场也是说着深州方言来调度、指导表演。"他平常也是一口咱深州话。说方言好沟通。"徐朝英说。

"用方言表达，更能充分体现咱们这里人们的直爽、善良和淳朴。"张占义深有同感，口音却在无意间朝着普通话的方向"跑偏"。徐朝英一巴掌拍了过去："说咱深州话！电影里都是这么说的。"

告别田园时代的离歌，也是新的开始

《平原上的夏洛克》问世于中国国产电影井喷之年。

——猫眼电影数据显示，2019年度中国电影总票房突破600亿大关，在年度票房排名前10位的电影中，国产电影占8部。

——据美国《华尔街日报》报道称，国产电影才是2019年中国内地总票房创新高的中流砥柱。中国本土电影获得观众高度认同，就算是好莱坞进口片密集放映，也未能抢走中国观众的心。

——《人民日报》援引国家电影专项资金办公室的数据，2019年度新增银幕8 843块，银幕总数达到68 922块。这也是中国电影银幕数的新高。

——北京电影学院教授、中国电影评论学会副会长钟大丰表示，2019年中国电影交了一份比较好的答卷，人们按照电影市场的创作规律来表现自己的思想和人们对于现实的思考。

……

有人说，电影是造梦的机器，有的梦低婉凄迷，有的梦华丽磅礴。那什么是情怀呢？是让往日重现的一缕妄想，还是让时光倒流的万分野心？每天的日出日落已是司空见惯。我们脚下的泥土,散发着熟悉的家乡味道,天地之间,有最浪漫的梦想、最美好的善良。对我们来说,这貌似庸常的平原风光,就是最有温度的诗与远方。

在影片的结束部分,朴树演唱《在希望田》之后,是一曲《夏日天长》,简单直白、余韵悠然,还有种童话般的无拘无束、天马行空。这是导演徐磊的作品,他亲自演绎。

轻烟弥漫,田野芳香,细雨落下,叶子油亮,
风吹麦浪,神秘村庄,灌木丛林,分开两旁,
白色雨衣,面貌不详,黑色雨鞋,一地清凉,
兔子洞深,豌豆藤长,绿皮火车,乘风飞翔,
刺猬请客,鼹鼠流浪,麻雀音符,蟋蟀歌唱,
荷叶雨伞,葵花拐杖,稻草人肩膀,蒲公英远方。
……

影院中,银幕上滚动着长长的演职员名单,散场的灯光已经亮起。观众并没有即刻离去,在徐磊的轻声吟诵中,仍沉浸在剧情之中,意犹未尽。那个平和安静的声音让人暂时忘却了尘俗,仿佛又回到了田园牧歌的时代。

念到"远方"二字的时候,徐磊忽然加重了语气,仿佛在告诉大家,这部电影只是一个开始,远方还有更广阔的天地,等着他去闯荡。

据说,徐磊的下一部作品打算拍摄北方的乡镇生活,片名可能是《小镇上的杜月笙》……

(2020 年)

《我和我的家乡》让"衡水"闪耀光芒

票房成绩：上映8小时破亿，16小时过3亿，10月25日超26亿！连夺20天内地单日票房冠军，猫眼评分高达9.3分……评分第一、口碑第一，《我和我的家乡》是今年院线国庆档的"票房冠军""最大赢家"，也是中国影史上第21部票房突破20亿的电影！

放映月余，热度不减。2020年11月6日，《我和我的家乡》日文字幕版登陆日本全国影院；11月7日，这部影片入围第33届中国电影金鸡奖最佳故事片奖提名！

尤其值得关注的是，继《平原上的夏洛克》之后，《我和我的家乡》再次让衡水方言、衡水人物、衡水故事在院线银幕上展示风采，让我们的家乡知名度、美誉度倍速跃升！

高手云集，星光闪耀。总监制张艺谋、总导演宁浩、总策划张一白；五个单元分别由宁浩、徐峥、陈思诚、闫非和彭大魔、邓超和俞白眉执导；葛优、黄渤、王宝强、刘昊然、范伟、张译、邓超、闫妮、沈腾、马丽……数十位一线明星参演。《我和我的家乡》创作团队被称为中国影视界的"银河战舰""梦之队"。

在这"超豪华黄金阵容"中,两位衡水籍演员让人倍感亲切——葛优、张占义。影片开篇之作《北京好人》中,他们有大量对手戏。这个故事展现了血浓于水的城乡亲情、京津冀一体化协同发展的成果以及国家农村医保政策给普通百姓带来的"真金白银"般的实惠。

"命题作文"竟如此惊艳

曾执导《疯狂的石头》《无人区》、监制《我不是药神》……一向以"黑色幽默""荒诞"为创作风格的著名导演宁浩,近来的作品多了些温情底色,让"命题作文"主旋律影片惊艳呈现。

《我和我的家乡》是2020年中宣部电影局确定的重点影片。作品采取集锦片形式,以全面建成小康社会为背景,聚焦党的十八大以来我国在扶贫、教育、文化、医疗、人民生活等方面取得的巨大成就,表现人民群众的幸福感和获得感。这部献礼之作,可谓去年"国庆档"热映的《我和我的祖国》"姊妹篇"。宁浩认为,民生问题涉及千家万户、涉及老百姓的切身利益。"家乡的变化、社会的变化,每个人都能亲身感受到。所以我们采用老百姓喜闻乐见的形式,用轻松的讲述让观众在欢乐中体验家乡的变化。"

与《我和我的祖国》以时间为轴讲故事不同,《我和我的家乡》是空间上的横向拓展,5个故事的导演分别在不同地域拍摄。宁浩《北京好人》代表华北地区,陈思诚《天下掉下个UFO》代表西南地区,徐峥《最后一课》代表华东地区,邓超、俞白眉《回乡之路》代表西北地区,闫非、彭大魔《神笔马亮》代表东北地区。这样,5个故事基本覆盖了全国"东西南北中"各地域的千家万户。

"家乡、年少时的经历,会持续性地影响一个人。每个人都是这样的,年轻时总想出去,但出去之后,又在不停地寻找回去的方式,还是需要'家'这个坐标系。"宁浩习惯以小人物为视角讲故事,把落点定位在"人"。"家和国是紧密相连的,但给人的感受又有细微不同:提到祖国,人们会觉得很宏大,有血脉偾张和自豪的感觉;而提到家乡,则特别温暖。家乡应该是更具体的关于人的描述,关乎每个个体。"《北京好人》由宁浩自编自导,取材于他的亲身经历。

几年前,一位老家亲戚到北京看病,住在宁浩家里。"这个亲戚当时很焦虑,既有对病情不确定的担心,也有对医药费太高、怕支付不起的担心。"宁浩安慰他,如果真的是钱不够,自己可以帮助。没想到,这位亲戚的态度立刻变了,在作为晚辈的宁浩面前特别拘谨,"老想在家做点事儿(干家务)"。后来知道看病的钱几乎都能用老家的医保报销后,这位亲戚态度又转变了,"一下子回到了他作为长辈的姿态上去了"。

这件事对宁浩触动很大。"原来基层的工作已经做得这么好了,让每个人的生活都有了保障。"他感觉,现在的农村医保"确实是政府办的'硬'事"。接到《我和我的家乡》拍摄任务后,便决定从这一角度讲个异乡人的小故事。

《北京好人》故事发生在北京，但宁浩认为，在中国，往前溯三代，人们都跟农村有剪不断的关系。"葛优祖籍衡水。这次我们拍摄的，就是他作为一个在北京生活工作的衡水人接待老家亲戚来京看病的故事。"

"本土型""游子型"与"山寨型"的衡水人

2020年5月，《我和我的家乡》剧组曾来河北省选角、采风，重点考察唐山和衡水两个城市。

衡水市委宣传部积极配合，第一时间组织推荐了20多位文艺工作者参加甄选。经过层层选拔，曾在佳片《平原上的夏洛克》里有过精彩表演的张占义来到了北京剧组所在地。与他同场试镜的，还有几位唐山演员。最终，张占义以松弛自然的表演和良好的镜头感脱颖而出，成为《北京好人》中的"表舅"。

宁浩说，演员的真实和质感是最主要的，张占义一直生活在农村，一看就有"表舅"的样子，"我就是看中了他身上的质朴和真实，所以请他来"。

"能和宁浩导演、葛优这样的大腕合作，很兴奋。一开始总怕演砸了，跟'葛大爷'搭戏感觉有压力，不过在拍摄过程中配合还是挺默契。"这是张占义第二次登上大银幕，他多少有些紧张。宁浩引导张占义发挥身上真实粗粝的一面，用最轻松真实的状态呈现出来，和葛优搭档，贡献了不输"影帝"的演技。

张占义的形象及表演在朴实中透出憨厚，"笑果"浑然天成，给观众留下了深刻印象。再次把衡水方言带上大银幕、进一步提高了衡水的知名度，让张占义感到非常荣幸。"能够为宣传家乡、赞美家乡作一份贡献，让我有种'为家乡代言'的自豪和骄傲。"

张占义说，葛优老家饶阳，离自己的老家深州不远，"我们有空就聊几句，像朋友一样。感觉他特别平易近人，好接触，一点儿也没有'大明星'架子"。

葛优常常被称为"葛大爷"，演技高超自不必说。1992年，他在电视剧《编辑部的故事》中成功地塑造了"李冬宝"一角后，开始"走红"。后来主演了《甲方乙方》《不见不散》等热映贺岁片、《活着》《霸王别姬》等经典文艺片……从影几十年，他不仅手捧金鸡奖，还获得戛纳电影节"影帝"称号，是许多演员和观众心目中当之无愧的喜剧之王、大腕、大咖。

葛优塑造的角色多为市井平民，在《北京好人》中也不例外。他延续《我和我的祖国》中《北京你好》单元里的角色，继续扮演"张北京"，连帽子都没换。

这一次，"张北京"不再是出租车司机，而是一位在北京生活多年的停车场管理员。他有个心愿，就是攒钱买辆专车开。不巧，衡水老家的表舅得了甲状腺瘤，急需用钱治病。张北京既舍不得借钱，又不忍心见死不救，开动脑筋想了个"歪招"，让表舅冒用自己的医保看病，由此引发了一系列让人啼笑皆非的故事。最后，张北京还是把钱给了表舅做手术。之后有个"神反转"，二人回到衡水老家，发现表舅母早就给表舅办了农村医保！

影片结尾处，张北京和表舅乘上电动三轮车风驰电掣般奔向村委会，取景构图及演员的表情神态让人感觉似曾相识——这是在致敬《平原上的夏洛克》。

《北京好人》中还有一个"山寨"衡水人——"老戏骨"杨新鸣（原籍西安）扮演的宁医生。表舅冒充张北京到医院就诊时，和宁医生有一段"灵魂拷问"式对话，既搞笑又令人心生感慨——

宁医生："哪儿人？"

表舅："北京人儿，住中央电视台对面呼家楼西里7-8。"

宁医生表情严肃："为什么要撒谎啊？"

表舅一脸错愕："您怎么知道？"

宁医生的衡水方言脱口而出："还'七杠八'……我一听你就是衡水人！"

还没等表舅反应过来，宁医生又"补了一刀"——"咱衡水人，在哪儿都不能忘了本啊！你好好一个衡水人，为啥要叫张北京呢？应该叫张衡水才对啊，是吧？"

"小故事"成功讲述"大命题"

有评论称，衡水因为这个故事彻底"火"了。以后人们提起衡水，不会再停留于衡水老白干、衡水中学，而会关注更多的衡水元素。

剧中有个桥段，表舅冒用张北京的医保卡失败，打算放弃治疗，回家"一天喝三顿蒲公英治病"。张北京"略施小计"，说手术费已经交上，用一句"人家可不退钱啊！"劝表舅就医成功后，欣慰地笑了："咱村的蒲公英算是保住了！"这句喜感十足的台词引发了网友热议："建议衡水蒲公英更名为葛氏蒲公英。为了保护衡水的蒲公英，'葛大爷'把存了几年买车的钱全部拿出来了……"

真正的衡水人会发现,《北京好人》中有个明显的漏洞,影片结尾处的几个镜头中出现了"山景"。而我们的家乡在华北大平原上,没有山。原来,受疫情影响,剧组取景地域有限,无奈之下在附近选了一个山村拍摄。

瑕不掩瑜。《我和我的家乡》用"小故事"讲述"大命题",轻松幽默中蕴含着深沉厚重的家国情怀,是一部成功的献礼影片。

《人民日报》评价这部影片:"真情描绘小康生活美好画卷,热情讴歌脱贫攻坚伟大成就,是思想性、艺术性俱佳的文艺精品,取得了口碑和票房双赢,实现了社会效益和经济效益双丰收,成为又一部现象级电影作品。影片的成功为主旋律创作带来诸多启示:一是爱国主义永远是电影创作的主旋律;二是人民是电影创作永恒的原动力;三是在以小见大中不断创新艺术表达,影片才能赢得观众的共鸣与共情。"

有网友说:"这注定不是一部平凡的电影。它是集整个中国电影之力,写给山河故土的一封动情家书,也是对这片土地上每个人一次面容清晰的记录与致谢。"据统计,北京首映礼153分钟放映过程中,全场笑声168次,不少观众哭湿了四五张纸巾,还有人在现场交流环节与葛优、张占义认老乡:"我和张占义是衡水老乡,'葛大爷'的父亲葛存壮也是衡水走出去的,咱们也是老乡啊!"

葛优坚定回复:"必须的!"

(2020年)

18 年倾心付出，源于热爱

——记衡水湖湿地守护者李宏凯

薄雾轻扬，芙蕖盛放，蛙声阵阵，鸟鸣啾啾。夏日清晨的衡水湖，充满了诗情画意，到处是勃勃生机。

被称为华北明珠、京南第一湖、东亚蓝宝石，这片华北地区单体水面最大的内陆淡水湖，是中国重要湿地、燕赵最美湿地，先后成为国家级自然保护区、国家级水利风景区、国家级水产种质资源保护区、国家生态旅游示范区。

为守护这一泓碧水、万物生灵，18 年来，衡水湖自然保护区管理处总工程师李宏凯，坚持用脚步丈量湖区每寸湿地，呕心沥血，无怨无悔。

从 2001 年开始，李宏凯每天早上天一亮就来到湖区，观察各种鸟类活动、植物生长情况以及衡水湖水质状况，记录下点滴细微变化。每天行程少则数千米，多则几十千米，无论阴晴雨雪、盛夏严冬，几乎是雷打不动。用他的话说，以前巡视湖区是工作任务,现在已成了习惯,近乎本能。

执着源于热爱。李宏凯与湖水飞鸟的情缘,由来已久。这位60后自幼生活在年画之乡,村旁曾有大片的水塘、洼地。童年时,他常常见到豆雁、喜鹊、家燕、布谷鸟……鸟儿婉转的啼鸣让他充满好奇。"这么好听的声音,究竟是哪种鸟儿在歌唱?"站在麦田中仰望天空,掠过的群鸟把他的心带向了远方,"如果人能像鸟儿一样自由翱翔,该有多好"。

李宏凯是恢复高考后的"新三届"(1977年、1978年、1979年入学的三届大学生),1978年考入河北农业大学园艺系果树专业,参加工作后在衡水地区林业局负责果树栽培管理。

1994年,衡水湖有了稳定的蓄水。李宏凯在周末骑自行车带着妻儿来到湖畔,感受湖水的清凉。他注意到,从那时起,衡水湖湿地生态系统逐渐恢复,"有了水和鱼虾,有灵性的水鸟儿就飞来了,呼朋引伴,越来越多,相关部门也重视起来"。

为加强湿地保护,衡水湖自然保护区管理处在2000年10月成立。次年,李宏凯开始从事湿地保护研究工作,观测鸟类活动就是任务之一。

这并不是李宏凯的本行。最初,他曾因分不清苍鹭和灰鹤闹过笑话。而多年过去,李宏凯已能"闻声辨鸟、看图识雏",听声音能辨别100多种鸟类,看照片能识别200多种鸟类,可惟妙惟肖地模仿出多种鸟类的叫声。他的科研成果,成为衡水湖湿地保护的重要依据。

李宏凯对科研有着无尽的好奇心和探求欲,这些年下过不少苦功夫。观测调查的过程单调枯燥,他不辞辛劳,每天扛着望远镜、照相机,拿着专业书,按照手册、图谱一一比对每种鸟类的形态特征,有的还画了下来。慢慢地,他不再拿书,甩掉了"拐杖",终于把那些飞翔的精灵牢记于心,做到了耳熟能详。

李宏凯在 18 年前就观测到了具有国际声誉的衡水湖青头潜鸭。"当时在衡水湖的记录数量不到 100 只,社会关注度还没这么高。现在这种鸟在世界上已经非常稀少,成为全球极危物种,种群数量还在持续下降,只有 700 多只,引起了国际保护组织的重视。2017 年 3 月 8 日,中外专家在衡水湖观测到 308 只,这是目前世界上观测到的最大青头潜鸭种群。"

李宏凯不仅是一位观察者,还是身体力行的实践者。在他直接、间接的影响下,国家对衡水湖湿地的保护力度不断加大。为让更多人投身湿地保护事业,他经常为中小学生和公益爱心组织成员讲课,传授湿地和鸟类保护知识及相关技能。

18 年过去了,衡水湖发生了翻天覆地的变化:围堤、围埝被彻底清除,乱排乱放、偷倒垃圾行为被打击,退耕还湿、退渔还湿,湿地水面恢复,湖泊生态系统生物链恢复,鸟类由 283 种陆续增至 324 种,水质由过去局部劣Ⅴ类达到总体Ⅲ类,大气负氧离子含量达到 4 600 个 / 厘米^3……数字是枯燥的,却又有着最为坚实的说服力。

生态环境改善,湖区开发、旅游餐饮也随着"热"起来。发展经济与生态保护该如何平衡?这个问题,李宏凯一直在思考,信念很坚定:"就像习总书记说的,绿水青山就是金山银山。保护是第一位的。我们要坚持生态优先,绿色发展,立足长远,不能短视。"

又是一个清新的早晨,李宏凯一如既往,行走在如诗如画的衡水湖畔。晶莹的露珠顺着莲梗悄然滑落,苇荡深处传来窸窸窣窣的声响,是觅食的苇莺离巢?是求偶的鸦雀起舞?……生气盎然的美景之中,这位忠实守护者坚毅的身影,是那个最有温度的焦点。

(2019年)

P3 观展

衡水市地处京畿重地，外轮廓非常像一颗心脏。这颗心坚韧顽强，充满生机与活力。曾有一度，这片土地的珠玉光华被历史的尘埃遮蔽湮没，芬芳流韵被有意无意忽略无视。2019年4月23日至5月23日，中国国家博物馆与中共衡水市委、衡水市人民政府共同主办的"文华衡水——河北衡水文化展"在中国国家博物馆举办。这是衡水市首次在国家级文化场馆举办的地域文化展，也是在国博举办的全国第一个地域文化展，对衡水和国博都具有重要的开创意义和深远影响。期间，笔者多次走进承载着华夏民族数千年文明史的圣殿——中国国家博物馆，仔细品读"文华衡水"展览，深深体会到，衡水这片神奇的土地散发的独特魅力如此令人惊艳，她深厚的文化内涵更让世界心仪向往。那些奇珍异宝、历代先贤、艺术之光、灿烂文明……足以照亮我们的灵魂深处，挺直国人的筋骨脊梁。

衡水和京津的"缘"与"情"

走进国家最高历史文化艺术殿堂、世界上单体建筑面积最大的博物馆——中国国家博物馆,相信很多人都会有种震撼的感觉。这座建筑高 42.5 米,建筑面积近 20 万平方米。中央大厅宏伟壮观,空间开阔旷远。

正在这里举办的全国第一个地域文化展——"文华衡水",这是每个衡水人的骄傲与自豪。

国博各通道口竖有介绍展板,红彤彤的喜庆底色、六子争头的年画图案、醒目的"衡水"字样,让人看着心生温暖。

国博北 4 展厅进门右手,是"文华衡水"的第一单元。伴随激动人心的背景音乐,48 秒钟的视频循环播放,介绍着衡水的地理位置、区位优势,直观形象,简洁明了。我们的家乡位于中国版图南北纵轴、东西横轴的交汇处,被誉为"黄金十字交叉处"。

"原来衡水在这里啊!"一位观众惊喜地发现,衡水和他的老家德州是邻居。

"衡水湖这么漂亮！""衡水有这么多名人！"来自全国各地的中学生们，被这个展览迷住了。

82岁的中华全国总工会退休干部蒋永清和老白干展示区工作人员王红涛认了"亲老乡"——他们都是武邑人。"几十年没回去了。我在央视上看到展览消息特意过来的，真是亲切。衡水的文化遗产这么多，太棒了！"说到动情处，老人眼中泛起泪光。他手里拿着纸和笔，一字一句记录着展览的精彩点滴，要把家乡风物留在心里。

记者刚进来时，国博策展部历史文化室主任高秀清正认真为观众作着讲解。这几天，她接待了不少老家是衡水的北京居民。"既然衡水市委市政府信任国博，我们就有义务、有责任、尽最大努力把展览办好，做得有特色。每个地域文化的充实，构成了我们中华文化的整体。"

作为中华大地的一分子，衡水与周边，尤其是与京津两地有着紧密的文化关联，渊源深厚。在地域上，北京和天津被河北包围着，你中有我、我中有你。各地之间，人才流动与文化交流频繁而密切，相互增益、相互补充。

清中后期，衡水在京津居住、经商者众多。北京琉璃厂曾有"衡水街"之称，至咸丰年间（1851—1861），衡水人在这里开设的古旧书籍、文物碑帖、印章书画，文房四宝等店铺近300家。"冀州帮""天津卫里小冀州"更是声名远播。北京的全聚德、一得阁，天津的金鸡鞋油、曹记驴肉这些全国知名的大品牌，创始人或合伙人都来自衡水；荣宝斋、瑞蚨祥、劝业场等底蕴深厚的老字号，也留下了衡水人奋斗的身影。衡商、冀商，是京畿商业文化的重要组成部分。

这次展览，琉璃厂和衡商文化是重头戏，被单独列为一个单元——"百年衡商 名满京津"。

参观完国博，我在第二天来到了久负盛名的北京琉璃厂文化街。微雨中的琉璃厂显得既古老又清新。墨香书尘中萦绕着历史的云烟，让人忍不住去探寻百年前衡水人在这里的过往与足迹。

时光流逝，很多老字号或易主或歇业，慢慢沉寂消散，如今在琉璃厂能找到的衡水印记，有孙瀛洲开的敦华斋，杜英魁开的虹光阁，王同义、梁理伯开的墨缘阁，刘际唐经营过的槐荫山房，等等。看到中国书店、汲古阁醒目的牌匾，倍感亲切。这两个地方，分别是古籍专家雷梦水、文物修复专家刘增喆的"老单位"。著名鉴定专家耿宝昌、刘九庵、刘光启等，都曾在琉璃厂当过学徒。

在琉璃厂东街99号文房四宝堂临街窗口，有一块北京京华制笔厂的牌子。这个笔厂的前身是北京制笔厂，很多侯店制笔艺人曾在那里工作。再早些，李文魁就是在琉璃厂与宫廷结缘，让侯店毛笔成了"奉上"的御笔……

最初，那些衡水人是漂泊在京津的"异乡人"。岁月无声，他们靠着自己的聪慧质朴、勤劳上进，在大城市站稳了脚跟、扎下了根脉。

命运之手翻云覆雨，衡水人也并不是一直往外走。老家在阜城的内画泰斗王习三，童年、少年都是在北京度过的，后来在特殊的年代回到了故乡。他创立的冀派内画独树一帜，不断发展壮大,已成为衡水地方文化的亮丽名片。无独有偶,衡水三绝之一的"衡水金鱼"的饲养世家("金鱼徐")、第十代传人徐立才也来自北京。现在王习三、徐立才还是一口京腔,但两家的孩子们说话已有了衡水味道。

口音转化只是地域文化交融的一个点。从地缘和情感上讲,京、津、冀本来就是一个整体。

暮春,午后一场突如其来的大雨带来了阵阵凉意。然而,我的内心充盈着暖意,素未谋面的北京制笔厂侯店艺人后代王俊得知我们来采访,特意打来问候的电话,一口清亮的京片子:"天冷多穿点儿!在北京有啥事跟我说啊,咱们是一家人!"

(2019年)

策展中的"增"与"减"

　　五一假期,中国国家博物馆迎来了比平日更多的访客,北4展厅内人头攒动、摩肩接踵。"文华衡水——河北衡水文化展"正向世人尽情展示着我们家乡衡水古往今来深厚的文化底蕴、独具特色的魅力风姿。

　　4月23日开展以来,高秀清已记不清接待了多少慕名而来的参观者。每次,她都认真作着讲解,细致周到、热情洋溢。实际上她并不是讲解员,而是国博策展部历史文化室主任,是"文华衡水"的策展人。

　　对高秀清和策展团队来说,这次展览的筹备过程可以说是一次挑战。国博和地级市的合作前所未有,没有先例模式可遵循,很多做法是摸索尝试,必须不断创新。

　　从策展理念到展品选择、布展匠心,高秀清讲述了这个在国博举办的全国第一个地域文化展的前前后后。"衡水市委市政府之所以选定国博,也是看重我们的站位与品质。我们用丰富的展品、新颖的展示让观众感受到,衡水是这么美的地方,有这么厚重的文化积淀和丰富的非遗瑰宝。"

国博北4展厅面积约1 000平方米。"文华衡水"分为6个单元——"燕赵古地·风物衡存""董子故里·名人辈出""百年衡商·名满京津""红色血脉·信念传承""民俗瑰宝·艺术之乡""时代新章·生态湖城",对于考古文物、文献资料、书画作品等以展柜、展板、视频、万花筒、3D互动、VR体验、场景复原、非遗展演等多种形式,全方位、立体式展现了衡水的悠久历史、灿烂文化、独特区位、优美生态和崭新风貌。

高秀清提到了"展厅思维"一词。"办展览一定要见物、见人、见事,用展品来说话。每摆一件文物,都是为了讲述它背后的历史。比如第二展厅那个北朝时期的绿玻璃瓶,尽管是个二级品,但非常漂亮,是展厅中的一个亮点。南北朝时期,丝绸之路畅通,西方玻璃技术和大量玻璃器传入中国。这件玻璃瓶就是当年衡水地区东西方文化交流的一个物证。"陈列柜中的"宝贝"静默无声,却用自己的存在告诉世人,1 000多年前,我们的家乡就和"一带一路"有着千丝万缕的关联。

关于展品的选择,高秀清提到了两个关键字,"增"与"减"。

"增,就是通过国博馆藏来丰富我们这个展览的文化底蕴。"高秀清说,这次展览中有52件(套)文物,其中衡水的17件(套),国博的35件(套)。"如果没有这些文物作支撑,展览的厚重感会被削弱很多。"

减,意味着有所舍弃。"安平逯家庄东汉墓壁画中车马出行图复制品是三层的图案,我们觉得用一层显得更有气势,就在第二展厅做了一个满墙的大型喷绘。"高秀清说,关于衡水的历史文化有很多著述和记载，但展厅里文字不宜过多，应该突出重点。

形式设计要为内容服务。"文华衡水"的主题墙一改常见的平面直板，采用了圆弧半月形。高秀清说，这是因为"衡水"这个称谓有流动的态势在里面。"'文华衡水'四个大字是镂空的，从后面打光，有种斑驳的书写痕迹的效果，将历史与现代、厚重与灵动融为一体。"

高秀清用"喜庆、明快、现代"6个字概括"文华衡水"展览的整体特色。"我们选用流线设计，不显沉闷；展示在一层层推进，观众无论在展厅哪个部位，视线都是通透的；6个单元，每部分都有重点，有了点、线、面，展览才丰富，才会有高潮迭起，才能引人入胜。"

策展过程中，高秀清感触良多。"我们做这种展示，包括物、人、故事、非遗、具体的活动等，都是在挖掘衡水地域的人文精神——奋发有为。从董仲舒到孔颖达、盖文达，再到王任重、李保国……他们都是不同历史时代的风云人物；还有非遗中的阎庄法帖、深州形意拳、饶阳戳脚等，都有种内在的坚韧。衡水人民总要争先啊，精气神儿必须旺。"

这个"精气神儿"，也是我们中华传统文化的精神内核之一，生生不息，让人奋发图强。

中国国家博物馆是全世界最受游客欢迎的博物馆之一。"文华衡水"在这里举办，让每个衡水人都备受鼓舞和激励。文化自信，是我们自尊、自强的底气，更是衡水人敢为人先、勇于争先的动力之源。

（2019年）

一方水土养一方才俊

这些天,在中国国家博物馆举办的全国第一个地域文化展"文华衡水——河北衡水文化展"吸引了众多关心衡水、关注衡水的各界人士。

"参观这个展览是我退休以后的一次重要文化活动,我是专程过来看的。"5月7日上午9时,中国国家博物馆刚开放,河北省人大常委会原副主任张群生就来到了北4展厅,在衡水市委常委、宣传部部长马福华陪同下,深度感受"文华衡水"展览中的衡水文化。

虽已年逾古稀,张群生仍精神矍铄、谈锋甚健。他面带微笑,一边饶有兴味地听着讲解员的介绍,一边仔细浏览每一件展品、每一块展板,不时询问、赞叹。

在精美的一级文物白釉凤首盖贴花皮囊壶前,张群生的目光被吸引住了。他驻足良久,细细欣赏,由衷地感叹古代艺人技术水平之高,以及这件风格独特的作品的烧制不易。

张群生对儒学大师董仲舒的历史贡献非常熟悉。参观"董子故里"单元时,他说,董仲舒是儒家思想的集大成者,中国的封建统治能够延续这么多年,跟他的学说有很大关系。

在武强年画展示区,张群生兴致勃勃地拿起工具,体验年画的套色印刷工艺。他说,武强年画是明清以来人们为了传递对美好事物的追求、对驱邪辟邪和自我防护的需求,创造的一种民间的艺术表达方式。现在武强年画已经走向全国,在国外的一些博物馆里都有展示、收藏。"不要小看这件事,这种传承就是锲而不舍。追求文化自信的根本就在这儿。我们通过对文化自信的追求,增强民族的自尊自强,这是不简单的事。"

张群生现在写信还是蝇头小楷,他对衡水的侯店毛笔也很关注,曾经跟一些书法家们推荐侯店毛笔。他认为,做毛笔还是应该分档次,如果总走低端,占据不了市场高点。现在重新提倡书法进课堂,这就给侯店毛笔带来了机会,希望他们能抓住大好机遇,发展壮大。

参观冀派内画时,张群生说,王习三是内画大家。冀派内画不仅精致,而且融入了现代绘画的一些技艺和表现方式,有对西方文化的一些借鉴。"习三先生和他的弟子们都非常聪慧,而且耐得住寂寞……衡水是个好地方,正所谓一方水土养一方才俊。"

张群生曾任河北省委常委、宣传部部长,一直以来,他不仅对宣传文化事业情有独钟,也对衡水的各项工作非常关注、关心。对"文华衡水",他给予了高度评价:"这个展览能够在国博这个国家最高展览殿堂办,说明'文华衡水'在国家文化事业中的重要地位。""作为一个参观者,我今天也是领略了儒家文化、现代文化和中华文明的底蕴,受到一次教育和启发。谢谢国博,也谢谢衡水为这次展览作出贡献的各位同志们。"张群生说,"文华衡水"的整个策划和展出内容都非常好,展现了衡水的过去、现在和对未来的展望。"衡水是河北省的一块儿宝地,也是全国的宝地,是全世界文化、旅游、文化遗存的一个重要的传承区域。我为这个展览能在国博成功展示感到欣慰。"

张群生发现,这次"文华衡水"在国博展出,几乎把衡水的文化元素都汇集齐了。"过去衡水的文物分散在各个县、市和省的博物馆。这次能把它们集中起来,也是作了一大贡献,让我们能够系统地了解衡水的文化传承和文化脉络。这里有我们中国古代智人的创造,有些创造甚至可能是现代的技艺都达不到的。有些'非遗'继承了中华文化的优秀部分,是当年人们为了自己的生存或精神充实,传承和延续下来的,这都是非常有意义的。"

张群生感觉最为令人振奋的,还是现在衡水的变化。"在咱们河北,衡水过去是黑龙港流域,物产不算很丰富,土地资源和水力资源也不是很好。但是现在能够有这么大的变化,能够把实力衡水、创新衡水、生态衡水、文化衡水、幸福衡水等展现在衡水老百姓乃至全国全世界人民面前,真是不得了的事儿啊!"

对于衡水的明天,张群生充满了美好的期待,更有着充足的信心。

国博门外,初夏的艳阳正映照着依依垂柳、花朵缤纷。长安街上往来穿梭的车流井然有序,来自世界各地的游人络绎不绝。我们的家乡,正在祖国的心脏舒展着动人的新姿,"文华衡水",让每个衡水人心驰神往!

(2019年)

两位"董子"在国博的"相逢"

在这次"文华衡水"展上,作为衡水人的骄傲,儒学大师董仲舒理所当然是展示的一个重点。这位衡水人的学术和主张,对中国封建社会产生了深远的影响,为中国文化乃至世界文化都作出了杰出贡献。

国博北4展厅中,昂然矗立的董仲舒塑像格外引人注目。安徽籍雕塑家程连昆创作的这件大型作品高3.8米,有金属般的质感,是费了很多周折从衡水园博园运过来的——峨冠博带、身着官服的董子,目光深邃,手持简册,仿佛正要步入朝堂,向皇帝阐述自己的治国之策。联想到他"二圣"的盛名,"天人合一""大一统""表章六经""推崇五常"等思想的影响深远……器宇轩昂、一身浩然之气的董子,让人心生敬仰。

采访过程中,马福华部长告诉记者,国博的另一个展厅正在举办"丹心铸魂"吴为山雕塑艺术展,那里也有一尊董子像,一定要去看看。

吴为山是当代中国著名雕塑家,首创中国现代写意雕塑之风，代表作有《马克思》《侵华日军南京大屠杀遇难同胞纪念馆大型组雕》等，思想和艺术价值都很高。

在国博一楼中央大厅，记者找到了吴为山的这件作品，比"文华衡水"展厅中的"董子"更显清癯，也略矮一些。仔细端详，这位发髻高耸、面容祥和的"董子"已颇有风霜之意，带着一种沧桑感。他一手微扬，一手向地，仿佛"致仕悬车"后继续下帷讲学，正在对后辈弟子耳提面命、谆谆教诲；又像是面对前来问询朝政的武帝使者，从容陈述自己的见解主张。

两件风格迥异的作品，同为现代高分子复合材料，同是创作于2017年。显然，我们的董子千百年来在国内国际的贡献、影响，得到了广泛的认同和尊崇。两位"董子"在这个国家最高历史文化艺术殿堂的相逢，绝不是偶然。

董仲舒生活在西汉极盛时期，是著名的思想家、哲学家、政治家、教育家。他自幼向学，刻苦攻读儒学经典，是当时全国为数不多的研究并传授《春秋公羊传》的学者，弟子众多。景帝时，他被推荐到朝廷，任皇帝的咨询官——"博士"。当时景帝和窦太后都信奉黄老之学，因此儒学并未受到重视。武帝继位尤其是窦太后去世后，才开始重视儒学。

元光元年（前134年），汉武帝下诏征求治国方略，在100多位对策人士中，董仲舒脱颖而出，得武帝连续三次问询。这就是历史上著名的"天人三策"。

在《举贤良对策》中，董仲舒把儒家思想与当时的社会需要相结合，吸收其他学派理论，创建了以儒学为核心的新思想体系，深得汉武帝赞赏。武帝采纳董子"罢黜百家，独尊儒术"的建议，儒学地位由此确立，并成为中国社会的正统思想，影响长达2 000多年。

出仕之后，董仲舒曾任江都易王刘非的国相、胶西王刘端的国相，晚年辞职，居长安陋巷著书修学。尽管已经"在野"，朝廷每有大事，武帝仍会令使者和廷尉前去问他的建议。

董仲舒一生著作很多。在"文华衡水"第二单元"董子故里·名人辈出"展厅陈列柜中，有明版书籍《董子繁露》《春秋繁露》，纸页虽已泛黄，但品相大体完好，沉静而含蓄地向世人展示着最初源自衡水的思想精粹、文风流韵。参观者还可以通过版画、视频、展板等其他介质，直观了解董仲舒的贡献、成就及近年来"董学"研究的最新成果。

"天人三策称圣意，董生一举天下知。"董仲舒重振孔子儒学于式微之时，被称为"群儒首""儒者宗"，其思想包含丰富的治国理政智慧，对汉代政治制度设计和中国长期统一稳定的大国政治局面产生了深刻的历史影响。

近年来，作为传统儒学的中兴与发展之地、全国知名的儒学重镇，衡水已经成为"董学"研究的高地，相关学术成果不断涌现，国际影响正在不断扩大。

"正其谊（义）不谋其利，明其道不计其功。"董子不但有着超凡的格局与思想，他的高风亮节也令世人敬重，让人为之倾倒。这一人物形象引起艺术家关注，触发了他们的创作灵感，也是自然而然的事。

自古以来，衡水就是文风昌盛之地。董仲舒有目不窥园、一心向学的坚定，孙敬"悬梁苦读"更是广为人知。赫赫有名的"十八学士"中,衡水籍的就有两个——孔颖达、盖文达。我国第一部诗歌总集《诗经》的整理编纂者之一毛苌、中国历史上第一位状元孙伏伽、被鸠摩罗什称为"东方圣人"的释道安、边塞诗人高适、类书名家李昉……都是衡水人。

名儒先贤,是一个地方的人文之光。衡水的文脉,悠久绵长……初夏时节,在承载着华夏民族数千年文明史的圣殿——中国国家博物馆,追忆古老的岁月往事、历数家乡的前辈大家,恍然间有种穿越时空的感觉。那一个个名留青史的响亮名字,不仅仅是衡水的荣耀与自豪,更是督促后辈勤学上进、不断砥砺前行的激励与鞭策。

如今的衡水为什么会是道德高地、教育高地?参观"文华衡水",那些丰富的展品、深厚的内涵,会告诉人们一个完满的答案……

(2019年)

衡水国宝的第一次聚首

精品文物是"文华衡水"展的核心,也是最耐看的一部分。我们衡水的国宝级文物第一次在中国国家博物馆集体亮相,让衡水市文物管理处副处长王晓岩和同事们感慨万千。"这些'大咖'聚到一起,而且是在国家最高历史文化艺术殿堂,真的很不容易。几十年来,它们从没团圆过。"

北4展厅展品中,参展文物有52件(套),其中属于衡水的17件(套),都是最具衡水历史特色的精品文物。7件(套)一级品(青石四面佛造像塔、白釉凤首盖贴花皮囊壶、青釉四系罐、一佛二菩萨白石立佛像、黑石豆形器、黑石熨斗架、武强年画三鱼争月墨线版),全部出自衡水本土。

"有这些文物作支撑,展览就有了实质性的观感,也增加了知识性。"王晓岩说,这些文物都是无价之宝,独一无二,具有典型的地方时代特征,体现着衡水历史发展的一些高潮阶段。因为年代、出土时间、存放地点都不一样,多年来它们一直"养在深闺"、鲜为人知。

2018年夏天，衡水市文物管理处对全市所有馆藏文物进行了一次摸排梳理（共计 16 500 件），把所有珍贵文物都作了登记，进行数据采集，包括影像、来源以及详细尺寸等基础资料的汇总。

接到"文华衡水"备展任务后，衡水市文化广电和旅游局、市文物管理处领导高度重视，第一次公开了所有文物信息，让国博专家挑选最能代表衡水地域特点的精品。

本着"优中选精"的原则，国博专家从市文管处选出的 30 件（套）中又筛选了一轮，剔除了一些题材重复、年代相近或展示有困难的，最终选中 17 件（套）。

"其实我们衡水的文物远不止这些，还有很多精品。年底咱们市博建成了，大家都可以去看。"王晓岩说。

据了解，因为条件所限难以展示的，还有故城的一件大体量的佛造像和目前全国最高的陶楼——阜城桑庄陶楼。

王晓岩和同事们不但是文物的"守护者"，还是"镖师"。为把衡水最珍贵的宝贝安全护送到中国国家博物馆，他们一路小心翼翼，真的比爱护自己的眼睛还小心、比照顾自己的孩子还用心。

"出衡水我们就走了三天。在故城、冀州、园博园（滨湖新区）、桃城区等地，把展品一样一样打包装好，然后再接着走。"王晓岩说，运输过程中最费劲的就是四面佛造像塔。这是展出文物中体量最大的一件，出故城文管所库房就花了 3 个多小时。他们一点点把塔身、塔盖吊出来，装箱不能有一点磕碰。所有内包装材料都是天然的，不能有腐蚀性，不然会对石质有影响。找的押运公司是在文博圈口碑很好的华协珍品。

一路上,文物到哪里,王晓岩和同事们就到哪里,寸步不离。到高速服务区,他们吃饭都是轮流,文物一刻也不离人。"由于交通管制,只有凌晨才能进国博。开箱、点交、上展台……这些工作都是环环相扣、按顺序进行的,必须我们、国博、华协三方全部在场。"

青石四面佛造像塔总重近 1.8 吨,基于文物和观众安全考虑,工作人员在造像塔下面做了一个台子分散承重,只展出了塔身部分。"其实塔盖我们运过去了。"王晓岩说。

文物有不可复制性和唯一性。安全第一,是最基本的保护原则。"要是保管不好,几千年传下来的宝贝有闪失,那我们就是罪人。"安全这根弦,王晓岩他们时刻绷得紧紧的。因为有事要回衡水两天,她对国博的相关负责人高秀清千叮咛万嘱咐:"(这些珍宝)一定要替我们保管好。这是您的责任,但这也是我们的命!真的,是我们几代文博人的命。"说着,王晓岩的眼圈红了。

经过不懈努力,诸多"国宝大咖"终于在国博齐聚一堂,走上"文华衡水"的展台,展示在世人面前。"那一刻,觉得挺有意义的。多年的辛苦、守护真的很值得。"

(2019 年)

文物密码中的衡水"国际范儿"

5月18日是世界博物馆日。5月13日,"大美亚细亚——亚洲文明展"在中国国家博物馆北2、3展厅隆重启幕,400多件中外文物集体亮相,追溯亚洲各文明的发展历程,展现各文明之间对话、交流、互鉴的轨迹。"文华衡水"展与这个重量级大展为邻,与世界各国的距离更近了。

自古以来,衡水就是一个文化交汇的地方。

"多元素共同作用、融合,这一特点在我们的文物上体现得很充分。"衡水市文物管理处副处长王晓岩说,商业的发展促进了东西方文化交流。1996年阜城县于小庄唐墓出土了胡人俑(这次没有展示),高鼻深目阔口,作胡人装扮,足蹬长靴,一看就是远道而来。"这说明,在唐代,我们这里东西方文化的交流就非常频繁了。"

"文华衡水"的文物中,受外来文化影响最明显的,还有那件美丽的墨绿北朝玻璃瓶和白釉凤首盖贴花皮囊壶。"这件玻璃瓶1986年在武邑南关出土，平口短颈鼓腹圆环底，可判断是吹制而成，这种工艺来自西方；故城出土的皮囊壶是唐代邢窑代表作，也是北方游牧文明与农耕文明交汇的一个体现——皮囊是游牧民族盛水盛酒的容器。"

从出土器物可以看出，北朝时期衡水的佛教已经很兴旺。"文华衡水"展出的文物中，与佛教相关的有3件，分别是青石四面佛造像塔、一佛二菩萨白石立佛像、北齐观音像。

"这个造像塔也是典型的文化交汇交融的作品，携带的元素、信息太多了，我们日后还会继续深入研究。它的年代断得比较宽泛（从北朝到隋朝），因为那个时期的很多特质在它身上都有体现。"王晓岩介绍，青石四面佛造像塔在故城一个水塘出土。专家判断，那里应该是个佛寺遗址。故城地处运河文化带，属于齐鲁和燕赵文化交界的地方，四面佛造像塔与山东青州佛教造像一脉相承。

如果仔细观察，我们会发现造像塔上面有很多损毁的痕迹。王晓岩说，这件文物出土时有碰伤，但之前已经被毁坏过，"那应该是后期灭佛的痕迹"。

王晓岩对青石四面佛造像塔有种特殊的情感。她已经护送这件珍贵的文物出过两次远门。除了这次来北京，前几年还去过台湾，参加一次特别的展览——见证佛首回归。

原供养在河北省灵寿县幽居寺塔的北齐汉白玉释迦牟尼佛像，其佛首于1996年被盗。2014年初，台湾佛光山星云大师接受了信徒捐赠的一尊汉白玉佛首。经鉴定，正是幽居寺被盗的佛首。星云大师通过有关方面联系国家文物局，希望将其捐回河北博物院。佛首回归之前，2015年，在台湾佛光山佛陀纪念馆举办了为期3个月的"佛光普照——河北幽居寺塔石佛暨佛塔宝藏艺术展"，展出了54件（组）来自河北的相关文物。王晓岩和青石四面佛造像塔就是这一传奇事件的见证者。

　　文物携带的文明密码不仅是文化交流方面的，还有经济、政治等信息。王晓岩说，故城、景县发现了皇族（高氏家族）和不少望族（封氏家族等）的墓葬，这一带的佛造像体量大、数量也多。开福寺舍利塔（景州塔）高达63.85米，是河北省仅次于定州塔的第二高塔。"这些都跟当时的地域文化发展、经济繁荣程度密切相关，说明北朝是衡水历史上的一个高潮时期。"

　　到了近现代，中外文化的交融交汇在衡水更为活跃。鼻烟是舶来品，鼻烟壶则是中国的发明，鼻烟壶内画融合了东西方文化的多种艺术门类。改革开放之后，内画泰斗王习三和弟子们开始走出国门，这门艺术也吸收借鉴了更多来自西方的技巧与审美，内涵积淀愈加丰厚。衡水内画成为首批国家级非物质文化遗产，目前冀派在国内四大内画流派中最为壮大。这次展出的22件大型系列内画作品《清代帝后像》，曾流传到海外30多年。2012年，衡水知名企业家侯荣芳历尽周折将其购回。

　　《清代帝后像》是王习三第一次进行的大型系列内画创作，是他艺术生涯中里程碑式的作品。阔别多年的重逢，曾让老人流下了激动的泪水："海外文化回流被认为是国家强盛、民族复兴的标志。看到这套作品在国博展出，我心里很久不能平静下来。"

　　这些天，"文华衡水"展厅中经常会出现异国参观者的身影。一对来自俄罗斯圣彼得堡的游客说,他们和朋友第一次来中国、来北京,在国博偶然间走进了"文华衡水"的展厅,看到精美的文物,欣赏到著名的京剧表演(荀慧生唱段视频),感受到衡水历史的悠久、文化的灿烂,衡水湖、新衡水也令他们颇感惊艳,并表示,有机会一定要去衡水看一看。

"文华衡水——河北衡水文化展",不仅是我们家乡历史文化经济发展的一次难得而充分的展示,更是一座蕴含无限可能的桥梁,连接古今中外,沟通五湖四海。联想到当下正在衡水进行得如火如荼的 2019 国际智力运动联盟世界大师锦标赛,运动员来自 49 个国家和地区,赛事产生的国际影响广泛而深远……我们的城市,越来越有"国际范儿"!

(2019 年)

王林，一个应该被擦亮的名字！

正在中国国家博物馆举办的"文华衡水"展上，与著名现代作家孙犁的展板相邻的，是关于王林的介绍。老照片上的王林，坐在书桌前执笔欲书，若有所思。

很多人对"王林"这个名字感到陌生。对孙犁和王林都很熟悉的衡水市文联原副主席胡业昌作了这样一个比喻："假如说孙犁是白洋淀，那么王林就是衡水湖。他们是抗战以来我们衡水乃至河北文学创作上的两面旗帜，是非常重要的红色作家，是伟大的现实主义作家。"

然而长期以来，王林的名字被历史的尘埃遮蔽了，甚至他自己的儿子都曾一度认为，父亲只是个二流作家。原因就在于，王林冒着生命危险写成的最重要的代表作、真实记录冀中抗战的优秀长篇小说《腹地》，在当时引发争议。现当代文学史上，没有出现我们这位老乡的名字，在很多教材和资料上，他只是一个不被重视的作家、剧作家。

"王林是我们衡水人，是'文华衡水'展中一个有分量的文人。我们应该加大对他研究和宣传的力度。"衡水学院文学院院长齐贵来认为,无论从哪个角度来说,王林都应该在现当代文学史上占有一席之地。

王林出生在桃城区赵家圈镇大柳林村的一个地主商人家庭,少年时在北京学徒、读中学,后考入青岛大学外国文学系,与臧克家是同学,他的老师有沈从文、闻一多、梁实秋等。

王林的文学创作起点很高,高二时的短篇小说处女作就在《现代小说》上发表,作家叶灵凤曾给予高度评价。在青岛大学,王林旁听过沈从文的写作课程,后受其影响创作的长篇小说《幽僻的陈庄》引起文坛关注。沈从文为其撰写《题记》,李影心、罗烽等评论家、作家都评论过他的文章,鲁迅日记中也有"隽闻(王林)寄赠《幽僻的陈庄》"的记载。

王林是作家,更是一位革命者。他1931年入党,在青岛、上海、北京、西安等地做过地下工作,曾担任青岛大学的党支部书记,组织海鸥剧社,在北京参加著名的"一二·九"学生运动。1936年"西安事变"前后,他正在东北军学兵队,创作了《打回老家去》《火山口上》《黎明》三部宣传抗日的话剧,亲自导演并参加演出,还接受过美国著名记者史沫特莱的采访。他第一个将张寒晖创作的抗日歌曲《松花江上》带到东北军学兵队,随后将其寄给北平党组织,使这首抗日歌曲在平津大地迅速传唱。

来到冀中后,王林担任火线剧社首任社长、冀中文协主任,创作了众多脍炙人口的剧本,产生了巨大影响,被称作"冀中的莫里哀"。1941年初,王林提议发起著名的"冀中一日"

写作运动，并担任组织、编辑工作，被时任冀中军区司令员的吕正操称为"冀中的活地图、活字典"。

新中国成立后，王林任天津市总工会文教部部长、天津市文联党组副书记、天津市作协副主席、河北省文联主席等职，先后出版了《腹地》《站起来的人民》和《叱咤风云》（1985年获天津鲁迅文学奖）等长篇小说，参与编辑反映饶阳五公走合作化道路的报告文学集《花开第一枝》。

在55年的文学创作生涯中，王林创作的小说及剧本共计250余部。他在抗战期间创作的《十八匹战马》，被评论家称为"军事文学经典之作"。不久前，王林长子、剧作家王端阳将这部短篇小说改编为剧本，筹划拍摄电影。

在冀中抗日战争最残酷的"五一大扫荡"期间，王林拒绝了上级领导让他撤离的安排，主动要求留在战斗一线。在坚持武装斗争的同时，王林在鬼子的炮楼下、在"堡垒户"的家中、在地道口边，冒着生命危险，即时创作了反映冀中军民团结抗日的长篇小说《腹地》——这是第一部反映华北抗日战争的长篇小说。

《腹地》在1949年出版后热销，曾再版两次。然而，1950年《文艺报》的整版文章，让《腹地》在当时引发了一些争议。很长一段时间里，王林的文学价值被低估了，直到解放军出版社在2007年重新出版《腹地》，2009年又出版七卷本《王林文集》。现在，已经有越来越多的知名学者专家开始重新关注王林、研究王林。

"文华衡水"展开幕时，王端阳来到了现场。"这是在国博举办的第一个地域文化展,对提升家乡的知名度、美誉度有着很大的促进作用。"王端阳说,王林的名字出现在"文华衡水"展览上,对相关研究工作无疑是有力的推动。"我们的地域文化研究正在不断走向深入,会有更多人知道王林、了解王林。"不久前,他刚刚出版了王林日记辑录之一:《我与孙犁四十年》。

王林的一生有种传奇色彩。记者两年前第一次阅读他的《抗战日记》时的那种震撼,记忆犹新。与某些现代文学作品不同,这本书没有"高大全""伟光正",呈现的是一个有温度的灵魂。王林是一个坚定的革命者,更是一个鲜活的生命,与你我一样,有着真实可感的情感与生活。在那些他用生命书写的文学作品中,我们不但能感知近百年前的衡水风情,还能更加深刻地认识到,冀中抗战进程是怎样的可歌可泣,又充满了多少艰难险阻——那是在衡水这片土地上真实存在过的人和事,和我们有着地缘上和血脉上的紧密联系,有着天然的亲近感。

"文华衡水"是衡水文化在新世纪全新的展示平台。在这个展览上,世人可以更为深刻全面地了解衡水的历史与现状。这个地方人文荟萃,底蕴深厚。我们的地域文化研究,还有更多课题需要继续探寻、不断拓展。

(2019年)

烽烟远去 英名永在心间

"文华衡水"展览,"红色血脉·信念传承"版块的重要性不言而喻。展厅这一部分的基调是饱满厚重的正红,这鲜血与火焰的颜色令人热血沸腾,更让我们勇敢、坚定。

"一寸山河一寸血,一抔热土一抔魂。"衡水是革命老区,在我党我军历史上,衡水籍将军达200多人。这里也是革命火种点燃的地方,是中国共产党全国第一个农村党支部、河北省第一个中共县委"两个第一"红色文化的发源地。

展板之上,一张张珍贵的黑白照片静默无声,定格了近百年来衡水大地上一个个难忘的瞬间,有可歌可泣的英雄,有惊心动魄的战斗,更有振奋人心的胜利!

弓仲韬、李锡九、王任重、刘建章、池峰城、节振国……如果不是这个展览,很多人不会知道,这些响亮的名字都出自衡水;"战斗英雄"尹玉芬、"冀中子弟兵母亲"李杏阁、"断指小英雄"温三郁……这些人们略感陌生的英烈模范,是普普通通的衡水人。他们在国家危亡的时刻,同仇敌忾、共赴国难,为国家和民族奉献出了自己的全部。

翻阅冀中抗战史料,衡水大地上曾经的过往令人动容:面对日寇的凶残暴行,先辈们义无反顾投身抗战,舍生忘死。七尺男儿自不必说,老弱妇孺也不遑多让。

"文华衡水"展上一张已经有些模糊的照片,记录下一位英雄母亲给伤员喂饭的感人瞬间。16岁嫁到安平县报子营村的李杏阁,在抗战最艰苦的时刻,不顾个人安危,在自己家里千方百计掩护抗日干部,精心护理伤员,成为村里第一个"堡垒户"。1944年,她被冀中军区授予"冀中子弟兵母亲"称号,1945年出席晋察冀边区群英会,1950年被评为全国劳动模范。

那些铁骨铮铮的英烈中间,有张稚嫩的脸庞。著名摄影记者沙飞的镜头,留下了武强县前西代村少年英雄温三郁的身影。照片旁边的墙上,陈列着他当年获得的银质奖章。

1942年,日寇在冀中进行疯狂的"五一大扫荡",环境异常残酷。1943年1月,儿童团员温三郁为保守游击队的秘密,誓死不说藏着八路军游击队员的洞口,残暴的日伪军把他双手的手指砍断了5个。

1944年12月,作为年龄最小的与会代表之一,温三郁受邀出席在保定阜平召开的、由吕正操主持的晋察冀边区群英大会,被授予"气节模范第一名"称号和一枚银质奖章。他的英雄事迹被编入小学课本:小三郁、才十三、民族气节好模范……

新中国成立后,温惠深(温三郁)在天津染化五厂工作,1966年支援三线建设去往兰州兰化有机厂,在苯胺车间当了一名普通工人直到退休。他一直很低调，不愿意给组织添麻烦，常说，比起为抗战牺牲的人们，我为抗战作出的贡献是微小的，国家给了那么高的荣誉，我一生无憾。

2018年10月29日，这位英雄在兰州因胰腺癌去世。在兰州工作生活的50多年里，工厂、邻居鲜有人知道他的光荣事迹。老人一生痛恨日本法西斯，教育子女，勿忘国耻、不忘先烈，好好工作、报效国家。

1941年的"通行证"、1947年的"衡水县政府印"、1948年的《冀中导报》、程子华撰写的《冀中平原上的民兵斗争》……"文华衡水"展柜之中一件件战争年代留下的物品告诉世人，这是一片不屈的土地。衡水人性格中"尚武安邦"四个字，是用鲜血和生命书写而成的。

今年是新中国成立70周年。在国家最高历史文化艺术殿堂瞻仰英雄们的光辉形象，崇敬和仰慕油然而生。这一个个鲜活的生命，是我们的先辈、我们的亲人。他们用自己的血肉之躯、无私无畏，铸就了大写的民族精神，是我们的筋骨脊梁、魂魄信仰。英烈们闪光的名字，还有那些无名的英雄，应该被后辈永远铭刻在心灵深处。

红色基因与厚德文化一脉相承。新中国成立后，衡水不断涌现出众多先进人物、道德模范，全国闻名。耿长锁、王玉坤、郁洛善……合作办社，成为时代的先行者；林秀贞、王文忠、吴殿华、李保国……厚德善行引领社会新风。这些熠熠生辉的名字，是衡水的荣耀与骄傲，更是衡水人的楷模和榜样。

"文华衡水"不仅仅是一次地域文化的充分展示，更是一场心灵的洗礼与道德的净化。优秀的传统文化、红色文化是民族的精神命脉,也是我们在世界多种文化激荡中站稳脚跟的坚实根基。新世纪的衡水人,秉承先辈崇德尚义之风,正在书写未来新生活更美好的篇章!

(2019年)

"文华衡水" 我们的展览永不落幕

家乡是最难割舍的地方，乡愁是最真挚的情感。对养育自己的故土家园，我们无论用怎样的言语去赞美都不为过，况且，衡水是如此令人心仪的所在——历史悠久又充满活力，儒雅温润又才情风流，威武不屈又厚德善良……

从暮春到孟夏，"文华衡水——河北衡水文化展"在中国国家博物馆这一面向全世界的平台精彩亮相。这是衡水市立足京津冀协同发展战略高度，高屋建瓴的精心筹划，站位高、视野宽、创意新，有力提升了衡水的整体形象和知名度、美誉度、影响力，进一步推动了"文化衡水"建设与文化繁荣兴盛，成功打造了衡水"国际范儿"。

350余件文物实物资料展品、千余幅图文展板及场景复原、3D互动、VR体验、现场拓印等丰富的展示手段，辅之以展览期间开展的面向社会的宣教活动，"文华衡水"全面立体勾勒出这座"生态湖城"悠久的历史、灿烂的文化、独特的区位、优美的风光和崭新的风貌，深情讲述着衡水厚重的文化积淀、独特的文明印迹,以及广阔的未来前景。

"衡水在历史上没有统一的州府建制,目前所辖县市区过去虽然各美其美,但却如同一盘散落的珍珠。'文华衡水'的一大贡献,就是用'衡水'这个线索把散落的珍珠串成了美丽的珠链,挂在新衡水胸前,作为一个整体向外界展示。这是衡水文化建设方面迈出的重要一步。"河北省政协原副主席郭华说,我们一定要珍惜自己的传统文化。"总书记讲,优秀传统文化是一个国家、一个民族传承和发展的根本,如果丢掉了,就割断了精神命脉。我们只有知道了自己从哪里走来,才能更清楚地知道去向何方。衡水市委市政府能够站在这个角度来对待我们的传统文化,珍惜爱护、广泛传播,在一定意义上昭示着衡水的经济社会发展也一定会有新的突破。"

30天的有效展期内,"文华衡水"展览接待了大约50万名来自全国各地乃至世界各地的参观者。央媒及全国各地近百家传统媒体及新媒体,持续多次对展览进行全方位、立体式的深度报道,引发了全社会广泛关注,反响热烈。

中国延安精神研究会常务副秘书长、原中央直属机关工作委员会常务副书记耿文喜是武强人,对家乡有着深厚的感情。他说,展览的内容和形式都独具特色,无论是版块设计还是实物、图片以及多媒体的运用,都让人印象深刻:"这是对衡水历史文化的一次综合性展示和系统梳理,非常成功!"

86岁的吕保森老人1948年离开冀州到北京工作,已有30多年没有回过家乡。在电视上看到展览信息后,老人在孩子们的陪同下两次专程到国博参观。"离开多年,一直怀念家乡的一草一木。通过这次展览，我更加全面深入地认识了家乡，内心充满骄傲。有机会，一定回衡水走走看看……"

来自加拿大的北京语言大学留学生马克对中国文化有着浓厚的兴趣，这个独树一帜的地域文化展览吸引了他的注意："展览很精彩！很好地展示了一个城市的历史和今天，古老的中华文明非常有魅力。有机会我要去衡水看一看。"

将一城一域的千年历史、灿烂文化，浓缩到不足千平之室，并非易事。"从大纲编撰、研讨论证、资料征集、展品核准、展陈设计到制作面世，备展过程中有大量纷繁复杂、细致入微，甚至意想不到的工作。"策展大纲衡水方主笔曹宝武说。

"看了这个展览后，更加喜欢衡水了。这里是个好地方，历史悠久，名人辈出，出好酒、出好人、出好学生！"安徽省委教育工委杨健华深有感触。

"这次展览集历史性、艺术性于一体，充分展现了衡水的历史文化、发展成就。作为衡水人，我由衷地感到自豪。希望今后能与家乡加强合作，为衡水发展贡献一份力量。"北京艺术博物馆副研究馆员靳彦乔说。

"文华衡水"不但让众多衡水人触动乡情，激发了热爱家乡、建设家乡的动力，更是为全世界打开了一扇认识衡水、了解衡水的崭新窗口，搭建起友好往来的桥梁纽带，拓展了衡水与各地文化的交流互鉴，在讲好中国故事、展示中国文化、传递中国声音方面进行了可贵的衡水探索，为坚定中国特色社会主义文化自信作出了衡水贡献。

"这次展览效果远远超出我的想象。"衡水市委宣传部副部长肖福正说,"欣喜之余,我们清醒地认识到,毕竟这是我市第一次登上国家级、世界级平台展示形象,国博也是第一次举办地域文化展览,其中有很多创新、探索,也有更多的空间和可能。今后我们将以此为契机,认真总结经验、改进工作,以更新的理念拓展更多途径、利用更好的方式宣传推介衡水,让衡水的'国际范儿'更正、更美!"

(2019年)

美丽的衡水 我为你自豪

——衡水市庆祝中华人民共和国成立 70 周年成就展备展记忆

回首 2019 年，有许多闪光的记忆铭刻在心。最难以忘怀的，是"礼赞新中国、讴歌新时代——衡水市庆祝中华人民共和国成立 70 周年成就展"。有幸参与展览筹备，种种感触似乎更深一层。

相关报道中，我们的记者写下"尺幅万里"一词，恰如其分。如果说上半年在国博举办的"文华衡水"展是"浓缩版衡水通史"，那么，这次展览可谓"精华版衡水当代史"。展览背后，是这座城市更为厚重的奋斗史、创业史、发展史，近年来优异的"成绩单"更是不胜枚举。

备展期间，工作人员一遍遍查阅梳理不辞辛苦搜集而来的一部部史、志、年鉴及大量相关资料。泛黄发脆的旧报纸，尘封已久的老照片，卷帙浩繁的各类文献……忠实记录着这座城市曾经的过往。流金岁月的珍贵记忆,让人触动心弦、感慨万千。我们的先辈,有的被写入史册、镌刻于丰碑,更多人投身于时代的洪流,籍籍无名,甘当社会的脊梁、历史的基石。他们的风骨精神,该用怎样的词汇描摹叙述?如何定义才最为确切传神?

一串串最新统计的数字、一帧帧高像素高品质的精美图片、一段段堪比"大片"的动感视频……让我们振奋之余,又有点儿"发愁",甚至一度陷入"选择困难症"的焦虑——新时代各项事业的傲人成就数不胜数,时尚亮丽的城乡新貌炫人眼目,到处都有"彩蛋",每个"点"都是精华!

海量的信息,让线索如枝蔓错综、乱云飞渡。静心沉思,渐渐万流归宗;字斟句酌,方能略述一二。

纸短情长。一座城市70年的历程,波澜壮阔、群星闪耀,有那样多的事件、人物值得后人铭记仰望……

坚忍不拔、自强不息的"衡水人"——有韧性

"衡水"本意为"漳水横流之地",历来水患频仍、资源匮乏,国家几乎没有摆放过什么大项目。我们不等不靠,"无中生有"发展产业,战天斗地致富图强。

20世纪60年代,饥荒、洪水、地震……接踵而至。面对灾难,衡水人无所畏惧,奋力抗争,每年出动数万劳动力兴修水利,"根治海河"声势浩大的劳动场景震撼人心。经过近20年奋斗,基本根除了几千年没能解决的洪涝灾害隐患。昔日的盐碱地,逐渐变成了"吨粮田"。

从占据全市国民经济的"半壁江山",到"三分天下有其二"(2018年占全市生产总值比重超过70%),衡水的乡镇企业、民营经济白手起家,筚路蓝缕,走过了"从无到有、从有到优"的发展壮大之路……

与贫困作斗争,始终是贯穿衡水发展史的一条主线。衡水可以说是一个"扶贫专区"(1962年国家复置衡水专区,就是为了便于集中治理贫困),11个县(市、区)中,有4个国定贫困县和2个省定贫困县。就在2018年,我们的6个贫困县全部脱贫……

"人定胜天"不是一句空泛的口号,而是韧如蒲苇、自立自强的衡水人,赤手空拳用苦干实干创造的伟业奇迹。有志如斯,何事不成?

敢为人先、不断探索的"衡水人"——有勇气

全国第一个农村党支部、河北省第一个中共县委,衡水"两个第一"红色传统代代相承。

新中国成立前后,我们最先锋前卫的"拓荒"者,大胆变革农业生产管理体制,从"组织起来"的探索中看到共同富裕的希望——耿长锁带头成立全国第一个"土地合伙组";安平县南王庄三户农民合作办社,被毛泽东主席称赞为"全国五亿农民的方向"。

冀衡农场是新中国第一个国营机械化农场,曾写就衡水湖农业开发史上一段空前绝后的"神话",被誉为"华北之花""新中国农垦事业的摇篮"。

1979年是改革开放后中国广告业恢复元年,中央电视台首次播出了自己制作的两条电视广告,其中之一就是当时还是社办小工厂的冀县暖气片厂的广告。创业者敢闯敢干、勇气可嘉,令人叹服!

细读一张张有着粗糙颗粒感的老照片,那些最贴近大地的人们,朴实的外表下是充满开拓精神的不羁灵魂。舍我其谁、勇于争先的特质一如既往,流淌在我们的血脉基因之中,催人上进、不断向前。

争创一流、拼搏进取的"衡水人"——有追求

"追求卓越"是衡水中学的校训。如今,我们以衡水中学为代表的一批学校闻名遐迩,被称为"衡水高中现象",基础教育领跑全国。

精益求精、不断超越,不仅仅是衡水学子的追求,更是衡水工匠、衡水产业的目标。

河北海伟集团石化公司生产的特工级聚丙烯填补了国内空白;安平县延伸丝网产业链条,成为全国重要的高铁特种玻璃产业基地;河北烨和祥新材料科技有限公司生物玉米纤维项目为国际先进技术,国内仅少数科研机构掌握……

不鸣则已,一鸣惊人。如今,我们有了越来越多的"衡水创造""衡水制造",或应用于国家重大工程,或达到世界先进水平、打破国外技术垄断,踏出国门、走向世界,成为衡水乃至全中国的骄傲!

细数着我们取得的一个又一个辉煌成就,不禁感慨,尽管衡水底子薄、基础差，但是衡水人有着不服输的劲头。勇争第一、唯旗是夺、力臻完美、更上一层楼，是我们不懈的追求。

与时代同行，勇于追梦的"衡水人"——有气魄

斗转星移，日月如梭。

进入新时代，创新引领、科技支撑、绿色发展，融入京津、携手世界……我们正踏着时代的节拍，换道超车，奋勇前进。

正如衡水市委书记王景武总结的那样："我们告别了'一穷二白'，迎来了高质量发展；告别了'小县城'，迎来了生态宜居美丽湖城；告别了相对封闭，迎来了京津冀世界级城市群中的重要节点；告别了区域整体贫困，迎来了全面小康；告别了'黑帽子'，迎来了蓝天碧水；告别了缺吃少穿，迎来了不断增强的获得感、幸福感和安全感。"

回顾历史，是为了汲取前行的力量。455万衡水人民，正在用勤劳的双手继续擘画书写前所未有的史诗篇章——所有对未知的探寻，让我们以智慧勇气思辨求索、定向导航；所有最美好的愿景，让我们用拼搏进取点石为金、幻化成真……

站在新的起点上扬帆启航，每个衡水人都是激情饱满的追梦人。奔跑、奋进、腾飞，我们永远在路上！

（2019年）

P4 阅读

《行走的思想者》后记

《衡水晚报》10年,副刊的《专栏》版面也7岁了。与兄弟媒体略有不同,我们把更多的空间留给了文学,留给了思想。

创刊之初,副刊部的日常工作进行了一段时间之后,我们通过作品和探访,对本地的作者队伍有了更多了解,发现了很多惊喜。

衡水是有大家的,他们生于斯长于斯,视野、情怀和思索却越过了家乡的平原,站到了一个没有地域局限的高度。衡水深厚的文化底蕴和丰富的现实内涵需要更好的平台来呈现。"好作者写好文章,好报人办好栏目",我们生发出"办精品、出高端"的目标和追求,计划推送更多有深度、有质量的内容,争取让衡水的文学和文化在各种轻柔浪漫的小情调之外更多地体现出冷静、睿智和通达。

"平原诗人"姚振函先生是我们本地的名家,被后辈称为"衡水文坛的灯塔",于20世纪80年代以乡土诗歌创作成名,为中国新诗发展作出了贡献。21世纪以来,他的写作方向转到了散文和随笔。《专栏》推出之前,我们曾发表过他的几篇作品,《马路牙子札记》《街景:自行车上两辈人》等,虽是老人退休后闲散生活几个片段的素描,却在字里行间透出多年积淀的深厚文学修养和灵光闪烁的生活智慧,不显山不露水的小幽默、小顽皮,又时不时地让人会心一笑、击节赞赏。登门拜访约稿时,老人家像邻家长辈一样可亲可敬,没有一点架子,也没有任何保留。他把平日积累的作品几乎全都拿了出来,让我们"随便用",其中有出版过的,也有没有出版过的。我们发现,这些作品有着与栏目定位最契合的内容和篇幅,正是我们在寻找的。因多与读书的内容相关,就用了老先生一个现成的题目名"闲读漫记"。在拍摄栏头的照片时,老人穿上了老伴亲手缝制的中式外套,朴素大方,流露出一种温情。对我们的拍片"手艺",他表示了充分的信任。遗憾的是,接下来的几年,老人的身体状态每况愈下,先是闭门谢客,后是卧床不起,最终在2015年的4月离我们而去。《专栏》上的文字,成了他的绝笔。近来整理电脑中那些文稿时,内心是疼痛的,真的像是失去了一位亲人。他越走越远,我们却不想与他挥手告别。

刘家科先生是省作协副主席,散文集《乡村记忆》曾获鲁迅文学奖,近年来致力于书法创作与研究。他8岁就跟着父亲学习书法,大学时期开始钻研书法理论。2008年,在庆祝改革开放30周年之际,我们曾做过一个《衡水文艺三十年》系列访谈,采访过他。在探讨衡水文学艺术创作现状与发展时,他提出了自己的看法和观点,表达了对文艺批评缺乏的担忧,体现出他对理论问题的重视。约稿时,他拿出了当时成稿不久的

"书法与文学"系列文章。儒雅沉静、平和冲淡的表象之下，他的文字让人看到了一个文学家、艺术家对传统文化的思考和热爱。

宋峻梁、何同桂、李书皓、柳斌、吕文梅、高洪斌……这些作者与文稿的集结告一段落之后，我们开始搜集资料，进行广泛的吸收与借鉴，酝酿打造晚报独有的、能够形成标志性模板的版面样式，让隽永的内容和精良的视觉效果相得益彰。

2010年10月20日是《专栏》的"首日秀"。我们推出的版面经过精心设计，细节之处也体现着匠心，字体采用仿宋，每篇文字都配上了作者的艺术头像、手写签名和专有栏目名称。我们力图把这种形式固定下来，长期做下去。

形式只是外表，吸引读者还是要以内容取胜。作者风格多元，写出的文章自然味道不同。我们的作者并不全是职业作家，但文字对他们来说都是生活中不可或缺的一部分。他们的趣味与涉猎领域不尽相同，《专栏》呈现出的内容非常广泛，涉及阅读写作、历史点评、艺术欣赏、文化思考、生活感悟等方方面面。有一点非常一致——他们的思索是有质量的，不是浮光掠影，也不是浅尝辄止。

后来，在衡水市作协主席宋峻梁的帮助和介绍下，河北省文联副主席大解来到读者面前。他是理工科出身，却对文字有着天然的敏感与执着，有着多年的写作经验，很多想法新奇、另类，又散发着一种独特的魅力。2015年8月，他开始在《专栏》发表"寓言"系列，成为这个版面的点睛之笔。需要说明的是，有部分《专栏》作者的作品没能收录本书之中，如火柴、张进良、绿窗等,虽然他们因为一些原因发表的作品有限,但也为丰富我们的版面作出了贡献。

成书之际,想表达的感谢很多。先要感谢我们的单位衡水日报社提供了这样好的平台,感谢领导和同事们的大力支持,让我们有机会学习很多宝贵的知识,增长阅历和经验。还要感谢衡水市作协的倾力协助,更要感谢家乡衡水,感谢这个时代……

(2017年)

《故事：改革开放四十年衡水企业家访谈录》采写感悟

《故事：改革开放四十年衡水企业家访谈录》是反映改革开放伟大成就在衡水生动实践的大型丛书，对于弘扬改革开放的时代精神、树立衡水当代企业形象、推动全市经济社会发展有重要意义。有幸参与编撰工作，采写相关稿件，对新闻工作者来说，是一次难得的体验与锻炼。

最初承担的是"衡水三绝"部分的写作任务，后来又增加了一篇，写枣强复合材料产业的领军人物——恒润集团董事长宋建国。采访过程中，那些必不可少的寻访调查、分析思索、整合归纳等工作，让人备尝艰辛，有时甚至陷入困惑迷茫。豁然开朗后，往往就是新的发现与惊喜。在与那些改革先锋深入交流时，常常会碰撞出思维的火花，收获意料之外的启发与顿悟。这样的瞬间，对今后的工作乃至人生，都是宝贵的经验和财富。

故交新知

"衡水三绝"包括内画艺术、宫廷金鱼和侯店毛笔,20世纪80年代末被成功打造为别具一格的衡水地方文化名片,先后被列入国家或省级非物质文化遗产保护名录。是改革开放让曾经沉寂的衡水特色文化产业闪耀出令世人惊艳的魅力光华。

与王习三、徐立才二位前辈相识已久——在改革开放30年之际,曾写过《衡水文艺三十年》系列访谈,其中有王习三专访《我是改革开放的受益者》;2010年,曾与友人合作,为《中华遗产》杂志写过以宫廷金鱼为题材的文章《谁知鱼之乐》。"冀派内画泰斗"王习三在艺术上不断推陈出新,苦心经营多年,成就了冀派内画的异军突起,创作队伍庞大,相关从业者众多,带动了地方经济发展,为这方水土增光添彩,造福桑梓;徐立才在寂寞中坚守宫廷金鱼养殖技艺,使之发扬光大,难能可贵。

这一次的访谈,是在一个特殊的历史节点,交流更为深入、亮点愈发炫目。暌违数年,他们又有了新的拓展、新的改变。更为可喜的是,他们各自的技艺也都后继有人、前景无限。对改革开放,他们的情感中有着不尽的感恩与慨叹。是这个有着无限生机与可能的年代,给了他们发展的机遇和空间。

改革开放的春风,让他们激发出创新、创造的热情,萌生干事创业的雄心;时代的变革,更是改写了他们的命运之书——从默默无闻到登上广阔的世界文化舞台,奏响了愈加精彩的人生华章。

柳暗花明

侯店毛笔是之前不曾深入了解的领域。多方调查采访之后发现,"侯笔"在"衡水三绝"之中历史最为悠久、地域特色最为鲜明,改革开放之初就有令人瞩目的辉煌成就,值得为之付出几个月时间、采访数十人、读书近百本、草稿十几万字。

遗憾的是,"笔乡功臣"张俊生在十几年前离世,其继任者王新斗也早已病故。虽然这两位为侯店毛笔厂作出过突出贡献的老厂长在侯店村有口皆碑,但完整勾勒出他们的人生轨迹却是道难题。茫然之际,衡水日报社原社长杨淑强不但悉心指导,亲自写下《衡水三绝的华妍转身》,还找出当年有关侯笔的新闻报道;衡水市人大常委会原副主任翟吉昌毫无保留的讲述、衡水市政协教科文卫体委同志们详尽的调研报告、桃城区政协提供的文史资料和原始档案……如雪中送炭,令人感动。

一段段讲述和来自各方的文字材料,慢慢还原了那段岁月和故事的概貌。改革开放之初,张俊生凭着自己的聪明才智、胸怀气度和无私无畏,让村办集体企业性质的侯店毛笔厂声名远播,占领国内毛笔市场半壁江山;王新斗勇于开拓进取,带领侯店毛笔厂走向鼎盛……当年侯店制笔业的兴旺发达、红火局面,村民们记忆犹新、念念不忘。

"衡水三绝"各自的发展脉络有时代的共性、自身的个性,更有着富于地域色彩的特殊性。与那些成为地方经济支柱的大企业相比,其体量并不算太大,但对于衡水来说,"三绝"有着非同一般的价值和意义,在经济标尺之上,还有着难以估量的历史、人文和社会价值，承载着衡水人的情感、记忆与乡愁。因此，在谋求发展壮大的同时，我们更要注重对其加强保护，使之得以更好地传承。

以梦为马

《故事：改革开放四十年衡水企业家访谈录》力图紧扣时代脉搏，实现衡水"企业家故事"与国家改革开放进程同频共振。从这个意义上来讲，深入了解本地的大型支柱产业及其带头人，能让稿件更有时代感。

2018年11月，在一个清晨的雾霾中，我和同事刘元一起踏上前往枣强的征途。我采访宋建国，他采访谷红军。

按照经验，一次有质量的访谈至少需要三四小时。然而宋建国说马上要去固安参加河北省工商联的座谈，剩下还不到1小时。为了不浪费时间，我提出一个略显"唐突"的方案——"在车上采访吧？"在省道上走了近3小时，采访内容基本完备。采访结束，雾霾不散，汽车始终没能驶上高速。眼看让司机送回来的计划不可行，我便在任丘换乘火车回了衡水，晚上8点的夜班也没耽误。这是效率很高的一次采访，信息量很大，收获颇丰。

过去的40年，"承载了太多人的光荣与梦想"。改革开放以来，计划经济体制向商业社会转轨，民营经济为我国发展作出了重大贡献。在充满变化与激情的大时代中，"数以百万计的民营企业在体制外壮大，在资源、市场、人才、政策、资金甚至地理区位都毫无优势可言的情况下实现了高速的成长"。

宋建国走过的历程,印证着吴晓波在《激荡三十年》中写下的这段话。

从南吉利村的家庭作坊到进军国际市场的前沿高地,参与"一带一路",融入全球化进程,宋建国靠的是敏锐的目光、精准的判断,以及勤奋、敬业与善学多思。在交谈过程中,他有关"融"与"容"的格局观,引人深思,给人启迪。

改革开放的洪流中,各方力量并不是齐头并进,事物的发展也并非直线上升。正因为曾有过那些迷惘、尴尬甚至困顿、痛苦,才让那些有胆识、有魄力的人们,在迎难而上、破浪前行之际,在以各种方式克服阻力的过程中,迸发出智慧的火花,彰显出勇气的可贵。时势造英雄。诚哉斯言!

"这部丛书是一部有筋骨、有道德、有温度的精品力作,把衡水优秀企业家的良好风貌和精神特质充分展现出来。"愿,我们通过有质量的思考、有质感的文字,不辱使命。

（2019年）

固执保守的春义 灵活变通的凤英
——解读《黄河东流去》中的一对小人物

最早接触李准获 1985 年茅盾文学奖的长篇小说《黄河东流去》是听 20 世纪收音机里的《小说连播》节目,当时被吸引住的一个重要原因是震撼于那幅惨绝人寰的流民图。多年过去,又把作品重读一遍,注意力开始转移,感兴趣的是其中算不上主角但别具风采的女性人物形象——凤英,还有曾与她患难与共却在生活的洪流中走散的人生伴侣——春义。

巨大的灾难面前个人显得是那样渺小,但生命的力量又是那样坚韧顽强。用书中一个灵魂人物李麦的话说:"投河上吊的都是傻子,一个人来到世上就得刚强地活下去!"家园尽毁,求告无门,这是一部小人物在动荡局势下的生存史。而看似平凡普通的农家女儿凤英,在重大的人生变故面前镇定自若,以自己的聪明才智、吃苦耐劳印证了适者生存的自然法则。

她的出场很有几分诗意。茫茫大水之上飘来一叶扁舟,大难当头之际，凤英被父亲送到赤杨岗未婚夫春义家完婚，为的是能与春义结伴逃难，从此相依为命。接下来的生活就没什么诗意可言了。简陋却不乏温情的婚礼过后是比平日艰辛百倍的漂泊流浪。几经周折，俩人投靠了在咸阳开饭铺卖牛肉面的同乡陈柱子，开始了他们"进城务工"的生涯。

同是被迫离开土地的农民，但由于性格与成长经历不同，夫妻二人进城后的感受与状态差别很大，也为他们日后的分道扬镳埋下了伏笔。

凤英的父亲马槐是马鸣寺街上的一个牛经纪，在村里就是个八面玲珑的生意人，耳濡目染之下，凤英的心眼也颇活泛，比一般农村妇女开通得多，用现在的话讲，思想更解放一些。在陈柱子的屋檐下，她察言观色，处处留心，以自己的勤劳与智慧为夫妻二人争取到最初的生存空间，得到在饭店帮忙的机会。凤英是个有心人，在卖力干活、省吃俭用的同时，她努力学习陈柱子的生意经，逐渐萌生了单干的想法。在时机成熟之际她自立门户，开了饺子馆，苦心经营，终于在城里站稳了脚，完成了一个白手起家的人从农民到商人的华丽转身。

与此同时，老实巴交的春义却在城里处处碰壁。他本是一个地道的农家子弟，父母双亡，伯父海老清是村里数一数二的庄稼把式。春义信奉着"千行万行，种庄稼才是正行"的人生哲理，座右铭是"宁肯黑脸求土，不肯笑脸求人"。他称得上心灵手巧、多才多艺，只读了四年小学就能写会算，能在金瓜上刻八仙过海，还能用一捆麦秆编成天坛形的草帽。可到了陌生的环境——城市，春义却变得不知所措、笨手笨脚。同样是在饭铺里,他很快就被精明的陈柱子看出来不是跑堂站柜台的料,"只会干点死活",不但没眼力,还没好脸色,居然能像吃了炮弹似的对待顾客——哪个年头顾客也是上帝,他这样怎么能吃得开呢?热心的陈柱子又张罗着帮他干卖菜的营生,同样的不成功。因循守旧捆住了春义的手脚,他对于陈柱子给他示范的卖菜"秘籍"无动于衷,只因为不能克服自己的心理障碍,张不开口去叫卖。能干的陈柱子最后也没辙了,只好找机会让他去了磨坊。

当凤英一步步明白了生意场上钱能生钱的规律的时候,春义对市场经济的认识还处于一种混沌的状态之中。对凤英的事业,他开始时基本上插不上手,还在凤英处心积虑打算自己开饭店时帮了个大倒忙。本来,凤英把准备开饭铺用的案板放在了春义工作的磨坊里,为的是暂时瞒住陈柱子——毕竟同行是冤家,况且陈柱子还对他们有恩,过早地另起炉灶会伤害他们之间的老乡情谊——春义却傻头傻脑地把案板给她送到了陈柱子的店里,几乎让她下不来台。还好凤英沉得住气,借机把自己的打算跟陈柱子摊了牌,并为今后的发展扫净了障碍。

他们的饺子铺开张了,生意还挺红火。可这样的生活并没有让春义觉得舒心,经济条件的改善与生活质量的提高没有画上等号。他在凤英几乎包揽了所有饭铺活计的时候经常吵闹,只因"他看不惯凤英脸上甜蜜的笑容,他听不惯凤英那银铃似的笑声,他更痛恨有些顾客带着贪馋的眼神……折磨着春义心灵的并不是干活的辛苦,而是嫉妒的痛苦"。在春义看来,伺候人、赔笑脸是非常不体面的,以所谓的尊严来换取剩余价值更是要不得。另外，凤英离开陈柱子单干也有失厚道。其实往深里说，是浓重的夫权思想在破坏他们本来能幸福的生活。连陈柱子都说他，"一个男子汉，心窄得放不下颗黍子"。狭隘让一个聪明人变得糊涂且笨拙，妨碍着他在城里继续生活下去。

大吵一架后春义出走了，数年后一个人辗转回到了赤杨岗老家继续种地。而从陈柱子的嘴里我们知道，春义走后凤英病了一场，也没心思开饭铺了。她又买了部机器学裁缝，赁了门面开了个小成衣店，日子也能过得去。她还惦记着春义，托陈柱子给春义带了两个金戒指。"据她说这是饭铺出兑时买的。饭铺有春义一份，这金子就算分给春义了。"再后来他们怎样了？作者语焉不详。凤英在城里应该会过得不错，凭自己的双手与头脑，她能有一份干净且体面的生活。至于是否幸福，那是另外一回事。

凤英骨子里的灵活变通使她在发生变故时能够及时调整自己去适应环境，很快能找准自己的位置与方向并为之努力奋斗，从而成为生活的强者；而固执保守使春义成为一棵会行走的植物，离开了土地，生存能力便大打折扣，在瞬息万变的现实生活面前显得力不从心。两个人的生活理念、为人处事的方式相去甚远，几乎是南辕北辙。他们不是不相爱，却没有因为相爱找到幸福，终究是件让人怅惘的事。

（2010年）

回望千年之前的大唐气象

生活·读书·新知三联书店出版的《大唐之国：1400 年的记忆遗产》是本很有质感的书，拿在手中沉甸甸的。灰绿色的精装封面、取自玄宗书法的烫金隶书大字、黑色布纹书脊两侧精致的缠枝花纹，装帧设计雍容大气，透出勃勃生机又不失沉稳庄重，与著作整体气息的贴合度相当高，让人看着赏心悦目。

到了一定年龄，对颜如玉、黄金屋渐渐无感，但对未知的探寻仍会保持兴趣，因此秉烛夜读算是人生乐事之一。有所思、有所得，常常会有意外之获。无论什么时候，提升自我都是人生的必修课。

作者葛承雍曾任国家文物局文物出版社总编辑，求学时便对穿越时空的历史碎片兴趣浓厚。1982 年读隋唐史研究生时，他曾冒雨骑着自行车从西安到渭北蒲城县考察新出土的高力士神道碑。多年的学术历程让他明白，唐朝历史已经过去 1 000 多年，史书上的事实并非历史的真实，谁也不可能知道当时历史的真实全貌。然而，他还是希望能写下留得住的文字，能更真切地了解唐代的政治与社会和大国的文化与魅力。

葛承雍认为，大唐之国开启了真正的"大中国"概念，然而，这荣耀已经成为1 000多年前的遥远历史，我们需要对其内部治理和国家管理进行长期的具体探究，为的是不再重犯大国衰落的错误。这本书，就是从个人角度看待从政治到经济的若干历史遗产的历史记忆。

有别于通常意义上的通史、断代史、编年史，《大唐之国》另辟蹊径，分8个章节以全新视角对唐代综合概貌进行梳理，讲述的层面从军事实力、经济实力、典章制度等基础框架延伸到物质文明、文化艺术、民风民俗。作者用最新的考古挖掘研究成果解析当时的宗教信仰、社会现象，具体到了人物影像、时尚潮流，甚至有解梦、祥瑞、制酒等内容，琳琅满目、包罗万象、妙趣横生。因此有评论称，这一幅幅社会图景，似乎正是唐人的某种"心灵史"。

这部作品并非说明书意义上的泛泛介绍，而是在深入剖析之后进行思索归纳，提出了自己独到的观点和看法，非常具有开拓性和启发性，令人耳目一新。比如葛承雍有这样的观点："当今学术研究不能完全钻进故纸堆中，要超越文献史书缺憾的局限性，利用考古文物新资料，采用世界的眼光、世界的思维和多民族的观察，解读唐代盛大的主流，颠覆传统的观念，提出大国际的历史理念。"这就为在文本资料阙如的现实情况下如何进行历史问题的研究探索点出了一个方向。

书中引用了大历十才子之一李端《赠康洽》中的诗句："黄须康兄酒泉客，平生出入王侯宅。今朝醉卧又明朝，忽忆故乡头已白……"这写的是当时长安胡人的思乡之情。唐代长安是当时东亚最大的政治、经济、文化中心，朝廷奉行兼收并蓄、开放包容的政策。《唐六典》记载，曾有70多个国家与唐王朝往来，每年都有大批外国人到达京城，因而长安成为民族成分和各国人种最复杂的地区，具有国际化都市的性质与色彩。

在世界文明历史上，唐帝国的世界性显得非常宽容和突出。作者指出，没有文明创新的社会无进步可言，而没有制度支持的社会文明则不可能长久。盛唐时期的中国是当时当之无愧的世界中心国家，长安不只是单纯的中国首都，还是东亚文明中心和国际化都市。它不仅仅具有开放性，更重要的是具有文明世界的优越性，即物质生活的富裕、典章制度的完善、中央朝廷的权威、军事实力的威慑，宗教理性的宽容、文学艺术的繁荣、科学技术的领先，甚至包括服饰发型的新潮。

如今我们的国家正在飞速发展，国力日增，在国际上的声音也更加洪亮有力。中华民族传统文化再次回归、复兴，我们的文化自信、向心力、凝聚力不断增强，从汉服文化流行、古风曲目大热即可略见一斑。

"纵观一千多年前盛唐所展现的一幅幅世界文明交融图，我们不是在简单地述说过去，而是在启迪未来，激发中国人的奋斗精神和迈向新世纪的信心。对我们今天与世界各种文明建立联系，共同为人类发展进步作出贡献更具有深远的意义。"正如作者所言，一个民族理应以严肃的态度、用最庄严的方式向自己的盛世致敬，苦难会给一个民族坚韧的品格，胜利则会给一个国家信心与力量。这是一个不能忘却的大国纪念，也是需要传达的铭记历史的强音。

（2018年）

一个人，一处宅，一座城

——读王安忆《考工记》

很久没有一气呵成读完一本书了。快节奏的年代，整块的时间是奢侈之物，日常阅读不可避免沦于碎片化、表层化，真正停下来思考的时候少之又少。而《考工记》能把人引入深读的境地，或许，是因为有品质的文字自带磁吸力量吧。

这本王安忆创作于2018年的作品，讲述了一个关于友谊的故事，也蕴含了作者关于文化遗产保护与传承的思考。

那是一幅从1944年延伸到2000年的上海城市平民生活画卷。旧时代的"西厢四小开"阿陈（陈书玉）、朱朱、大虞、奚子，都是世家子弟，家境出身、各自来历不尽相同，因缘际会，在少年时结下了友谊。

几个人的命运随着时代变革起伏辗转，走向大相径庭。陈书玉出走重庆，回来后自食其力成了人民教师，一生未婚，守着家里颇有来历的祖宅孤独终老；朱朱创业失败，经历牢狱之灾后带着家人移居香港；有木作手艺的大虞避到乡下，娶了一位宝钢女工，恬淡度日，寿终正寝；奚子走上革命道路，当了新政府的领导干部，在特殊的年代曾遭遇冲击，终于还是化险为夷、转危为安。

人们常说世易时移、物是人非。在漫长的时光中，几个朋友若即若离，往来远称不上亲密。而在危难时刻，他们彼此守望、相互扶持，绵长的情谊在时间的冲刷淘洗下历久弥深，实在难能可贵。岁月流逝，所有的一切渐渐归于沉寂，他们又回到了最初，互不打扰，各自安好，如同相忘于江湖。

这般隽永的故事是在城市背景下铺陈开来的。有着数百年历史的上海，亦古亦今、亦中亦西。如今，在这个现代化国际大都市的缝隙边角，仍有着各种古色古香的存在。

这本书的主旨，并不仅是在陈述几个人物的命运，还关注了当下一个重大命题——文化遗产保护。陈书玉家名为"煮书亭"的老宅，就是在城市化进程中应该被重点保护下来的历史文物。

据说，陈书玉与老宅都是有原型的。20世纪80年代中期，王安忆在上海老城区发现了一座大体还保持形制的大宅，之后便经常造访这座宅子与它的主人——一位老先生。老人不断与文博部门打交道，希望"修葺房屋，列入政府保护系列"，却不了了之，在瓦砾场里度过余生。

初看《考工记》书名，以为其中会有不少关于建筑艺术以及营造技术等方面的内容。确实有一些，但不算多，作者的叙述是克制的。另外，感觉老宅的修复也应该是个重点，然而直到终章,陈书玉仍在枯寂中等待。无论如何,他也无法凭借一己之力阻挡大厦的倾颓。

冯骥才认为,文化遗产保护远比写一部小说重要得多。因此,有评论称,《考工记》是对冯骥才这一观点的文学补充,王安忆是在借宅子的荣衰经历来思考传统文化的保护与传承。

对比之前创作的《天香》,那个讲述顾绣历史、充满温情与美丽的江南故事,同样体现出这位文学家的社会责任感,唤起人们对非物质文化遗产的更多关注。

王安忆是位集勤奋与智慧于一身的作家。资料显示,从1984年发表第一部长篇小说《69届初中生》,到2018年出版《考工记》,她在34年里创作了17部长篇小说,其中新世纪的头11年有8部,之后平均约2年一部。

在《小说的情节和语言》中,王安忆有这样的句子,"情节和语言是小说的建筑材料"。她把小说比喻成了建筑。细想也对。好的作品,其结构框架的确和亭台楼阁一样,有着秩序之美、精巧之美,读来仿佛寻幽探秘,时时会有惊喜。《考工记》的情节安排看似漫不经心,却是逻辑缜密、线索清晰,对人、事、物的描述繁简适度、收放自如,真的是"疏可跑马、密不透风"。就体量而言,整本书并不厚,只有16.5万字,说是中篇长了点,说是长篇又略短,涉及的一些历史事件只是点到为止,并未详述。那种欲语还休的况味,用这样的篇幅展现,可以说恰到好处。

王安忆的语言与她的名字相类,有种能让人静下心来的稳重,不疾不徐、娓娓道来,貌似浅白,实有深意。比如《长恨歌》开篇那些对上海街巷楼宇的描写，如同超写实风格的素描，细致入微、纤毫毕现。随着时间线的流淌，镜头徐徐摇过，旷远的气象随之升腾而起。《考工记》赓续着这种笔法，只是更为简约、凝练，让读书变得如同读画，想象空间非常开阔，种种韵味需细细体会。

欣赏高质量的文学作品是种享受。

我们很难在王安忆的作品中找到世俗意义上的圆满，总会有或多或少的残缺或者遗憾。其实，这正是生活的常态，一种最真实的存在。

（2018 年）

被切开的血管中有多少"百年孤独"

前些天马部长在宣讲党课时推荐了几本读物,其中之一是《拉丁美洲被切开的血管》,作者爱德华多·加莱亚诺是乌拉圭记者,职业和我的一样。

静夜读书,耳机音乐是最好的陪伴。《国殇》《十面埋伏》《秦王破阵曲》……中华大地上来自千百年前的杀伐之声,与这部来自遥远地球另一端的椎心泣血之作,竟莫名地契合。加莱亚诺以澎湃的情怀、诗意的笔触深入剖析拉丁美洲的悲剧发展史。这本书因其尖锐深刻触碰到了既得利益者的痛处,曾遭遇拉美右翼政府的禁令,也译成十几种文字风行世界,被奉为经典。我们今天来读,会有更多深层次的思索,当引以为鉴、引以为戒。

美洲本是一片资源丰富的大陆,曾孕育了璀璨的文明。玛雅人有先进的文字系统和卓越的天文学,印加外科医生能做开颅手术,阿兹特克人的建筑工程独特而充满魅力。然而,哥伦布"发现"新大陆,尤其是"五月花"号登陆之后,这片土地逐渐被割裂成两个世界。

在殖民者毁灭性的巧取豪夺之下，拉丁美洲沦为西方世界财富积累的源泉，矿产资源被席卷而去，曾经肥沃的大地被单一种植模式吸干了养分，满目疮痍，经济命脉被他人掌控，而原住民和被贩卖而来的非洲黑奴命运悲惨，被欺凌压榨，失去了生存空间，"哪里越是富得不能再富，哪里就越是穷得不能再穷"。直到今天，拉丁美洲仍与"动荡、贫穷"这类词汇关联紧密。

对拉美文学的了解，最初源于外国文学课堂。加西亚·马尔克斯、巴勃罗·聂鲁达、博尔赫斯……他们的小说、诗歌、散文中似乎总弥漫着一种悲怆苍凉。印象最深、看得最多的，当属《百年孤独》。曾经枯寂的岁月中，这部经典之作以其结构的繁复精巧、叙事的奇幻迷人、思想的沉重深邃，给人堪称"过瘾"的阅读体验。作品中那痛入骨髓的孤独感源于何处？《拉丁美洲被切开的血管》这本书中自有答案。

香蕉公司无情盘剥、癌症般扩张，曾经人丁兴旺的布恩迪亚家族却一步步走向凋零衰亡；奥雷良诺上校领导起义32次均告失败，霍塞·阿卡迪奥第二死里逃生、亲身经历的大屠杀被刻意抹杀……甚至奥雷良诺上校一夜之间被杀的17个儿子额头上被人刻意画上的灰十字，都能在《拉丁美洲被切开的血管》这本书中找到对应耦合的桥段——联合果品公司、甘蔗种植园主、大庄园主们赚得盆满钵溢，西方势力扶持的傀儡政权腐败残忍，印第安人原住民人口不断减少，一次次悲壮的抗争被残酷镇压……所谓的魔幻现实主义，其实一点都不魔幻，现实中发生的恐怖血腥远远超出常人想象的边界。

殖民者的掠夺毫无温情可言，却又打着文明的幌子，披上了伪善的外衣。时光流逝，资本毛孔中流淌的"血和肮脏的东西"没有什么本质上的更改，只不过是海盗的三桅大帆船一步步进化成了火车、汽车、飞机，野蛮粗放的挖矿拓荒变成了自由贸易、经济援助、金融机构、国际组织……我们周围的世界每时每刻都在发生种种变化，尽管纷繁复杂，却是有迹可循。

索飒在导读《以挑战的姿态执笔》中有这样的句子："语言只是血肉，骨子里是思想。"这位学者是著名作家张承志的妻子，也是中国社会科学院拉丁美洲研究所的资深研究员，著有《丰饶的苦难：拉丁美洲笔记》等，与加莱亚诺有过联系交往。

《拉丁美洲被切开的血管》问世于 20 世纪 70 年代，而我们得以谋面，是在纸质阅读出现式微之兆的时刻。这并不影响阅读，反倒有了一种郑重其事的仪式感。一本好书，不仅能开阔眼界、收获新知，更重要的是提升自我、修炼本真。有品质的阅读，是难得的人生体验。

随着年龄增长，所思所感已在不知不觉中有了改变，对拉美大地变幻莫测的历史政治经济，已不再是单纯的好奇、观察与探索，更多的是思考，是警醒。在这个飞速发展、随时都在发生颠覆性变革的时代，保持清醒，坚定自己的信仰和正确的方向，以及自强、自立，是多么重要的事情。

（2019 年）

如何在纷繁复杂的信息世界中保持定力和自觉

——读《新闻的骚动》

现代社会每时每刻都在产生海量信息。普通人该如何面对,新闻人要如何作为?在众说纷纭的舆论新常态下,新闻工作者如何更好地弘扬主旋律、释放正能量?广泛阅读、勤于思考,是开阔眼界、拓展思路的路径之一。

翻阅阿兰·德波顿的著作列表,从《爱情笔记》(1993)、《拥抱逝水年华》(1997)、《哲学的慰藉》(2000)、《旅行的艺术》(2002)、《身份的焦虑》(2004)、《幸福的建筑》(2007)、《工作颂歌》(2009)、《写给无神论者》(2012)……直到《新闻的骚动》(2015),大致可以看出,这位1969年出生于瑞士的英国作家思维极其跳跃,并不曾专注于某一领域深耕细作。他博览群书、视野广阔,以独特视角、细腻笔触,竭尽所能向读者传递着自己对特定事物的理解与感受。正如某评论所言,

"阿兰·德波顿绝不是一个卓越的小说家、散文家,也不是一个伟大的哲学家,但却是一个绝佳的诠释者和解读者。"

《新闻的骚动》不是一部古板严肃的理论专著,更像是天马行空的随笔,轻灵跳脱、睿智的小火花四处飞溅,不到 8 万字的篇幅,读起来让人感觉沉重的部分占比有限。这本书大致将新闻划分为 6 种类型:政治、国际、经济、名人、灾难、消费,作者以此为基础细分新闻的功能作用,并从观察者的角度表达了自己对新闻的态度与观点。

学过几年英语会发现,*The News: A User's Manual* 似乎译为《新闻:用户手册(或使用说明书)》更为直白。不过"手册""说明书"这样的词汇显得缺乏想象,于是译者越过了词汇本身的局限,直接奔向书籍的主旨核心。的确,普通人面对纷繁多变、层出不穷的各类新闻信息,很难保持无动于衷、冷静淡定,大多会有所触动、为之不安。在《新闻的骚动》一书中,阿兰·德波顿写下颇有诗意的语句,从多个角度和层面阐释新闻的"力"与"量"对个体产生的冲击和影响——

"新闻致力于向我们呈现所有被认为最罕见和最重要的世事……并非只在单纯地报道全球事件,而是根据自己内定的轻重缓急,不断在我们脑海里刻画全新的世界";"正式教育一结束,新闻就成为我们的老师。新闻奠定公共生活基调、塑造我们对于外部群体印象的最强力量";"新闻不但在影响我们对现实的感受,也在雕刻我们灵魂的状态(此处的灵魂与超自然无关)";……

在读者中传播度相对广泛的是这一句:"查阅新闻就像把

一枚海贝贴在耳边,任由全人类的咆哮将自己淹没。借由那些更为沉重和骇人的事件,我们得以将自己从琐事中抽离,让更大的命题盖过我们方寸前的忧虑和疑惑。"在阿兰·德波顿看来,"新闻的骚动已经渗透到了我们内心的最深处"。

"新闻就像文学和历史,可以担当'人生模拟器'这种最重要的工具,将我们带入各种人生场景,让我们体验日常生活之外的情境。"作者的描述很传神。然而,当我们的注意力完全被外部世界层出不穷、纷繁复杂的信息带走,内心观照与从容淡定便无从谈起。"我们的生命承载着种种幽闭负担,比如与自我共处,比如不断向世界证明自己的潜力,比如费力地说服身边寥寥数人倾听我们的想法和需求。而新闻尽管多有负面,却恰能帮助我们解脱上述负担。"阿兰·德波顿的结论是,新闻是内省的敌人。"以当代新闻的规模和普遍性而言,粉碎我们的独立思考能力不是难事。"

作为普通人,如何在信息的海洋中保持清醒?阿兰·德波顿强调,"要想实现充实的人生,必须具备这样一种能力:能体察新闻从何时开始不再具备原创或重要的教育功能。在这些时刻,就应该终止与陌生人止于幻想的关联,明白余生苦短,而自己的目标尚待完成。"

还有一点更为重要。那就是如何尽快从代入体验中抽离出来,由感性认知过渡到理性研判,超越事件本身,在更为宏观的维度审时度势,对所见所闻加以辩证分析、科学决策,适时适度进行应对。"必须看到'新奇'和'重要'的范畴虽有重合,却仍有关键的区别。"分清轻重缓急,行事才会章法有度、迅捷高效。

现代社会生产的海量信息经常是泥沙俱下、鱼龙混杂。阿兰·德波顿对不少新闻作品持批评态度，而在对高质量新闻佳作的欣赏中，则表达出对新闻工作本身的理解和对新闻从业者的关注。"优秀的新闻图片能将冗长的主题浓缩成几幅影像"，"理想的新闻机构会认真担当抽丝剥茧和深入浅出的重任……提炼与浓缩些微希望，以帮助国家在艰难中披荆斩棘、开创未来"。

做出好的新闻并不容易，需要进行艰辛且复杂的劳动。阿兰·德波顿用几个快速切换的镜头传神地勾勒出新闻工作者的付出，给人印象深刻：记者在雨中坚持3小时苦等政要的只言片语，冒险追踪叛乱者只为报道非洲局势；编辑常常工作到黎明，字斟句酌，为确定合适选题而苦思冥想……"新闻要求记者具备耐心、勇气和吃苦精神。"而我们对新闻工作者的要求是具备"四力"——"脚力、眼力、脑力、笔力"，锻造过硬素质、过硬本领、过硬作风，这样的表述显得更接地气。

在各种新闻类型中，阿兰·德波顿对经济新闻投入了更多关注与思考。他认为，经济新闻的终极责任是"探索更美好的世界，让我们的职业生活能少点焦虑与伤害、多点保障和意义"。而如何做到这一点，作者强调了"方向感"的重要性："完美的新闻服务应该在剖析实事的同时，勇敢传递理想，阐明支撑社会的经济原理。新闻应具备良好的方向感，怀揣经济乌托邦的愿景，以建立繁荣且文明的社会为目标，既关注金钱本身，又关注金钱的正确目的——营造满足、公平、慷慨、美好和善意。"

作为新闻工作者,我们会对作者的新闻观格外注意。"媒体很难中立,也不应该中立";"新闻调查的出发点,应该是尽力改善现状的愿望……在揭露社会恶行、攻击现存缺陷的同时,新闻也不应忘记:构建美好、宽容和健全的社会愿景也同样重要"。阿兰·德波顿是一个西方作家,对新闻及文字工作者的态度立场也有这样的认识。反观我们身边那些迷失方向的所谓文人,实在让人失望,其不当言行造成的社会危害不容小觑,应当引起警惕和注意。

正如习近平总书记所说:"准确、权威的信息不及时传播,虚假、歪曲的信息就会搞乱人心;积极、正确的思想舆论不发展壮大,消极、错误的言论观点就会肆虐泛滥。"新闻舆论阵地的重要性不言而喻。作为新时代的新闻工作者,心中的罗盘决定了笔下文字的方向,"为了谁、依靠谁",可以说是一切工作的前提和要务,职责与使命一刻也不能忘记。

如何做到守土有责、守土尽责?这就要求我们时刻保持警醒,优质高效做好本职工作,及时适时提供更多真实客观、观点鲜明的信息内容,牢牢掌握舆论场主动权和主导权,像习近平总书记强调的那样,"主流媒体要敢于引导、善于疏导,原则问题要旗帜鲜明、立场坚定,一点都不能含糊"。

(2019 年)

读画五则

邢路生油画《收获》中的衡水农民形象

蓝天骄阳之下的田地里满是金黄色的麦茬,几位农民正在结算收割机的租金,他们的神态中有几分劳作之后的疲惫,更多的还是丰收带来的喜悦和幸福……衡水籍画家邢路生入选第五届全国青年美术作品展览的油画《收获》创作于2015年,以写实的手法描绘了华北平原农村夏收时节具有代表性的一个瞬间,浓墨重彩地塑造了当代衡水农民的淳朴形象,讴歌了他们的善良与勤劳。

这幅作品画面上丰富的细节,包括人物服饰,巧妙地透露出时代信息与地域特征。响亮明快的用色准确呈现出劳动环境的燥热与艰苦,却没有沉重压抑之感,而是传递出蓬勃的生机与满满的正能量,深深吸引着观众,极富感染力。

邢路生热爱衡水风光无限的大平原,经常骑着摩托车深入田野村庄去采风。他用油画这种西方的艺术形式表现中国传统的农耕文明,从深厚的生活积累中提炼出丰富而典型的多种题材,不遗余力地描绘着衡水的农村、农民,关注他们的生活和精神世界。他的作品常以和悦的暖色为基调,塑造的人物大多是健康、结实的普通农民,以纪念碑式的构图表达对家乡父老乡亲的赞美和敬意。邢路生用手中勤奋的画笔赞美着新时代的幸福与希望,以高超的艺术水准将其展示给国人、展示给世界。

乡间擂台

衡水是王焕青的第二故乡,他生命中很重要的一段时光——少年、青年时期都在这里度过。这个城市,在他的记忆中如诗如画。王焕青曾多次在自己的作品中表现关于衡水的种种回忆,表达对第二故乡的深深眷恋。《乡间擂台》是王焕青的早期作品,创作于20世纪80年代初。作品带有马蒂斯野兽派的痕迹,粗犷简洁,意象鲜明。画面上是一场热闹的北方乡村运动会,无声的画面传达着有形有声的喧嚣场景,古老传统的锣鼓唢呐与充满活力的现代足球比赛相映成趣,女运动员的清新形象和鲜活动态体现得淋漓尽致。这一题材的选择及王焕青的表现手法,恰如其分地体现出改革开放为中国带来的蓬勃朝气与无限生机。

东风

衡水学院美术学院青年教师、画家冯皓毕业于河北师范大学美术学院油画系,曾在中国艺术研究院油画院进修,硕士,现为河北省美术家协会会员,九三学社社员。

《东风》(布面油画,120 cm×150 cm)创作于2017年秋,取材于陕西靖边的陇上风光,构图简洁、色彩明艳,空间感、纵深感强烈,寥廓高远。当时,冯皓陪家人刚结束在美国1年的国际汉语教学任务回国,自驾旅行一路向西。某天清晨路遇浓雾,幸而很快风起雾散,灿烂阳光冲破天边棉垛似的浓云直射而下,如舞台追光般照耀在壮阔的高原之巅,远处地平线上的风力发电机直插云霄。中近景有在建的高铁桥墩,在千里林海冒出头,蜿蜒连成完美的弧线,通向远方……作为一名80后,冯皓亲历了祖国的腾飞,见证过一个个荣耀时刻,旅行所见的壮美的大好河山激发了他的爱国之情、自豪之感,画笔定格的瞬间再现了黄土高原面貌一新、生机盎然的生态画卷,生动展示了祖国日新月异的蓬勃发展及前景无限的美好未来。

龙虎山风景

龙虎山是道教发源地。这里属于典型的丹霞地貌,千峰竞秀,美轮美奂。泸溪河水清莹碧透,在隽美的群山间静静流淌。两岸风光神奇迷离,恍然世外。2016年,刘延明来到这里做展览时,看到这里独具特色的山势风景后有感于心,创作了《龙虎山风景》这幅写生作品。

刘延明近年来的作品以人物为主,单纯的风景写生较为少见。然而他一直以来都非常关注自然与人的关系,是一个坚定的环保主义者。在他的创作中,对环境的思考与观照一直贯穿始终。

在《龙虎山风景》这幅画作的创作过程中,刘延明在使用油画技法的同时,创造性地融合了传统中国画的用笔方式,构图上则采用了传统国画山水的表现手法。画面上的天空被处理成平面,没有云,天空色彩也没有司空见惯的远近变化,类似于传统国画中的留白处理,恰如其分地体现出江南地域气质中的典型特征——空灵与清澈。作品融传统与现代、东方与西方、厚重与灵动为一体,极具表现力和吸引力。

农家有喜讯

国画《农家有喜讯》(1.7 m×2.0 m)设色淡雅,构图简洁,绘画手法属兼工带写的小写意笔墨,各种细节元素在体现浓郁生活气息的同时,无声地讲述了一个情趣盎然的小故事。画面场景是一处农家院落的日常,画中老两口已是白发苍苍,简单且干净得体的衣着体现着劳动人民勤俭持家的朴实本色。地上待收拾的半盆土豆、老人手里正在进行的竹器编织,说明他们虽然年事已高却仍在坚持劳作。画面左方的小竹椅上斜放着一部手机,老奶奶满面喜色俯身到看上去有些耳背的老爷爷耳边,仿佛刚刚放下电话就迫不及待向老伴大声讲述远方儿孙传来的喜讯。老爷爷手上活计不停,嘴角、脸上却是掩饰不住的温暖笑容。画面左下角蹲坐的小狗望着主人,好像也在摇着尾巴分享着一家人的喜悦……画中对联中的"小康"字样、传达喜讯的手机和出现在北方农家的南方晒秋大竹匾等,在体现年代信息的同时,也折射出当代中国南北交融、互联互通的飞速发展进程。作品以小见大，构思巧妙、刻画细致，极为生动地描绘出人们对新生活信心满满、充满希望的精神面貌，展示了新时代新农村的新气象。

这件作品创作于2016年，历时近1月。作者安汝杠，艺名安工，1963年生于衡水市饶阳县，曾就学于清华大学美术学院。现为饶阳县美术家协会主席、河北省内画工艺美术大师、中国工艺美术学会会员、中国工笔画学会会员、中国美术家协会会员，多次应邀在国内外参加文化交流活动，作品多次入选国家级画展，入编《中国书画通鉴》。

（2021年）

P5 阅评

把握"双奖"契机 讲好衡水故事
——衡水日报社"飞天奖""星光奖"颁奖活动宣传报道亮点纷呈

"飞天奖""星光奖"是中国政府对国产电视剧、广播电视文艺节目的最高表彰奖项。颁奖盛典是大众及各级媒体关注的焦点,对承办地的形象宣传、文化引领、经济促进等方面都有着重要意义。为把握有利契机、讲好衡水故事,在衡水市委市政府高度重视和有力领导下,在市委宣传部统筹谋划、科学调度、精心指导下,衡水日报社闻令而动、全力以赴,不断创新出彩,报网微端全面发力,充分发挥全媒体矩阵的快捷传播广泛辐射作用,在各个平台设置个性化专栏、专题,组织策划了一系列融媒体产品,围绕"双奖"活动进行了全方位、立体化、多角度、持续性重点宣传报道,成功营造了浓厚的宣传氛围,浓墨重彩地展示了衡水的良好形象。

一、超前谋划、专题研究、随时调度

衡水日报社领导高度重视"双奖"盛典活动报道工作,社长总编靠前指挥、统筹协调,按照市委宣传部有关指示精神,多次召开专题会议进行安排调度、周密部署。报道方案几经修订完善,力求精益求精、科学周密,具体工作细化落实到人,确保优质高效做好各项宣传工作。

衡水日报社创新工作模式,打破部室界限,成立了专项宣传活动工作组,建立微信工作群,选派精锐骨干力量组建"双奖"专项报道团队,涵盖日报记者部、晚报社会新闻部、摄影部、新闻网、新媒体等部室主任和高水平一线记者,确保24小时沟通顺畅。报社领导多次召开会议强调,要求全体采编人员提高政治站位,精心策划、选准角度,采访之前准备充分、做足"功课",务必圆满完成各项报道任务。

在这次大型宣传报道活动中,衡水日报社除了精心打造传统平面媒体常见的消息、通讯、综述、评论、专访等文字及图片作品外,还创新推出了众多短视频、海报等新媒体产品,"爆款"频出、亮点纷呈。

二、规定动作质量并重、及时高效

以2020年9月23日第一次新闻发布会报道为标志,"双奖"盛典宣传报道活动迅速启动,没有经历预热和过渡,短时间内即形成较高宣传热度和密度,至28日达到最高潮。衡水日报社及时跟进报道相关工作进度,精心策划采写的预告消息、深度报道以及实时图片、短视频等作品陆续登场,各环节工作高质量有序推进。

按照策划要求，衡水日报社记者起草撰写了反映"双奖"落地衡水的背景、过程、意义及影响的综述性新闻通稿《"飞天""星光"耀湖城》，严格按照策划方案时间节点在新媒体优先推送、次日由报纸刊发头版头条的要求，最大限度提升了重头报道的传播效果。

《"稳"字当头"进"字为先——我市经济高质量发展综述》讲述面对疫情大考，全市上下顶住压力、攻坚克难，经济发展呈现平稳健康、向上向好态势的艰辛历程。侧记《大美衡水迎来高光时刻》鲜活生动，忠实记录颁奖典礼盛况，给读者带来"身临其境"般的感受。特写《"红色百灵鸟"再次响彻湖城夜空》以武强县生产、驰名全国的"红色百灵鸟"钢琴为切入点，展示了近年来文化衡水建设的成就及此次盛典筹备者付出的心血。专访衡水籍文化大家张和平的《乡音乡情最难忘》，著名雕塑艺术家、中国美术馆馆长吴为山的《在衡水平台讲好中国故事》，通过颁奖嘉宾、国家级文化学者的视野角度，展望衡水文化发展的未来方向，传递温暖人心的家国情怀。评论《展示衡水形象 建设经济强市》开宗明义，全面总结了颁奖盛典对衡水发展的积极意义和深远影响。

衡水日报社精心策划的5个衡水宣传片构思精巧、视觉冲击力强、网络"吸粉"量大。自9月24日至28日晚，短短5天时间，报社共制作发布6部原创短视频作品（《"飞天奖""星光奖"颁奖典礼9月28日在衡水举行》《属于衡水的高光时刻即将到来》《精彩飞天 星耀湖城｜记者带你看现场》《精彩飞天星耀湖城丨记者探班彩排现场,太惊艳了!》《精彩飞天 星耀湖城丨颁奖典礼进入倒计时,记者带你看红毯》《为了飞天星光,"红色的百灵鸟"又一次飞回衡水》),精心制作了"精彩飞天 星耀湖城"多幅主题海报及创意互动海报作品《因为……爱上衡水这座城》。此次创作作品主题鲜明、制作精良、反响良好,成功展示了衡水好形象,讲述了衡水好故事。

为做好9月28日颁奖盛典当晚的宣传报道,衡水日报社在事先精细策划的基础上,重磅推出高质量采写的消息主稿《第32届"飞天奖"第26届电视文艺"星光奖"颁奖典礼在衡水举行》,配发评论《展示衡水形象 建设经济强市》、侧记《大美衡水迎来高光时刻》、相关图片以及一批新媒体作品,均以极快速度实现了高效刊播、多渠道广泛推送,把整个宣传活动推向高潮。

三、自选动作出新出彩、全媒体平台亮点频现

在"双奖"宣传报道活动中,衡水日报社记者发挥主观能动性,主动作为、善于发现,及时调整思路,加班加点工作,围绕"双奖"盛典活动自主创作了大量作品,内容新颖、形式多样,扩大了颁奖活动影响,取得了良好社会效果。

"双奖"活动期间,衡水日报客户端开屏换成"双奖"海报,开设了推荐专题"花开衡水",本着移动优先、快速发布的原则,第一时间推送多篇内容丰富、编排新颖的优质作品。报社微信公众号(衡水日报、衡水晚报、衡水头条)、衡水新闻网、微博、抖音、快手等共同发力,形成传播矩阵。

在衡水日报微信公众号上刊发的《飞天舞动 星光作证!3

天后衡水将万众瞩目》，图文并茂，在发布"双奖"信息的同时介绍衡水市历史、文化及自然美景等，重点宣传地方特色，当天阅读量突破 1 万+。《精彩飞天 星耀湖城｜记者探班彩排现场，太惊艳了！》在新媒体平台综合点击量达到 50 万+。

在此期间，报社工作人员放弃周末休息，不眠不休加班近 20 小时完成《13 张海报｜衡水，原来你这么美！》制作工作，成功展示了衡水市各县市区发展建设成果及衡水人积极向上的精神风貌，作品点击量迅速达到 1.2 万。立意新颖的长图《衡水图鉴》，把衡水比作奋进的少年，以人物介绍的形式，穿插衡水市美景图和手绘图，从衡水历史、衡水美食、衡水景区及衡水举办的重大活动赛事，生动而全面地展示了衡水形象。

配合"双奖"盛典活动报道，衡水日报社精心制作 7 条短视频在抖音和快手平台同时发表，抖音账号的浏览点击量近 800 万、关注量达到 100 万+。快手账号的浏览关注量近百万。

9 月 28 日晚"双奖"红毯仪式开始后，衡水日报社做好前方拍摄与后方编辑无缝衔接，自当晚 6 时许，在官宣微博平台持续发布 20 多条明星走红毯精彩瞬间、颁奖盛况及幕后花絮，单条点赞量最高达到 2.2 万，评论 1 500 多条，编辑与粉丝互动人数达 1.6 万人，当晚吸粉 1 000 人左右。截至 9 月 29 日上午 11 时，衡水日报社新媒体平台推送的作品，单条点击量最高达 200 万+，总点击量达到 3 000 万+。多部作品点击量达 40 万+，其余平均点击量均超 1 万+，充分展现了衡水日报社全媒体平台的传播力、吸引力、影响力。

四、锻炼队伍，提升采编人员业务能力和综合素养

"双奖"活动大型宣传报道既是考验也是锻炼。在全市新闻中心的统一调度下，衡水日报社采编人员树立"一盘棋"思想，团结一心、协同作战，将各类信息有序衔接、高效整合，采、编、发各环节无缝对接、配合默契，编辑记者不辞辛苦、不计得失、通宵工作，在战场上锻炼、在锻炼中成长。

为做好"双奖"宣传报道，衡水日报记者部选派精兵强将深入一线。9月28日晚，记者李雅洁、李国涛、张向南完成前方采访后即刻赶回报社，撰写"双奖"颁奖典礼消息、侧记以及关于红色"百灵鸟"的稿件。为了选择一个好的切入角度，为了拟定一个出彩的标题，为了不放过红毯及颁奖典礼中的每一个生动的细节和亮点，为了全面展现"双奖"带给衡水人民的惊喜和惊艳，记者们加班加点、精雕细琢，深夜12点多还在电脑前奋笔疾书，成稿后第一时间交给新闻中心审定，并按照有关领导意见反复斟酌推敲，不断修改完善，最后定稿已近凌晨2点。衡水日报客户端、各微信公众号、衡水新闻网等平台随即在重要位置高效率集中推送，形成了全方位、多层次、多角度的宣传效应。

为做好颁奖嘉宾人物专访，市委宣传部与衡水日报社上下一心，协调联动。9月28日下午，衡水日报社记者在嘉宾驻地成功采访"金牌制作人"张和平。之后随即转战"双奖"活动新闻中心，兵分两路，一名记者整理张和平专访稿件，当晚完成《乡音乡情最难忘》一稿的写作刊发；另外两名记者在市委宣传部领导大力帮助下，多方联系雕塑家、中国美术馆馆长吴为山，反复协商采访时间和地点，最终确定盛典结束后在艺术

中心贵宾室进行采访。看到衡水市委宣传部部长马福华准备已久的《文以铸魂》(吴为山艺术理念及创作随笔)一书,吴为山既高兴又意外,采访得以顺利进行。随后,他为衡水写下了"上善若水,衡水永善"。午夜,记者旋即投入稿件写作及视频制作,及时在衡水日报客户端推出了融媒体产品《在衡水平台讲述中国故事》,后续完成《如何活化心中的董子形象》《塑民族之魂 聚前行之力》等深度报道。

此次报道活动中,衡水日报社采编人员发扬新闻工作者的优良作风,主动出击、认真作为,加班加点策划、创作,一丝不苟贯彻落实上级指示精神,取得了良好的宣传效果。同时,也体现出衡水日报社深耕融媒体改革转型,全媒体采编人员求新求变的高水平业务能力、综合素质及敬业精神。

【阅评结语】

2020年度"双奖"颁奖典礼是历年来衡水市承办的最高层次、最大规模的文化活动。衡水日报社积极创新求变,优质高效推出系列深度报道、相关图片、海报及小视频等融媒体产品,大力宣传全市经济、社会、文化、生态、城建等领域的成就和优势,全方位展示了衡水深厚的底蕴积淀、日新月异的城乡面貌及发展活力和潜力。这些新闻产品通过全媒体平台进行多渠道网络刊播,达到即时快捷、受众广泛的良好效果,对进一步提升衡水市的知名度、美誉度和开放度起到强有力的推动作用。

(2020年)

"内容为王"是新媒体创作的终极原则

——"我们的小康生活"短视频大赛观感之一

不久前,中共衡水市委宣传部主办、衡水日报社承办的"我们的小康生活"短视频大赛成功举办,来自全市各县市区的主流媒体、融媒体中心的17件短视频作品各展风采。

作为河北省第一个实现全市县级融媒体中心全覆盖的地市,衡水市近两年不断推进融媒体改革向纵深发展,这次赛事就是一次"专项拉练"。其中,上乘佳作的精彩亮点令人惊艳,个别不成熟作品的"槽点"也暴露出种种问题和不足,正如市一级巡视员、市委宣传部部长马福华说的,"大部分作品都在关注人们物质生活的改变,但对于精神文化层面的关注普遍缺失"。

一、建设小康社会,文化的力量不可或缺

文化是一个国家、一个民族的灵魂。我国即将全面建成小

康社会，这也意味着人民对美好生活的向往已经日益发展到物质需要和精神需要等的综合性满足，且精神文化的需求日渐占据重要位置。

此次参赛作品中，文化元素的"出屏率"并不是很高。给人印象相对深刻的是衡水日报社作品中的剪纸、武强融媒体中心作品中的乐器和冀州融媒体中心作品中的编绳，本土地域特征、文化底蕴符号还没有得到充分展示和强化。这与创作团队对文化元素的理解不够深入相关。

小康社会有着广泛的内涵与外延，包含整个中国社会的方方面面，绝不仅仅是指"脱贫攻坚"和贫困群众物质生活的改善。社会在不断前行发展，越来越注重精神层面的文化软实力建设。窄化"小康"概念，无形中限制了创作题材、素材的选择范围，导致作品内容、风格与表现手法等出现不同程度的同质化、雷同化。

党的十九届五中全会提出，到2035年把我国建成文化强国，国民素质和社会文明程度达到新高度，国家文化软实力显著增强。同时，把"社会文明程度得到新提高"作为"十四五"时期经济社会发展的主要目标之一，对"繁荣发展文化事业和文化产业，提高国家文化软实力"作出战略部署。因此，新闻作品采制上，我们应该放开眼光和胸怀，以更高的视角和站位深入观察生活、客观反映生活，在更广阔的视野中寻觅汲取丰富的素材营养，进行深度加工、创新创造，彰显文化自信。

二、新媒体作品创作，核心内容建设亟待加强

从概念上说，短视频是指在各种新媒体平台上播放的、适合在移动状态和短时休闲状态下观看的、高频推送的视频内容，融合技能分享、幽默搞怪、时尚潮流、社会热点、街头采访、公益教育、广告创意、商业定制等主题，时长从几秒到几分钟不等。由于内容较短，可以单独成片，也可以成为系列栏目。

这次赛事中暴露出一个问题，即媒体工作者对短视频概念的认知出现偏差，将其简单理解、等同于新闻短片，导致部分作品出现主持人频繁出镜、解说字幕过多、凝练度不够等问题，不得不说是种遗憾。

从技术角度讲，此次参赛的各融媒体单位很多都掌握了无人机航拍、滤镜变换、微距摄影、特效合成等多种技术，对硬件投入及技术方面的创新非常重视。然而，炫酷斑斓的视觉效果虽容易在短时间内吸引眼球，但经典作品的成色，更多体现在厚重深沉的主题、内容和直指人心的人文关怀、内心观照上。创新绝不仅限于新器材、新技术的应用开发，其内核仍然属于信息载体、文化传播工具，是我们党新闻舆论宣传的新阵地、新闻媒体发展的新方向。内容，永远是一个成熟环境下最稀缺的东西。因此，融媒体传播体系的灵魂和根本是内容建设，也是亟待提高的核心要务。

三、找准方向、精准发力，为创作精品力作潜心蓄能

融媒体改革进入深水区，新媒体作品创作还有很多全新的领域尚待开垦。如何充分运用新的工具、形式，将党的理论观

点、社会主义核心价值观等进行有效传达、有力强化，制作推出以短视频为代表的、适应互联网传播的、有创意有影响的精品力作，是新媒体人必须掌握的业务技能。一是加强前期策划、增强编导意识，用"故事"体现精神。有句话是"不着一字，尽显风流"。如何做到举重若轻，在自然而然中感动受众，不但是"体力活儿"，也是个"技术活儿"。如果表达不自然、过于刻意，表现出浓重的"宣传味儿"，自然难以吸引受众。为此，我们要在前期策划和采访环节做足功课，找准选题、精心"备课"，采访深入细致，以视频形式全程记录。将素材充分消化吸收后，在制作环节精心剪辑，将鲜活生动的画面配以洗练的文字、恰当的音效，有效提高完播率、转播率、点赞率，使作品符合新媒体传播规律。二是构建全新语言体系，立体打造传播手段。在融媒体平台更好地讲述衡水故事，需要不断突破自我，加快转型互联网思维，创造性运用音画元素，构建全新的视听语言体系，立体打造传播手段。要不断进行调查研究，学习借鉴如抖音、快手、西瓜、梨视频、腾讯、"二更"等平台"爆款"作品的成功经验。同时，不断强化规则意识、版权意识，尊重每个劳动者。三是强化政治意识、大局意识和终身学习意识。优质内容建设的核心是人。如何跟上新时代日新月异的潮流节奏，不断开拓新的舆论阵地、宣传领域，及时更新"故事"的讲述方式，出新出彩且不"跑偏""出圈儿"，关键是要不断强化媒体从业者的政治意识、大局意识和终身学习意识。我们不是刻板僵化的复读机，而是能够充分运用专业技能优势，不断"吸粉""圈粉"的讲述者、"新网红"。因此，在加强硬件投入的同时，要更加注重人才培养，打造"敢做事、会做事、有拼劲、用心思"的新闻工作者队伍。

【阅评结语】

围绕中心、服务大局，在重大主题宣传中不断创新表达方式，是新闻媒体的职责所在。为了让党的声音传得更远，我们必须紧跟时代，切实强化守正创新意识、全媒体意识，健全互联网思维，全方位提升业务素质与能力。正如习近平总书记所说的那样，"要把提高作品的精神高度、文化内涵、艺术价值作为追求，让目光再广大一些、再深远一些，向着人类最先进的方面注目，向着人类精神世界的最深处探寻，同时直面当下中国人民的生存现实，创造出丰富多样的中国故事、中国形象、中国旋律，为世界贡献特殊的声响和色彩、展现特殊的诗情和意境"。

（2020年）

短视频音乐如何规避潜在风险

——"我们的小康生活"短视频大赛观感之二

"七分音乐、三分画面",或恬淡宁静,或欢快流畅,或气势恢宏,或激昂高亢……短视频作品中的音乐元素对气氛烘托、情绪调动、情节推进、主题升华等,起着至关重要的作用。然而,配乐环节对短视频制作者的综合素质要求较高,目前存在不少问题。

在这次衡水市举办的"我们的小康生活"短视频大赛中,17件参赛作品绝大部分使用了BGM(背景音乐)。这些短视频中使用的风格各异的背景音乐的原创者大多是知名度不高的外省青年音乐制作人,还有的作品来自日本、法国。但据了解,在这些背景音乐中,通过正规途径获取授权使用的并不多。

一、音乐作品也有政治性

对衡水市各县市区融媒体中心来说,日常工作中制作短视频需要大量使用BGM，如何进行筛选应用，本身就是一个难题。先不说艺术效果、审美之道，如何规避其中潜在的各种风险是首先要考虑的问题，必须引起足够的重视。

随意使用音乐作品很容易踏入"误区""雷区"，甚至引发更为严重的舆情后果——因为音乐也是有政治性的，只是因为这类艺术作品相对小众，其中的问题比较隐蔽、不易被发现，如何对其进行识别，对我们的综合业务能力挑战更大。

诗言志，歌咏言。孔子认为，音乐不仅是娱乐和表情达意的方式，还是传递思想、道德、伦理主张的重要形式，可以渗透到育人、教化、治国之中。他评价《诗经》（其中作品当初都是配乐的歌词）"一言以蔽之，曰'思无邪'"，曾说"郑声淫，佞人殆"。音乐作品的创作有其特定的历史背景，词曲含义都属于意识形态范畴。人们耳熟能详的《鬼子进村曲》源自肖斯塔科维奇的《第七交响曲》。抗战时期张寒晖、聂耳、冼星海、麦新等爱国艺术家创作的《松花江上》《义勇军进行曲》《黄河》《大刀进行曲》等，鼓舞了人们的士气，激发起全民族的抗战斗志。近年来涌现的《龙的传人》《我和我的祖国》《爱我中华》《精忠报国》《红旗飘飘》《从头再来》《真心英雄》《海阔天空》等励志歌曲，振奋人心、传播正能量，进一步凝聚了全国人民昂扬向上的爱国之情和拼搏进取的前进力量。

反之，不良音乐作品、反面典型必须引起我们的警惕。有些貌似前卫另类的摇滚、说唱、"口水歌"等的歌词三观不正，甚至脏话连篇；二战时期的纳粹军歌一度在各音乐平台泛滥，曾被央视点名批评；《苏州夜曲》（日本侵华时期拍摄的电影《支那の夜》插曲）在电影《宋氏三姐妹》中被误用为慰劳国军的歌曲，引发恶评如潮；《美丽岛》表面抒发乡愁，其中却有"台独"倾向……因此，音乐作品如果使用不当，不仅会败坏社会风气，而且会伤害我们的民族感情，甚至有可能危害国家利益。

二、版权意识亟待加强

众所周知，原创才是"王道"。但音乐创作是专业性极强的工作，普通人没有经过长期严格的训练难以胜任。然而，短视频并不等同于一般意义上的影视作品，制作周期通常很短，为批量化生产的、篇幅并不算长的短视频作品专门进行音乐创作，对县级融媒体中心来说几乎是"不可能完成的任务"，可操作性不强，这就导致"拿来主义"在配乐制作环节大行其道。

随着我国法治建设的不断进步完善，人们的版权保护意识逐渐增强。然而，音乐领域的版权体系非常复杂专业，包括创作、改编、演奏、演唱等方面的多个专项，即便是民间音乐、古典音乐，也有整理编创权。因此，我们的媒体从业者如何合理合法精准使用音乐作品的难度较大。

有的短视频作者认为，自己注册了某音乐软件或网站的会员，就有了随意下载、使用音乐作品的资格权利。其实，这是一种误解。以常见的酷狗、网易云、QQ、虾米、酷我音乐为例，其会员资格分为不同等级，但基本上都是欣赏权、下载权（可以自娱自乐），并没有使用权和发表权。即便是从专业的商用素材库网站下载，使用整件音乐作品也存在潜在的侵权风险，因为此类网站的使用协议中常常会有类似"您所获取的虚拟产品不得用于商业领域"这样的条款，已经限定了作品的使用范畴——我国著作权法中对公益性、教学用音乐作品的版权规定相对宽松，但如果我们的短视频作品涉足广告领域，这样的素材其获取路径的侵权风险就会大大增加。

有的短视频制作团队为了"避雷"，采取了"化整为零""拼接组合"的做法，不直接应用完整的音乐作品，而是选用几件作品，分别截取其中的几秒、十几秒片段进行重新组合、编辑制作，让人难以识别原作品出处。然而，这样的做法对音乐作品创作者来说，缺乏足够的尊重。因为音乐创作是一种综合性极强的劳动，艰辛且复杂，破坏其作品的完整性，本身就是一种侵权行为。

三、如何安全使用音乐作品

为了保障主流媒体的公信力，有序推进提升传播力、影响力，在"守规矩"的前提下打造有超级流量的"爆款"网红，更好地传播党的声音、扩大党的影响，我们必须对短视频创作团队的整体综合素质、作品的所有要件元素提出更高的标准和要求。

目前，规范使用音乐作品最正规的渠道是与创作者进行沟通协调，获取授权。一些大的广播电视平台就是通过这样的方式建起了自己专门的音乐资料库。但作为刚起步不久的县级融媒体中心，这种做法无论从人力物力还是成本上来说，都显得力不从心。

综合考量各种因素，我们认为，除了通过正常渠道购买版权、获取授权外，相对实际的解决路径有三个。

其一，立足本土，建设自己的音乐素材资料库。例如，选定没有版权争议的音乐作品（古曲、民乐，或者搜集整理衡水民间音乐），重新演绎、留存储备。衡水市武强、饶阳两县盛产乐器，其他县市区的音乐教育也在普及推广，音乐土壤基础相对丰厚，具备"再创作"的客观条件。同时，这也是在强化我们的地域文化符号特征，传播真正的"衡水好声音"。

其二，直接与专业音乐制作人建立长期合作关系。我们可以放眼全国乃至世界，衡水本地目前也有专门从事音乐制作的人才和团队，能够使用 MIDI 技术进行音乐编曲制作；衡水学院获批设立柴可夫斯基国际音乐艺术学院，专业人才储备正在增加，各县市区融媒体中心可以与他们加强联系。

其三，成立自己的专业团队。通过多种途径引进培养专业音乐人才，建设队伍，不断强化学习训练，使其尽快掌握音乐作品的数字化批量生成技术，努力创造条件，打造真正属于衡水的精品力作。

【阅评结语】

从目前了解到的情况看，由于各县市区融媒体中心平台组建成型时日尚短、各自为战，建立自己的音乐素材资料库会面临诸多困难。如果我们在市级层面进行建设开拓，整合储备音乐资源，实现共建共享，对衡水融媒体平台的发展壮大，尤其是对内容品质的提质增效来说，应该是一个极大的助力和推动。

媒体从业者要做"杂家",在理论水平、业务能力、综合素养等多方面不断学习提升。如此,才能保持创新能力与创造活力,适应日新月异的时代变化,更好地为党的新闻舆论阵地建设作出贡献。

(2020年)

做深做实内容建设 不断完善精细加工
——简析近期衡水市县级融媒体中心部分短视频作品

短视频被定义为"时间长度在 5 分钟之内,以视频形式在网络平台进行传播的一种媒介产品",其选题范围相当宽泛,可以表现丰富的内容,呈现出"短、快、精"等特征。进入新媒体时代,衡水市各县市区融媒体新闻工作者充分利用本地信息文化资源,突出地域特色,不断出新出彩,制作推送的优秀短视频作品频频登上省级甚至中央级融媒体平台,对宣传衡水各领域发展成果、多维度展示衡水城市形象、不断浓厚创新创业氛围等起到有力的推动作用。佳绩令人欣喜,进一步提升也让人期待。我们需要不断总结回顾,积累经验,砥砺前行。

一、题材范畴不断拓展,内容建设持续加强

2018 年 9 月,河北省首个县级融媒体中心定点落户武强,衡水市县级融媒体中心建设走在了全省前列。随着机构建设渐趋成熟，衡水各县市区融媒体中心积极配合新闻战线主题宣传形势，创作了丰富多彩的融媒体产品，题材广泛、形式多样，内容建设不断加强，制作水平迅速提高，尤其是这两年创作的各类短视频作品显得非常亮眼。

从题材类型看，近期各县市区融媒体中心创作的短视频作品主要包括：文明实践、脱贫攻坚、特色种植、直播代言、一线人物等主题宣传类，如《细微之举彰显文明力量》《我为千万株优质苗木代言》《无花果飘香 邀您共赴甜蜜之旅》《朱存果的幸福"养老院"》等；地域风光、人文历史、民间技艺展演等形象展示类，如《北纬37度衡水湖南岸》《百年赢亿仓的故事》《栩栩如生的民间技艺"捏面人"》等；卫生保健、安全常识、生活窍门等实用知识类，如《糖尿病患者运动指南》《失业保险：给您的职业生涯注入稳定剂》《阜城十八卤面》等。

以登上"学习强国"平台、点击率较高的部分佳作为例，《饶阳风物》系列、《瞰故城 看变化》、《荷香夏韵》（冀州区）、《我和我的祖国》（武邑）等，立意新颖、内容充实、画面富有冲击力和感染力，很多细节处理上体现出制作者的用心用情、创新创意。

二、制作水平不断提高，艺术理念持续更新

有观点认为，短视频作品是图片摄影的动态升级，由视觉艺术"进化"为视听艺术，其内核原理有相通之处。很多摄影技巧同样适用于短视频拍摄，如取景构图中地平线位置、视觉中心的确定等要符合美学原理，色彩光线的平衡要讲究科学等。

从拍摄制作看，衡水市各县市区融媒体中心创作的短视频作品除利用常规设备硬件外，技术手法不断迭代升级。第一视角、运动镜头的巧妙运用让画面充满丰富的想象力；无人机航拍、延时摄影及先进的特效制作等令作品有了场面恢宏、动感十足、精彩纷呈的视听效果。新技术应用在生态风光类作品中体现较多，如《周窝音乐小镇的幸福时光》《到衡水湖赏"天空之镜"》《生态底色绘就一湾清水》等等。

点击率少则数千、多则十几万甚至数十万……衡水各县市区融媒体中心的短视频作品之所以能够如此吸引人眼球，除了现代科技飞速发展、器材设备升级换代之外，与地方政府的重视、新闻工作者的敬业探索以及业界持续更新的理念技术直接相关。

三、及时发现补足短板，做好精加工深加工

欣喜之余我们也要看到，个别不成熟的短视频作品存在一些不足：拍摄方面有运镜技巧不熟练、取景不当、画面单调等；制作方面有剪辑节奏把控不准、略显拖沓冗长，字幕缺乏整合提炼等。

以字幕制作为例，有的短视频作品字幕加工不足，不能够精准提炼有效信息，当人物口语表述混乱时没有及时纠正，很多语气词也被原封不动地呈现，导致字幕语句凌乱破碎，令人费解。

字幕的功能在于提示、解说，起帮助理解、加深印象的作用，能够提高单元时间内信息传播的速度和质量。应该从视听

两方面加强信息的准确性、明晰性,减少听觉误差。字幕制作不能照搬照抄同期声、刻板复制"原生态",而是要对人物语言进行一定整合提炼,使之尽可能贴近现代汉语的表达习惯,做到条理清晰,符合基本逻辑,从而有效进行信息传递。这种"二次加工"要起到提质和优化的作用,切忌随意化、碎片化。

【阅评结语】

短视频产生时间不长,发展速度很快。制作环节对其质量与传播效果影响很大。有句话是"细节决定成败","接地气"不等于粗糙和"土气"。作为新时代融媒产品的短视频作品,其制作一定要精益求精、不断打磨。因此,我们在积极更新理念、着力做好内容建设、学习先进技术的基础上,要进一步增强质量意识,做好精细化加工。

(2021年)

敢为人先试水探索 砥砺前行完善机制

——安平县融媒体中心创意工作室机制激发改革内生动力

安平县融媒体中心自2019年初挂牌成立以来，积极作为、勇于探索，媒体融合发展深入推进。2020年6月，率先成立第一批4个创意工作室（"直击民生创意工作室""文化驿站创意工作室""顽皮熊影视创意工作室""秒视频抖音创意工作室"），在运营机制、经营体系、绩效考核等方面进行了全方位创新突破，给传统内容的生产方式带来可喜变化，激发了传统媒体向新型媒体全面转型的改革内生动力。

各创意工作室运行数月来，围绕党和政府中心工作，将宏大叙事与走心讲述紧密结合，突出贴近性、趣味性，积极发挥自身优势，打造爆款产品，推出本地网红，在党的新闻舆论宣传工作一线开拓进取、砥砺前行，于探索实践中积累宝贵经验，在自省审视中发现进步空间，不断思索完善、提升优化。

一、打破体制壁垒，设立"特区"赋能赋权

融媒体工作室是根据我国媒体融合需要设立的、以生产优质新媒体内容为主进行细分和团队化管理的工作机制。2016年以来，由纸媒发端，央媒率先尝试探索。2018年，广电业涌现出一大批融媒体工作室，鼓励传统媒体采编人员以项目制的柔性方式自由组队，建立效果评价激励机制，开展内容创新。这种工作机制实际是在整体事业组织框架内设立的"特区"，有较大自主权。

安平县融媒体中心秉承"专业人做专业事"的原则，打破管理界限平台分隔及人员身份界限，确定了一视同仁的绩效指标，全部下发到各工作室，由工作室领办人负责分配，充分赋能赋权，鼓励创新创造。其创意策划、文字记者、摄影摄像、后期处理、运营传播等专业人员"自由组团、分工合作"，实现了人才优化配置，极大提升了产品质量、工作效率和传播效果。

现有创意工作室分别由4名业务能手领办，团队成员每人最少具备3~5项专长技能。根据工作室的功能定位，大的团队10人左右，小的团队只有3人，每个工作室都是一个"小而全"的"扁平化"工作单元，能够独立完成从产品策划、产品生产到产品推广的全流程作业。

二、"挑重担""吃偏饭"，打造爆款产品、本地网红

4个工作室被委以重任，既"挑重担"又"吃偏饭"。栏目经费、专业器材、服装道具等各个方面均有倾斜，分别配备了无人机、4k摄像机、影视摄像机、水下摄像机、单反相机、运

动相机、VR（虚拟现实）相机、斯坦尼康稳定器、高清编辑机、直播推流器等高端设备。依托专业人才和专业设备，组建起4个直播小分队、3个无人机小分队和1个VR小分队，开展直播活动百余场次，生产各类专题片近百部。

融媒体时代，"内容为王"仍是核心竞争力。各工作室先后开办了《大妈拿手菜PK大厨招牌菜》《寻找安平文化大咖》《天南地北安平人》《脱贫档案》《防控一线》等一大批有温度、有深度、有力度的全媒体专栏节目，生产了一大批有感染力、有影响力、有传播力的爆款产品。采用VR、Vlog（视频日志）等现代传媒手段，精心打造"人设"各异的本地网红。"顽皮熊影视创意工作室"和"秒视频抖音创意工作室"推出"顽皮熊""安平猴哥"形象，接地气、有新意，传播正能量，广受网民喜爱。

安平融媒手机台上专门开辟"秒视频"版块和《安平人民抖起来》专栏，定期精选"会唱歌的叶子""安平赵不住""拔丝西施"等本地网红在抖音、快手、西瓜等短视频平台上发布的正能量作品，既提高了他们的荣誉感，又增强了他们的自律性。"安平网红PK秀"和"安平融媒粉丝节"将本地网红团结起来，通过切磋交流、才艺展示和命题创作，全力打造一支占领网络空间、引领社会风尚的生力军。

三、扩大传播力影响力，有效提高营收能力

在服务好党委、政府中心工作的同时，市场创收能力是检验融媒体中心传播力和影响力的一个硬指标。试运营期间，各

工作室就先后承接了"孙犁散文奖"颁奖典礼、"最美安平人"发布盛典、安平县第三届道德模范颁奖典礼、第三届衡水旅游产业发展大会直播、第十九届中国·安平国际丝网博览会直播、重点项目云签约网络推介会等多项重大活动。与此同时,各工作室积极对接市场,组织策划了"文轩花园杯"首届少儿艺术节、上东梦工场、安平爱之声歌手大赛、戏曲进乡村新春巡演、少儿元旦晚会等多场大型活动。尽管目前安平县融媒体中心市场开发刚刚起步,营收效果尚不尽如人意,但其广阔的发展前景和潜在增收空间清晰可见,生产动能活力有待进一步挖掘释放。

四、行稳致远,"人"的问题是关键

媒体融合发展,关键是人的融合。习近平总书记指出:"媒体竞争关键是人才竞争,媒体优势核心是人才优势。"新闻单位应把"学习提升"放在融媒体建设的突出位置,通过内部课堂、外出培训交流等形式,让编辑记者掌握全新的传播手法和技巧,培养移动互联网思维方式,打造"一专多能"的复合型人才队伍。

从实际运营效果看,安平县融媒体中心各工作室在优化要素资源配置、激发团队内在活力和创新动力等方面发挥了积极作用,但也存在一些不成熟不完善之处。各工作室感触最深的痛点是"人"的问题,如综合素质参差不齐、业务能力跟不上、创新精神不足等,导致精品不足、节目形式保守难以突破。此外,还存在体制机制需进一步细化、用户意识需加强、用户黏度有待提升等问题。

【阅评结语】

融媒体工作室是推动加快融合改革的先锋队、突击手,是在服从服务于党和政府的中心工作的前提下,基于传统媒体优势,专注于生产适于移动端传播的定制内容"车间"。只有找准主流新闻内容与互联网传播的契合点,平衡好量与质的关系,打通内容、设计、技术等环节,才能生产出更适合互联网阅读和差异化分发的优质融媒体作品,把主流内容做成群众喜闻乐见的作品。

(2021年)

突出本土红色印记 打造地域文化名片
——评析安平融媒体中心系列网络春节原创展播作品

受疫情影响，各地新春节庆活动纷纷转战线上平台。安平县融媒体中心整合本地特色优质文化资源，精心打造网络春节《新春贺岁拜大年，原创作品展播》栏目，在各新媒体平台密集推送基层文艺工作者创作演出的数十个文艺节目，奏响主旋律、传播正能量，内容丰富、形式多样，在"云端"互联网空间营造浓厚节日氛围的同时，充分展示县域形象，擦亮地方文化名片。在文化和旅游部公共文化司联合中央广播电视总台举办的"欢乐过大年·迈向新征程"——我们的小康生活2021年"全国村晚"示范展示活动中，安平县台城村入选成为"全国村晚"15个示范村之一，专题片《最后一次党费》、合唱《没有共产党就没有新中国》和《爱我中华》登上国家级平台，在央视频、国家公共文化云和中央电视台农业农村频道（CCTV-17）播出，为进一步扩大提升衡水的知名度、美誉度作出了安平贡献。

一、传承红色血脉，紧扣时代节拍

安平县有着厚重的红色文化底蕴，"两个第一""五亿农民的方向"是基层文艺工作者取之不尽用之不竭的创作源泉。在这次网络展播中，以弓仲韬革命事迹为素材的专题片《最后一次党费》、宣传全国第一个农村党支部的歌曲MV（音乐短片）《丰碑》，制作精良、寓意深刻，有着广泛的社会教育意义。歌曲MV《方向》运用珍贵的资料片、老电影素材，体现了从20世纪50年代王玉坤互助组到新时代"上校村官"王晓勋的精神传承，凸显了敢为人先、拼搏进取的安平特质。歌曲《常常想起您》展示了安平籍现代著名作家孙犁对这片热土地域文化的深远影响。

脱贫攻坚是新时代的重大命题。这次网络展播中，多件作品对此都有体现，如音乐快板《新天新地新家园》《逐梦路上》《建设美丽新家园》、小品《扶贫路上》、歌曲《扶贫队员之歌》等，通过不同的艺术形式讲述了散发着泥土芬芳的脱贫攻坚一线的感人故事，赞颂了扶贫工作者忘我工作、无私奉献的可贵精神。

突如其来的新冠疫情对我们的经济社会发展造成重大影响。在以习近平同志为核心的党中央的有力领导下，全国人民齐心协力抗击疫情，取得了令世人瞩目的出色成果。在这次网络展播中，评剧《忠魂》讲述了牺牲在一线的基层医务工作者李献忠的光荣事迹，感人至深，催人泪下。歌曲《使命召唤》、配乐朗诵《感动中国》、快板《夺取防疫复工双胜利》赞美了伟大的抗"疫"精神,讴歌了新时代安平人奋发有为、锐意进取的神采风貌。

二、立足本土文化,激发"原创"内生动力

"民族的就是世界的",热爱祖国、赞美家乡是文艺作品历久弥新的永恒主题。在这方面,安平县文艺工作者做了大量工作。这次网络展播中,表达爱国主义的作品有歌曲《爱我中华大家园》《美丽的中国梦》《感恩》;赞美家乡的作品有歌曲《奋进吧 安平》《安平谣》《大美安平》,音乐快板《安平精神赞》;体现地域文化底蕴的作品有歌曲《圣姑情》《中国梦马城情》《油菜花》;展示地方特色丝网产业的作品有歌曲《金桥》《我爱中国的丝网之乡》,评剧《网》等。

安平有着悠久的历史、丰厚的底蕴积淀,体量巨大、特色鲜明的现代丝网产业闻名遐迩。在新时代,古往今来异彩纷呈的安平故事激发了基层文艺工作者高涨的创作热情。这次网络展播的众多原创作品,取材于本土历史文化和百姓身边故事,以艺术的手法展示安平独特的发展魅力,强化放大了地域名片效应,让观众在浓郁的地方文化熏陶体验中进一步了解安平、热爱安平。

三、题材类型多样,表现手法需进一步创新

安平融媒体中心这次网络展播活动综合历年安平春晚及重大演出的原创文艺节目,涵盖红色文化、脱贫攻坚、全民抗

"疫"、复工复产等重大主题，牢记革命传统，弘扬时代精神，以文艺作品的形式呈现近年来安平县经济社会文化建设成果，提振精神、鼓舞干劲，在全社会营造出干事创业、昂扬向上的良好氛围。

从类型上看，这次网络展播作品包括短视频、歌曲MV、音乐快板、配乐朗诵、小品、戏曲等，体裁形式多样，内容喜闻乐见，接地气、有生机，有着浓郁的安平地方特色。白璧微瑕，个别作品还存在进一步提升的空间。如词曲创作在保持地域风格内核的同时，可以适当增加一些现代元素，尝试民谣、流行、电音、摇滚等曲风，在丰富作品多样性的同时，提高传唱度、扩大影响力；小品等语言类节目的结构可以更紧凑一些，增加"笑点"密度，使作品吸引更多"眼球"。

【阅评结语】

"文章合为时而著，歌诗合为事而作"，文艺作品以社会生活为基础，为广大人民群众服务，有着鲜明的时代特色。互联网数字化时代，展示平台和渠道日趋多样化、个性化，如何占领舆论宣传高地，让党的声音传播得更远，真正走进人民心中，需要文艺工作者继续深入生活、不断创新，推出更多精品力作。

（2021年）

守正创新 服务大局 以学习实践推动提质增效

——桃城区融媒体中心微信公众号近期作品点评

桃城区融媒体中心（以下简称桃城融媒）自2019年1月挂牌运行以来，相继开设"桃城融媒"微信公众号、微博账号、抖音账号等，积极加强与国家级和国内知名媒体平台对接融合，在"央视新闻移动网""人民网""今日头条""百家号"等开设"桃城融媒"系列账号，不断扩大影响力、传播力、引导力。

鉴于数字时代移动端平台微信传播的迅速便捷，在普通百姓（尤其是本地居民）中有着更高的普及性及接受度，桃城融媒更加侧重公众号的品质提升及相关融媒体佳作的精心打造，着力加强创意策划与推广普及，近期创作的系列作品质量高、影响大，取得了良好的宣传效果、社会效益。他们在队伍建设水平提升方面的经验做法值得借鉴。

一、围绕中心、服务大局，做好整体宣传策划，确保丰富"有料"

"桃城融媒"公众号现有栏目20多个，分为党建类、要闻（政经）类、三农类、民生类、文化类、服务类等，包括平"语"近人、鉴往知来、党史百年重要论述、学党史悟思想办实事开新局、奋斗百年路童心永向党，桃城政务、权威发布、抓"六稳"促"六保"、三重四创五优化、迈好第一步见到新气象、榜上有名、乡村振兴、记者走基层、生态桃城、桃城风雅、融媒视觉、健康微课堂、防疫小课堂等。近期策划的专题有新春走基层、网络中国节、聚焦3·15等。

这些专栏专题设置主题鲜明、灵活机动，在做好日常政务活动报道的同时，对项目集中开工、文明城区创建、年度民生实事等重要工作及时跟进宣传报道。特别是在疫情防控期间，多形式、全方位开展宣传引导，充分发挥了服务群众、引导群众的职能作用。

为迎接建党100周年，近期桃城融媒加大了党史宣传力度，确保每月至少一场网络直播。"老井宣讲""五中全会精神文艺宣讲"等直播预告消息在微信公众号推出后，被迅速转发，网络围观量均达10万+，起到了较好的社会宣传效果。

二、做好"规定动作"，创新"自选动作"，突出原创及创意

近来，"桃城融媒"微信公众号加大推送力度，每天近8条信息，坚持天天有原创。各栏目保持连续性，突出策划及

编辑思想。融媒体作品内容丰富、形式多样，视听图文兼备，除日常图文报道形式外，还涵盖微视频、海报、MG（Motion Graphics）动画等多种类型，以其艺术性、趣味性不断"吸粉"，扩大了平台影响力。

如近期推出的系列海报作品《争春，2021桃城"犇"向前》《春在眼前 趣在身边》《春至桃城 春耕正忙》《清明将至 文明祭祀 谨防火灾》《花开桃城 春和景明》，微视频《春光明媚 一起来赏花》《超美延时摄影 杏花报春》等，一改传统时政报道"四季歌"模式，将重点工作报道与新颖艺术形式巧妙结合，穿插推进，举重若轻、张弛有度，让人们在感受春光春景的同时，生发出更多干事创业的奋进激情与爱国爱家的美好情愫。《桃城风雅》栏目中《纸间刀耕 巧手匠心谢良雨》《访衡水市烙画艺术家萧歌》等文化类作品，突出地域特色、人文气息，为丰厚本土文化底蕴积淀注入现代元素，令人耳目一新。

三、创新传播形式，强化工作成效，持续加大平台推广力度

桃城融媒"后发先至"，在"媒体融合发展创新年"考核中综合表现突出，产品生产力与其他县市并列第二，但平台影响力尚显不足。2020年，他们采取多种措施，把握各种契机，印制宣传品，积极参与组织社会宣传活动，如全民国家安全日、宪法宣传日等，连续在各乡镇组织举办"奋斗十四五 奋进新征程"党的十九届五中全会精神进基层文艺宣讲，在做好全会精神宣传解读的同时，大力度宣传推广"桃城融媒"品牌，不断提升自身社会影响力。

树形象还要练好"内功"。在做好日常宣传的同时，桃城融媒着力进行精品打造，推出了一批佳作，如战疫十二时辰短视频、《我们众志成城》MV等，其中快闪《我和我的祖国》、短视频《天空很辽阔 衡水正起飞》《走向我们的小康生活》等多件作品被央视新闻移动网等国家级平台转发，点击率、阅读量均在100万+。近期多件作品被学习强国省级平台、总平台转发。

四、化"劣势"为"优势"，注重学习培训提升队伍素质

与衡水市其他县市区情况有别，桃城区在融媒体中心成立之前没有电视台，只有自办的"一报两栏"（《衡水日报·桃城版》和衡水市电视台《走近桃城》《桃城新闻》栏目），力量相对薄弱，队伍比较年轻。现有近20名工作人员大多为90后、95后，优点是朝气蓬勃，有活力、有冲劲；不足之处是经验积累尚有欠缺，综合素质不够全面。

为尽快迎头赶上，桃城融媒将学习培训作为一项重要工作常态化开展，多管齐下、强力密集，采取线上线下结合、"请进来、走出去"结合，外出参观"跟班"学习，聘请专家组织专题培训等多种形式，以"实践+理论"模式进行全员培训，增强实战能力。为解决稿件少、稿源不够等问题，他们加快建起覆盖全区的融媒体传播矩阵，聘请专业人员对通讯员队伍进行新媒体采编业务培训，加强基层宣传阵地建设。日常培训及

工作中，注重采编队伍的长远发展和后劲，在不断引进学习新技术新技能的同时，以多种方式强化其写作基本功，鼓励创作有深度、有思想的厚重之作。

五、以练为战，在宣传报道一线锻炼成长、增强"四力"

为进一步贯彻落实习近平总书记关于增强"四力"建设的重要指示精神、为建党 100 周年主题宣传报道储备素材，桃城融媒 3 月初启动"奋斗百年路 启航新征程"暨"新起点 新气象 新作为"基层采访月活动。全体采编人员分组行动，深入乡村（社区）、农民（居民）家中开展线索走访和选题采访。在实际工作环节，他们以老带新，从文案策划、新闻撰写到摄影摄像、后期制作进行"师徒式"一对一指导，以期打造"全能型"人才。这种"以练为战"的做法成效明显，年轻人在实战中得到锻炼，迅速成长。

桃城融媒不断创新宣传方式，把着眼点和落脚点放到群众心坎上，切实打通服务群众"最后一米"，是真正走好群众路线的生动实践。

【阅评结语】

1. 宣传队伍建设和业务水平提升非一日之功，新媒体产品也绝不是单纯追求短平快的"一张图、一句话"。应该看到，资源积累和内容质量是互动的关系。在保障日常运营更新的同时，媒体必须持续打磨有影响力的深度内容和高端产品，才能强化自身品牌效应。

2.通讯员队伍是党的新闻舆论宣传阵地的前沿哨兵，重要性不言而喻。当下存在的人员流失、年龄老化、能力不足等问题急需破解之道。除了加强学习培训，还应多方施策，增强基层宣传岗位的向心力、凝聚力及工作人员的职业荣誉感，吸引更多年轻力量下沉一线，切实加强党的宣传员、信息员队伍建设。

（2021年）

数字时代 让党史故事讲述更精彩
——近期衡水市新媒体平台党史学习教育主题宣传工作点评

开展党史学习教育以来,衡水市县两级主流媒体充分发挥自身优势和网络传播平台特点,积极探索新路径、尝试新办法、用好新技术,将宣传党史和宣传新中国史、改革开放史、社会主义发展史相贯通,制作了一批可视化呈现、交互式传播的融媒体产品,推出一批受众喜爱、刷屏热传的精品力作,营造了良好的舆论氛围。截至6月9日,市县级媒体共刊播建党百年、党史学习教育相关新媒体产品5 000余篇。

一、技术+阵地,平台矩阵集束效应凸显,重大主题宣传声势浩大

衡水市直主流媒体及各县市区融媒体中心新媒体平台建设发展迅速,平台矩阵集束效应凸显,现代传媒技术设备迭代升

级，为党的新闻舆论宣传不断创新突破提供了有力支撑。

近期，衡水市在党史学习教育宣传工作中涌现出众多优秀作品，广泛应用新设备、新技术，移动采编、手机直播、无人机航拍信息采集、VR虚拟现实场景制作、AR超现实技术、MG动画等，创新创意效果惊艳。融媒体产品有图文报道、海报、长图、短视频、Vlog等多种形式，涵盖图文视听多种元素，分发渠道不断拓展，充分体现了数字时代现代传播手段的科技含量。

目前，衡水市直媒体已构建起以"衡水日报""掌上衡水"客户端为核心，39个报、刊、台、网、微、端等新闻信息传播平台相通相融、互促互进的全媒体传播矩阵，覆盖用户超过385万人。各县级融媒体中心全部实现"一屏八端"全媒体格局，积极加强与国家级和国内知名媒体平台对接融合。新媒体平台分众化、多样化格局不断做大，作品在央视新闻移动网、央视频、人民网、人民日报客户端、新华社多媒体、今日头条、百家号、企鹅号、冀云、抖音、快手、微视等多渠道推送，为重大主题宣传多点开花、全面铺开提供了广阔空间。

衡水市直主流媒体及各县市区融媒体中心新媒体平台陆续推出《党史百年·天天读》《在习近平新时代中国特色社会主义思想指引下——学党史 悟思想 办实事 开新局》《党史上的今天》《奋斗百年路 启航新征程》《我为群众办实事》等专题专栏，谋篇布局立意高远，规划设计点面结合，工作推进有条不紊，重大主题宣传亮点纷呈。

衡水日报客户端在"学党史 悟思想 办实事 开新局""奋斗

百年路 启航新征程"等专题下分别开设《读党报学党史》《红色印记》《学党史 悟思想》《铭记使命》《走进革命文物》《红色记忆·衡水足迹》《在党旗引领下》《听故事学党史》《光辉足迹》等数十个栏目,已推送各类新媒体作品近千件。各类融媒体产品迅速同步到学习强国、衡水新闻网、微信公众号、微博、抖音、快手等平台,多角度全方位推动重大主题宣传不断深入。

衡水广播电视台"掌上衡水"客户端推出"红色记忆·衡水故事""信仰之光·铭记英烈""一百年·一百人"等专题,以及系列作品《党史上的今天》《习近平总书记教我们学党史》《画党史、绘故事》等,题材丰富、形式多样。各县市区融媒体中心均在各自新媒体平台设立党史学习教育主题的专题、栏目,高密度推送相关融媒体产品,上下联动,在互联网数字领域有效营造强大主流舆论气场,形成党史学习教育重大主题宣传热潮。

二、资源+创意,创新展示亮点特色,让衡水好声音更具辨识度

在党史学习教育宣传中,衡水市各新媒体平台充分发挥主创人员主观能动性,广泛深入挖掘革命老区红色资源,创新展示红色文化优良传统,不断放大主题宣传综合辐射效应。

衡水日报社特别策划"在党旗引领下"系列短视频作品,以域内红色纪念展馆为切入点,梳理衡水近百年来党史发展脉络,回顾革命历史、激励奋进力量,巧妙运用航拍、特效等技术手段，凸显衡水红色文化资源特色。音视图文融合报道系列作品《那时正青春》，展现了老一辈革命英雄模范人物的青春奋斗历程。这些融媒体作品发挥传统纸媒特长，精心策划、深入采访，拍摄走心、文字洗练，均为小切口、小角度，作品呈现感人至深。

衡水广播电视台"习近平总书记教我们学党史"系列专题，重温习近平总书记关于学习中国共产党历史的一系列重要论述，回顾中国共产党团结带领中国人民不懈奋斗的光辉历程，凝聚启航新征程的磅礴伟力。该专题立足本单位资源优势，以图文音频形式呈现，优秀播音员配乐朗诵字正腔圆、感染力强，深受欢迎。"听史画事"系列作品另辟蹊径，记者与民俗漫画家共同采访，倾听老党员讲述红色故事，用画笔再现历史场景，别开生面、效果良好。

安平县融媒体中心充分发挥"两个第一"红色资源优势，精心制作"红色印记"系列融媒体产品，《中共第一个农村党支部的诞生》《星星之火，可以燎原》《李锡九与毛泽东的革命友谊》《安平抗日英雄——王东沧》《河北省保属特委在安平》《反扫荡斗争中的安平县游击大队》《"子弟兵的母亲"李杏阁》等，图文音像并茂，叙述娓娓道来，让广大党员干部、群众在一个个质量上乘的动人故事中潜移默化接受红色教育、坚定理想信念，成效显著。

武强县融媒体中心"透过年画看党史"系列作品，让革命文物"发声"，让革命历史资料"说话"，实现了强传播、全覆盖、无死角，多件作品被省级平台转载，央视新闻移动网点击量突破 230 万；枣强县融媒体中心请来优秀共产党员林秀贞，为百姓讲述"抗日英雄赵义京的故事"；景县融媒体中心策划录制"红色记忆·景县故事"专题节目；阜城融媒体中心对老党员、老战士进行采访，制作了《老革命老党员风采录》……这些作品有着明显的衡水印记，辨识度极高，与广大网民、手机用户见面后，普遍得到认可与点赞，充分彰显了衡水红色历史、红色文化、红色资源的强大感召力、向心力。

三、精品＋推广，全方位拓展传播渠道，让正能量产生大流量

在党史学习教育宣传工作中，衡水市主流媒体各新媒体平台除"规定动作"外，还创新性推出特色栏目，打造精品力作，以此为基础全方位拓展传播渠道，集中推送、全网覆盖、增强效果，让重大主题宣传有声有色、卓有成效。

衡水日报社系列海报作品制作精良、格调高雅，视觉冲击力强，直观高效地发挥了新媒体平台的宣传教育作用。"读党报学党史"系列图文海报计划 100 期，从 6 月份开始每天发布 3 期，形象直观，主题鲜明，可视性强。《伟大精神历久弥新》系主题宣传作品的深度加工之作，主创人员在海报作品上融合多种元素，精准突出了主旨精神；《初心·铭记》《初心·使命之致敬老典型》《初心·使命之道德高地熠熠生辉》等系列海报作品，立足衡水道德高地优势，展示榜样力量和先进模范的引领作用，在客户端、微信公众号等新媒体平台推出后，反响热烈。衡水日报社携手新华社制作图文视频融媒体产品《79 年前，父亲说要守在这里，如今……》，通过本斋纪念园抗日回民支队烈士墓第二代守墓人的讲述，回顾红色历史、教育干部群众，视角新颖、策划独到、打动人心，是一件有温度、有力量的精品佳作，在新华社新媒体平台好看视频推送后，点击量迅速超过 100 万。

枣强县融媒体中心以新技术为支撑，打造"微党课"学习教育阵地，制作《学习路上》《一峰读党史》等系列短视频，在手机客户端、微信公众号、央视新闻+、新华社、冀云、抖音、快手等多个平台融合传播。虚拟主播一峰迅速走红，《学习路上》在新华社客户端推出仅一天，浏览量就突破百万。

武邑县融媒体中心的"100 堂党史好课"专题，以武邑 App 为平台，精选建党百年历史中的重要会议、重要事件、重要人物作为讲授内容，现已推出"树立正确党史观""五四运动""相约建党""一大召开""红船精神""弘扬李保国精神，争做奋斗武邑人"等一系列党史精品课，既总结历史事件背后的经验和智慧，又解读百年大党风华正茂的精神密码，短小精悍、引人入胜，深受广大党员干部群众欢迎，推出 7 天转发量即过百万。

冀州区融媒体中心精心策划"学好党史念党恩 凝心聚力再出发 党史诵读活动"，吸引 200 多名朗诵爱好者参与，录制作品 100 多篇。在此基础上举办"红色诵读会"直播活动，引起广泛关注，观看量达 13.5 万人次。

桃城区融媒体中心主题宣传紧锣密鼓。微信公众号开设《党史知识问题》子栏目，网友广泛参与，互动踊跃；《奋斗百年路·童心永向党》等多个党史相关专题专栏,已推送600多件作品,制作小视频50余个,其中短视频《听,歌声中的党史》等令人耳目一新;每月至少举办一场网络直播,特色品牌"老井宣讲""板凳课堂"等,接地气、受欢迎,每次网络围观量均超10万+。

【阅评结语】

新技术、新平台为党史学习教育宣传提供了新路径。衡水市各主流媒体平台结合新媒体新技术新需求发展变化,转变思维方式、创新工作方法,不断推出新产品。接下来,还需要在"专"与"深"上下功夫,开拓思路,进一步加强策划意识,深入一线、深度思考,真正吃透衡水党史、红色革命历史的精髓,全方位多角度用心采写、精心制作。新媒体产品绝不是单纯追求短平快的"一张图、一句话",而是充满挑战与精彩的全新创作领域。只有持续加强思想引领,不断提高从业人员业务水平,打磨有影响力的深度内容和高端产品,才能高质量高效率做好重大主题宣传工作,为党的新闻宣传舆论阵地建设贡献力量。

(2021年)

守正创新 高效发挥党媒新闻评论的力量
——简析近期衡水日报社论及系列评论员文章

新闻评论历来是舆论引导的有效利器，能起到四两拨千斤的效果。多年的实践证明，每遇重大政策发布、突发事件和重要节点，都需要新闻评论准确发声、回应关切、解读政策、凝聚共识。8月，中国共产党衡水市第五次代表大会和衡水市第七届人民代表大会、中国人民政治协商会议衡水市第七届委员会（以下简称市两会）相继召开，衡水日报组织刊发了高质量社论和系列评论员文章，旗帜鲜明、立意高远，在重要时间节点充分彰显党报主流媒体新闻评论的导向力量，为学习宣传贯彻市第五次党代会和市两会精神营造了良好的舆论环境。

一、高屋建瓴精心筹划，谋篇布局科学构架，充分发挥党媒引领社会舆论的重要作用

规划先行，谋定而后动。为配合做好市第五次党代会宣传报道工作，衡水日报前期做好主题策划，确定框架、充分铺垫，市第五次党代会之前连续刊发3篇系列评论员文章，三论"以优异成绩迎接市第五次党代会"，会议召开前后分别发表热烈祝贺开闭幕社论，为市第五次党代会的胜利召开营造了浓厚舆论氛围。

市两会召开之际，衡水日报及时配发社论，之后连续刊发《立足岗位 奋发有为》《坚定不移推进产业振兴》等9篇系列评论员文章，九论"深入学习贯彻市第五次党代会和市两会精神"，科学谋划布局，精准定位角度，形成集束效应。

自8月10日至今，2个月内10余篇、近2万字的重要评论文字，大手笔、高密度，有气势、见真章，于衡水日报社评论员队伍业务能力水平而言，是一次重大考验。这些文章贯彻落实中央和省、市重要决策部署，聚焦重大主题，联系衡水实际，明确表达观点，把党的思想融入引领干部群众工作的自觉行动中去，充分发挥了党媒评论的旗帜引领作用。

二、重点突出观点鲜明，逻辑严密论证充分，充分彰显党媒的理论水平

新闻评论是新闻媒介的旗帜，具有鲜明的时代性。衡水日报系列评论员文章紧紧围绕市委、市政府中心工作，对一个时期市委、市政府的重点工作进行科学解读，立足全局、聚焦重点，选取不同角度，有点有面精准点评，充分彰显了党媒的理论水平。这些系列评论文章框架清晰、逻辑严密，多为中心句开宗明义，条分缕析层层推进，论证过程科学严谨。

以《守正创新推动文化繁荣发展——七论深入学习贯彻市第五次党代会和市两会精神》为例，篇首句"一个没有精神力量的民族难以自立自强，一项没有文化支撑的事业难以持续长久"点明文章主旨，强调推动文化发展的重要性。而对于如何"守正创新推动文化繁荣发展，"作者提出了3个"必须"，即"必须抓牢意识形态工作主动权、必须推动社会主义精神文明建设、必须促进文化事业产业高质量发展"，从3个不同角度进行充分论述。以"'文化兴国运兴，文化强民族强。'让我们肩负起人民对美好生活的共同期待，谱写衡水文化繁荣发展的新篇章，让衡水人民在多姿多彩的精神文化生活中共享幸福美好！"作为文章结语，明确前进的道路方向，起到了升华主题、深化主旨的重要作用。整篇文章观点鲜明、思路清晰、结构精道。

写文章如起屋架桥，要有"建筑思维"。简言之，立意要高远，胸中有丘壑。衡水日报系列评论员文章主题重大、针对性强、见解深刻，在干部群众中产生了较好反响，源于这些文章找准问题要害，明了解决之道，精准把握节奏分寸，做到了"有格局、有思路、有文采"。

三、引经据典行文讲究，注重积累坐言起行，充分体现衡水日报评论员的内涵素质

新闻评论必须旗帜鲜明，赞成什么、反对什么，必须说得明明白白，同时还要注意理论色彩、感情色彩、文学色彩，能够以理服人、以情动人、以文动人。衡水日报系列评论文章在

注重理性严谨的同时，善于运用语言艺术，更为有力有效地指明方向、凝心聚力、鼓舞士气。

"致敬过往，我们豪情满怀。展望未来，我们意气风发"；"民心连着民心，民心关系国运"；"新使命催人奋进，新征程任重道远"……新闻评论文风简洁利落，衡水日报系列评论文章在体现这一风格的同时，灵活运用排比、对仗、顶针等修辞手法，句式工整、节奏铿锵、文采斐然，表达方式丰富多样。与此同时，引经据典、化用熟语、巧用数字，如"民为邦本、本固邦宁"；"利民之事，丝发必兴；厉民之事，毫末必去"；"惟其艰难才更需勇毅，惟其笃行才弥足珍贵"；"一分部署，九分落实"等。这些语句蕴含中华优秀传统文化基因，画龙点睛，凸出了文章要义，体现了衡水日报评论员的文化内涵、综合素养。

将名言警句、成语典故等信手拈来并运用自如非一日之功。衡水日报评论员在日常工作中夙兴夜寐、手不释卷，持之以恒磨砺业务能力，不断厚重底蕴积累。其写作也并非一味"坐而论道"，而是结合"起而行之"，经常深入一线与记者并肩作战，在最鲜活的新闻事实中感受时代发展的蓬勃脉动，用心寻找新闻评论的最佳切入点。

【阅评结语】

新闻评论是媒体发声最为直接有力的方式，历来被视作媒体的灵魂和旗帜。在当下全媒体、开放性的时代，新闻评论也需要在互联网方向作出积极探索，与时代发展同频共振，更加贴近生活、贴近受众。例如，题材内容要更为鲜活，叙事切口尽量要小，语言风格可以再活泼一些，标题制作可以再新颖生动一些。

高质量的评论文章需要高水平的评论员队伍。然而，当下我们面临的一个问题就是党媒专业评论员队伍人员数量偏少、工作强度较大。为此，必须始终坚持守正创新，把握工作规律，改进方法手段，不断加强队伍建设，提升业务能力水平。作为党媒评论员，必须有更大的责任担当，对自身有更高的要求，自觉为党和国家的事业、为社会进步发展、为百姓福祉倾注心力、作出贡献。

（2021年）

盘点年年有 今年创新多

——衡水日报社"盘点2021"系列综述类作品简评

2021年底至2022年初,在衡水市委宣传部领导指导下,衡水日报社精心策划、深入采写,在重要版面位置开设《盘点2021》专栏,连续刊发推送系列综述文章,广泛立体展示2021年全市经济社会发展重点工作的亮点成绩,提振士气、鼓舞人心、凝聚力量,得到社会各界广泛好评和上级领导肯定表扬,部分作品被人民网转发。

一、"吃透"材料内化于心,充分挖掘突出亮点

2021年12月15日至2022年1月18日,《衡水日报》在一版重要位置开设《盘点2021》专栏,连续刊发10篇高质量稿件(《衡水晚报》、衡水日报客户端等各新媒体平台同步刊发、推送),内容涵盖全市经济社会高质量发展、精神文明建设、巩固拓展脱贫攻坚成果、打赢蓝天碧水保卫战、文化建

设、城市基础设施建设、交通运输事业发展、保障和改善民生工作、全面深化改革持续优化营商环境等多领域重点工作,从多个角度与层面清晰勾勒出衡水市一年来经济社会的发展脉络轮廓,亮点突出、成就喜人,各行各业奋斗者付出的努力与汗水更是令人感动。同主题创意融媒体作品令人耳目一新,广受欢迎。整个专栏立意高远、视野广阔,在展示形象的同时,让普通群众对地方政府的各项工作有了更深入的了解与理解,为经济社会发展实现新目标浓厚了舆论氛围。

盘点类综述多是写某个领域的全面性工作,题材严肃厚重,资料数据相对丰富,但记者并没有机械地照搬照抄工作总结,而是进行充分"消化吸收",做到内化于心,在海量的信息资料中用心挖掘"新闻点",深度思考、科学梳理,"另起炉灶"重新布局,结合实际情况有针对性地补充生动鲜活的事例素材,通过富有时代色彩的个性化语言进行高效信息传递,用"自己的话"成功做出了有思想、有水平、有新意的深度报道。

二、以清新文风彰显时代精神、社会新风

丰富的内涵需要相应的空间体量来容纳承载。《盘点2021》专栏10篇深度报道多在3 000~4 000字,总字数近4万。尽管篇幅较长,但其行文并不拖沓,共性是报道充分、观点突出、条理分明,版块划分科学合理,大小标题精致醒目,遣词造句利落流畅,叙述娓娓道来、引人入胜。

"亮眼的成绩单一笔一划落在了全市党员干部向着使命集结的初心里,落在了各项事业攀升出的数据曲线里,落在了百

姓共享更加幸福美好新生活的笑脸上……"(《初心所向 砥砺前行——2021年衡水经济社会高质量发展综述》)

"天朗气清,抬头,是醉人的'天空蓝';碧水泛波,四顾,是怡人的'生态绿'……"(《美好生态引领幸福生活——我市打赢蓝天碧水保卫战综述》开篇首句)

充实的内容与诗意的表达相辅相成。《盘点2021》专栏的系列作品标题制作讲究、文采斐然,文中佳句更是俯拾皆是,令人赏心悦目。

厚重的底蕴内涵是创新创意的坚实基础。在专栏报道基础上进行"二次创作",打造的多件相关主题融媒体作品,动用衡水日报社全媒体矩阵所有资源,报、网、微、端共同发力,全方位重点宣传。其中,较为亮眼的融媒体作品有短视频《2021——"数"说新衡水》《创城 你我都是主角》等。

从报纸版面编排到新媒体平台页面呈现,不同载体的众多细节中,处处体现着衡水日报社采编队伍的文学素养、审美水平等综合实力。

三、中坚"后浪"勤于思考、勇于开拓

这次采写工作在抽调精干力量的同时大胆起用新人,以老带新,"老同志"把关定向,对"后浪"倾力指导、无私帮助,对青年记者培养锻炼的成效显著,他们的多件作品获评报社的特稿、好稿。

深刻的思想、鲜明的观点,需要逻辑清晰、条理分明的文字表达。对高密度信息进行精准科学的处理分析、驾驭大体量

文字进行高水平创作，是一个艰苦的脑力劳动，除了必要的系统性知识储备之外，还需要有周密严谨的思辨能力、不拘一格的发散性思维以及不畏艰辛的战斗精神。

为把看似枯燥的数据信息、相对生僻的专项工作举措写实写活，使之生动立体、明白晓畅，记者们去往田间地头、工厂一线进行深入采访、广泛挖掘，与部门负责人、企业建设者、普通劳动者和市民群众促膝交流，在对采写内容充分理解的基础上精心构思、潜心创作、反复打磨。他们可以短时间内推出精品佳作，展示了其扎实的"四力"基本功，高水平的业务能力、综合素质与甘于吃苦奉献的过硬工作作风。他们做到了召之即来、来之能战、战之必胜。

四、精心策划跟进指导，上下联动配合默契

事不预则不立，好策划是好作品的决定性前提。《盘点2021》专栏的选题契合热点、贴近受众，策划方案周密翔实，方向明确、可操作性强，成为系列精品"出笼"的重要环节。

市委宣传部领导对此次采写工作高度重视。针对近年来个别部门和个别工作人员消极对待新闻宣传、回避采访的苗头，2021年12月初专门下发通知，根据综述选题向相关部门开列资料清单、明确相关联系人，并提出具体工作要求，责成全力配合。在采写过程中，市委宣传部全程跟进帮助督促协调，主要领导多次过问、亲自指导，使工作整体推进更为顺畅，拓展了一线青年记者的视野，其业务水平、作品质量均有了突破性提升。

以两件优秀短视频作品的制作为例。《2021——"数"说新衡水》立意巧妙,着力凸显衡水市经济社会发展中以数字形式呈现的成绩亮点,采用航拍、特效等技术手段,画面大气磅礴、配乐激越高昂,观之令人备受鼓舞。

这一佳作推送后,市委宣传部部长刘立斌亲自为主创团队复盘,总结得失、启发指导,并为下一件短视频作品的打造出谋划策、指明方向,具体到了画面构图、字幕语言风格等众多细节。在刘部长的亲自指导下,《创城 你我都是主角》角度新颖、格调高雅,视觉影像精致美观,配音文字凝练隽永,思想性、艺术性协调统一。作品推送后,在省市多个平台被广泛转发,得到省文明办相关领导的肯定表扬。

【阅评结语】

习近平总书记强调,宣传思想工作一定要把围绕中心、服务大局作为基本职责。融媒体时代、大宣传格局,党的新闻舆论宣传阵地建设呼唤更多优质文字生产、精品内容输出。巩固传统优势,用好新兴技术,稳步开拓数字互联网领域新的阵地,需要每个新闻工作者始终坚持正确的前进方向,秉持坚定的信心与足够的定力,踔厉奋发、笃行不怠。

(2022年)

创意出彩 高效传播

——衡水市主流新闻媒体全力做好北京冬奥会、冬残奥会宣传报道工作

为做好北京冬奥会、冬残奥会新闻宣传报道，衡水市各级宣传部门高度重视、上下联动、创意出彩，各主流新闻媒体推出众多精品佳作，充分利用现代传媒手段，实现线上、线下多维度、全方位、广覆盖高效传播，宣传效果良好。

一、精心组织、科学统筹，盘活资源全面覆盖

按照统一部署，衡水市各主流新闻媒体提前"预热"，以高度的政治责任感和使命感投入北京冬奥会、冬残奥会宣传报道工作中。自2021年下半年开始，衡水日报社旗下《衡水日报》及《衡水日报·晨刊》、《衡水晚报》、衡水日报客户端等平台陆续推出冬奥主题相关报道。2022年1月起开辟专栏、专题、专版，在重要版面、重要位置连续刊发重点报道；衡水广播电视台在"掌上衡水"客户端、"直播衡水"节目及各微信

公众号等平台推送"双奥"相关专题、专栏,精心制作《衡水制造绽放北京奥运》《巧手剪纸祝福冬奥》等作品;各县市区融媒体中心科学统筹,转发转播重要信息,深入挖掘本地新闻资源,及时提供素材线索,发挥创意制作精品。

全市各主流新闻媒体加强与中央媒体沟通对接,通过选题策划、联合采访、线索推荐、素材共享等多种形式,有针对性地加强对上供稿、对外宣传。与此同时,精心组织、科学统筹,全面盘活各媒体数字平台资源,高效有序报道赛事活动,做到了多渠道全覆盖,实现了末梢传播效应,合力营造了喜迎冬奥、冬残奥舆论氛围,"后奥运经济"类等延展性宣传报道延续至今、热度不息。

二、积极作为、创意出彩,倾力打造衡水形象

北京冬奥会、冬残奥会不仅是体育盛会,更是全国各地展示形象的良好时机。衡水市各主流新闻媒体积极作为,做好赛事和非赛事报道、前方报道和后方报道、传统媒体报道和新媒体报道,全力讲好衡水故事、传播衡水声音、展示衡水形象。

衡水媒体人入驻北京冬奥会张家口媒体中心,亲历赛程。全市新闻工作者广泛搜集信息、深入挖掘线索素材,精心策划高质量采写。衡水日报社、衡水广播电视台及各县市区融媒体中心精准把握时机节点,精心采编制作相关报道,在各平台渠道进行集束性推送、高效传播。

北京冬奥会、冬残奥会期间,在市县两级媒体共同努力下,衡水元素大放异彩。从赛前的《五位衡水籍火炬手参与北京冬奥会火炬传递》《衡水冬残奥会火炬手在张家口采集"氢"洁之火》，到《冬奥会开幕式上，这个高举雪花引导牌的美丽女孩是衡中毕业生》，再到赛事高潮的《两金三银！"奖牌收割机"张梦秋闪耀冬残奥高山滑雪赛场》《衡水籍运动员王鹏耀北京冬残奥会摘银》，以及《武强张小岭作词歌曲〈舞冰飞雪〉唱响冬奥会闭幕式》《饶阳雕塑再次惊艳世界》等，这些作品节奏把握精准、亮点突出，提振士气、鼓舞人心，采写编发流程高效顺畅。各行各业衡水人深度参与、助力北京冬奥会和冬残奥会的精彩故事，科技奥运中的人文，精彩幕后的衡水等在作品中得以充分展现，彰显了衡水贡献、衡水骄傲。

海报作品《衡水文化绽放"冬奥之光"！》，短视频《一起嗨！衡水冰雪运动热起来》《值得——在冬奥的衡水气象人》等，视角新颖、构思巧妙、制作精良，充分体现了衡水市新闻工作者的创新创意和敬业精神。"更快、更高、更强、更团结"的奥林匹克精神和"一起向未来"的主题口号等，与衡水元素有了更加紧密的联结。

三、内容丰富、栏目众多，广泛推送全媒盛宴

北京冬奥会、冬残奥会主要赛事、重大活动从2月4日持续至3月13日。在此前后及赛事进行期间，衡水市各主流新闻媒体加大力度、密集推出相关报道，除消息、通讯、特写、侧记、深度报道、新闻评论等传统形式外，还积极创作长图、动图、手绘长卷、创意海报、短视频、VR、Vlog等适应移动互联网时代的创意融媒体作品。衡水日报社旗下各全媒体平台

集束性推出《冬奥一线的故事》《相约冬奥》《冬奥风采》《冬奥中的衡水》《冬奥名场面》《科技冬奥》《青春耀冬奥》《后冬奥来了》等多个专栏专题，发布了上千件作品。其中30多件外宣作品经新华社、人民网、光明网等国家级平台大力推送，点击量近亿。衡水广播电视台、各县市区融媒体中心围绕报道要点，在重要时段、频道、节目推出形式多样、内容丰富的报道和新媒体产品，多件精品佳作被广泛转发，点击量可观。

对"亮点""焦点"等高含金量新闻素材，衡水日报社充分发掘其内在价值，利用现代传媒手段进行全方位展示。以开闭幕式"安平烟花"为例。2月5日开幕式当天，图文消息《安平烟花绽放北京冬奥会开幕式》在《衡水日报》、《衡水晚报》、衡水日报客户端等平台的重要位置、频道等广泛推送，反响热烈；随后，新闻评论《读懂安平烟花绽放冬奥背后的关键词》对这一现象进行深度思考解读，提炼其中蕴含的精益求精的工匠精神、积极进取的奋斗精神和低碳环保的生态理念；北京冬奥会、冬残奥会结束后，《衡水安平圣姑烟花圆满完成北京冬奥会开闭幕式燃放任务》《安平圣姑烟花收到北京冬奥会和冬残奥会组委会感谢信》等跟踪报道，将这一新闻事件的社会影响进一步放大。一线新闻工作者对"安平烟花在冬奥"全程关注、深度挖掘、全媒体呈现，使衡水元素、衡水声音、衡水形象的高质量打造达到了最佳宣传效果。

【阅评结语】

衡水市各主流新闻媒体此次对"双奥"重大赛事活动的报

道可圈可点，积累下宝贵经验，也有继续作为的空间。例如对新闻事件的宣传报道，应进一步深入挖掘、深度思考，开拓思路、多维打造，在"守正"前提下加强"创新"。各类新媒体作品中可融入更多中华优秀传统文化元素，使其更加具有创意化、精细化、艺术化，需要不断提升创作水平。

（2022年）

策划先行 新闻持续出新出彩

——《衡水日报》文化旅游专刊近期亮点启示

2022年4月28日开始,《衡水日报》三版推出文化旅游专刊(以下简称"专刊"),每周四见报,衡水日报App同时开辟文旅频道,以其丰富的内容、精彩的版面以及多平台立体式集束推送,为后疫情时代衡水文旅事业复苏注入新闻舆论宣传动能,助力"六个新衡水"高质量发展建设,社会反响良好。综合考量,主创人员的前瞻策划意识是其近期亮点频现的主要原因之一。

一、潜心研究思考,突出专业深度

专刊推出之前,衡水日报社主创团队作了大量筹备工作。多方联系深入调研,积累资料潜心研究,梳理线索、精心策划,针对报社旗下各平台不同特点设置栏目、专题,打造品质内容,"动""静"结合、"点""面"并现,旨在为读者奉献视觉盛宴、文化大餐。

　　首期主稿、深度报道《遇见衡水，爱上衡水》从宏观角度入手，"修心""铸魂""筑梦"三方面展示衡水文旅事业概貌，文笔细腻、主题鲜明，是精彩亮点、深层思考及期许展望的全方位呈现，脉络清晰、观点精辟，对现阶段衡水文旅产业的复苏重振起到了凝心聚力、鼓舞士气的助推作用。正在如火如荼开展的创建衡水湖国家5A级旅游景区工作全市瞩目，之前大量报道多为即时性动态关注。专刊推出后，主创团队意识到，应对此重点工作进行全面梳理、深度思考，随即精心策划、多方联系采访、反复打磨，陆续推出系列深度报道、重点人物专访，如《撸起袖子加油干 争分夺秒不停歇——滨湖新区倾力打造国家5A级景区走笔》《新蓝图中 他们是那抹最温暖的动人的色彩——走进衡水湖创建5A级景区项目一线建设者》《创5A！一座城市的"新生"——访衡水湖文旅公司总经理王志红》等稿件从专业角度进行宏观权威解读，使这一新闻热点的呈现更加厚重、多维立体，有助于广大读者更为全面深入地了解衡水湖的创建工作，进而更加认同和支持相关工作。

　　专刊每期内容均为提前策划。通过科学调配，精心谋划，最大化开发新闻资源，生产出具有深刻分析和独特视角的差异化报道，体现了主流媒体的权威性和公信力。

二、抓住关键节点，突出时效迅捷

　　除了在新闻的深度、广度上"下功夫"，专刊内容的时效性及传播速度同样可圈可点。衡水日报社主创团队全面深入研究衡水市文旅工作，对其要点有了充分了解、深刻认识，能够较为精准地把握其动态趋势，并作出前瞻性预判。采编流程中注重移动优先，通过衡水日报社旗下各新媒体平台实现了传播的迅捷性。

在"中国旅游日""文化和自然遗产日"以及"七一""七七"等重要时间节点到来之前，主创团队提前进行充分准备，及时策划稿件、版面，安排采访，组织拍摄，推出了《各县市区举办"中国旅游日"活动》《在文化和自然遗产日里了解运河共享非遗》《文旅系统组织参观市博物馆红色展区，以及衡水保利剧院重启》《新编历史京剧〈戚继光〉上演》等作品。由于提前"做足功课"，这些稿件时效性强、采写质量高、推送及时，吸引了大量社会关注，广受好评。

在工作推进过程中，专刊主创团队及时复盘总结得失，注重积累、广泛联系，专业领域内的通讯员队伍已初具规模，助力相关线索信息的搜集、反馈更为及时高效。

三、注重创新创意，突出品质品位

衡水日报社科学统筹旗帜下各传统及新媒体平台，根据其不同特点"分类施治"，进行精细化管理。文旅专刊立足传统纸媒阵地精耕细作，同时在数字互联网平台多点发力，创新创意频出，立体化、高质量打造衡水文旅资讯传播渠道，社会效益良好。

专刊版面风格清新雅致、不落俗套。在先期策划设计过程中，主创团队多方借鉴学习，依据专刊定位确立编排思路，于相对统一的风格中求新求变,对图片、字体及各组版元素精准把控细节,使版面整体色彩炫目而不凌乱,不断出新出彩、提升品位。每期主稿图文并茂,重点策划内容辅之以短视频、直播等新媒体手段,根据不同平台特色,差异化呈现主旨内容,以二维码形式打通纸媒与数字平台的连接,让融媒体矩阵各个平台配合默契、相得益彰。

"出新"更要"保质"。衡水日报社编辑部门秉持"工匠精神",对专刊内容精编细校、反复核对,不放过任何一个细微差错,为稿件品质增加了保障,并为高质量文化稿件增加了史料价值。

【阅评结语】

新闻策划是做好新闻报道的重要手段。如何使碎片化信息从无序到有序、由零散到系统,让新闻亮点更突出,让新闻深度和广度得到充分挖掘,满足多元化的受众信息需求,考验着新闻工作者的统筹协调能力、科学预判能力以及视野格局。我们只有不断学习、探索、实践,增强策划意识、提高综合能力,才能有效提高新闻的实际传播力,使新闻达到更好的宣传效率,更好地为党的新闻宣传舆论阵地建设作出贡献。

(2022 年)

迅捷 灵动 清新

——衡水日报社近期 5A 创建相关报道亮点简评

创建衡水湖国家 5A 级旅游景区工作备受关注，衡水日报社充分发挥党媒引领作用，在旗下各媒体平台设立专栏、专题、专版、专刊等，进行大力度宣传推送，近期的相关报道更是不断出新出彩、亮点频现。

一、迅捷。及时把握时间节点，快速行动响应

自 2021 年 8 月，5A 级旅游景区创建工作开展以来，衡水日报社高度关注、及时跟进，组织精干力量精心策划采写，除第一时间刊发市领导、市创建指挥部等为 5A 级旅游景区创建工作召开的会议、调研、督查等重点报道外，还随时对创建工作进展情况、工作亮点、先进典型等进行全方位立体化报道，并在特定工程完工及"中秋""国庆"等时间节点进行个性化即时展示。从《5A 创建进行时》《在现场》《衡水湖 5A 创建重点工程巡礼》专栏，到《撸起袖子加油干 争分夺秒不停歇》《新蓝图中 他们是那抹最动人的色彩》《新面貌 新起点 新未来 衡水湖旅游景区档升级盛装亮相》《衡水湖出租车有了自己的LOGO》《"衡水湖号"公交专线今日运营》《打造国庆"文旅盛宴"点燃高质量发展新"引擎"》等作品，由于前期策划周密、准备充分，系列作品采写周期短、刊发速度快，及时回应了社会关切，体现了新时代党媒的迅捷、高效、优质。

二、灵动。应用全新理念先进技术，体裁形式多样

进入融媒时代，衡水日报社充分发挥全媒体优势，不断拓展平台空间。为做好"5A创建"报道，《衡水日报》A3版开辟"文旅专刊"，客户端设立《文旅频道》及《5A创建进行时》《我为5A作贡献》等专栏，《文化衡水》期刊设置《魅力衡湖》专栏。采编人员除采写消息、特写、通讯、评论、新闻图片等刊发在传统平面媒体外，还制作有海报、短视频等应用于旗下各新媒体平台。"探馆系列""衡水湖旅游路线攻略"等栏目，利用无人机航拍等技术手段，全面介绍衡水湖旅游景区核心景点，对电子导览、旅游咨讯、游玩攻略、旅游印象等进行充分展示宣传，体裁多样、角度新颖、灵动多变。相关作品根据不同内容灵活选择呈现形式，长短结合、浓淡相宜，利用不同载体渠道进行传播，并形成媒体和受众的深度互动，影响广泛，社会反响良好。

三、清新。打造轻松时尚风格，拉近读者距离

当下，文旅业态亟须拓展新的增收模式，"云游""沉浸式体验"成为近年热词。衡水日报社"5A创建"报道及时把握业界趋势脉动，以轻松、清新的报道方式凸显时尚元素、亲民气息，达到有效吸引受众、推介衡湖的目的。

从相对静态的《衡水湖风景赏析》《衡水湖二十四节气》，到动感活泼的《"慢"游衡水湖》《记者带你游衡水湖》系列Vlog，以及《衡水湖景区AR文创雪糕来啦》《衡水湖景区"网红小火车"来啦》《衡水湖畔邂逅最美城市书房》等短视频作品，"动""静"结合、"点""面"并现，多角度展示了衡水湖旅游景区常态化的四季美景和不断推陈出新的"脑洞"创意，青年记者松弛的镜头感、活泼俏皮的画风颇为"亲民"，广受好评。"5A创建"主题报道中的优秀作品被人民网、《光明日报》、新华社、学习强国平台等媒体选用，极大提升了衡水湖的美誉度、知名度。

【阅评结语】

衡水日报社科学统筹旗下各传统及新媒体平台，根据其不同特点"分类施治"，进行精细化管理，立足传统纸媒阵地精耕细作，同时在数字互联网平台多点发力。通过科学调配、精心谋划，开发新闻资源，生产出具有深刻分析和独特视角的差异化报道，体现了主流媒体的权威性和公信力。

（2022年）

重温历史记忆 见证城市发展 凝聚前行力量

——《衡水日报》创刊60周年纪念主题报道简评

2022年是《衡水日报》创刊60周年，衡水日报社组织采编人员进行主题采访，在旗下各平台开设《衡报60载，重走前辈采访路》《我与衡报60年》等专栏专题，刊发推送长篇深度报道，老报人、通讯员及广大读者的回忆文章等，系列融媒精品引发广泛关注与共鸣。

一、围绕中心、服务大局，以社庆活动为载体展示衡水经济社会发展辉煌成就

作为中共衡水市委机关报，《衡水日报》多年来服务党委政府、服务地方经济社会发展大局。此次主题采访活动通过重温历史瞬间、重大事件、节点性新闻，体现时代变迁、社会进步，浓墨重彩地展示了衡水60年来经济社会发展的辉煌成就。

《衡报60载,重走前辈采访路》专栏稿件主要分为事件类和人物类。《油墨香中,见证城市蓬勃发展》《一纸芳华诉初心》等作品回顾前辈报人做过的城建、党建、水利等重要主题采访;《我们一直在路上》着力回顾报社发展历程;《"老劳模精神"融入我们的血脉基因》《永不褪色的精神礼赞》等作品回顾衡水在全省乃至全国有影响的典型模范人物,如耿长锁、郁洛善、林秀贞、吴殿华、宋欣茹等。系列深度报道通过匠心编排、多元生成,在《衡水日报》《衡水晚报》定期刊发,同时在新媒体平台多渠道推送,社会反响良好。

二、练好"基本功"、拓展"新技能",以社庆活动为载体提升采编队伍业务水平、综合素养

融媒时代,对党的新闻宣传工作者提出了新的更高的要求。此次主题报道活动也是一次"岗位练兵"。《衡报60载,重走前辈采访路》专栏稿件均为6 000~8 000字的长篇深度报道,逻辑清晰、结构严谨、信息量大,充分体现了历史厚重感。稿件正文之后均有评论性文字"记者手记",短小精悍、画龙点睛。除配图配照片外,还精心摄制了3分钟左右的短视频,视角多样、内容丰富,与正文相得益彰。栏头、封面制作讲究,贴合主题,色调丰富协调,样式简约大气。

灵活运用多种文体、高质量采写重头稿件,非一日之功。为此,记者们多方学习、悉心请教,从研究报史资料入手,科学梳理线索,精心策划,深入采访,对海量信息进行综合考量,在真正"吃透"的基础上大胆取舍、精细化处理。写作过程中反复打磨,最终形成优质稿件。

文字记者不同程度参与了相关短视频的脚本策划、实地拍摄和后期制作。他们亲自出镜,讲故事、谈感受,进一步向"全能型"记者转化。

三、践行"走转改"、说好"百姓话",以社庆活动为载体提升党媒传播力、引导力、影响力、公信力

此次主题报道涉及面广、采访量大。记者编辑加班加点、不辞辛苦,走遍全市各县市区,下沉基层一线实地采访拍摄,走访数十个点位,采访对象近百人,行程近千公里。通过在田间地头与老乡促膝交谈、在建设一线深入采访,不仅挖掘到弥足珍贵的历史信息,还收获了大量鲜活素材,捕捉到众多精彩镜头,积累了宝贵的工作经验。

记者笔下,常年劳作的耿长锁"下地穿的布鞋底上都磨出了洞";老劳模郁洛善有"粪筐、草帽、烟荷包"这"三宗宝";曾水患不绝的常安村已是"水萍花,蓑衣草,长流水断不了",如今"住得好,吃得香,挣得多。俺老嫂子(宋欣茹)看到了,准高兴!"这些散发着泥土气息的语言细节刻画精准,文风朴实、通俗易懂、生动形象。

《我与衡报60年》专栏特邀一批老报人、老通讯员专门写作回忆文章,配以短视频、二维码在各平台刊发推送。这些作品内容多样,情真意切、感人至深,很多历史细节、文献资料为首次披露,进一步丰富充实了报社史料。在创新形式的同时,让更多读者深度体会到党的新闻宣传阵地的发展与进步。

【阅评结语】

融媒时代,以短平快为突出特点的新媒体作品引人注目,高质量的"中读""深读"同样有着广泛需求。党的新闻宣传工作者要不断学习锻炼,灵活运用各类表现方式,长短结合、轻重并举,切实提升综合业务素养,更好地做好服务党的新闻宣传工作。

(2022年)

好图胜千言

——以衡水日报社近期摄影报道佳作为例

2022年11月29日,《衡水日报》推出摄影专版《初冬万鸟翩翩来》,多角度创意展示恢宏壮观的衡水湖"鸟浪"奇景,巧妙呈现"5A创建"及衡水市生态文明建设的喜人成绩,令人耳目一新,是继11月17日携手新华网成功打造百万网友围观的直播盛宴后又一创新实践。近来,衡水日报社加强一线采编队伍力量,不断强化主题策划及图文报道力度,品质明显提升,社会反响良好。

一、紧跟时代脉动,做好重大主题重头报道,捕捉典型瞬间

衡水日报社着力做好重大主题及重项工作报道,积极配合市委市政府工作,定期召开专题策划会,密切关注时政要闻、本地重要产经动态等。日报一版推出《全面深入学习宣传贯彻

党的二十大精神》《撸起袖子加油干 风雨无阻向前行》《中国式现代化河北场景 衡水篇章》等多个重点栏目，刊发稿件图文并茂，内容形式不断推陈出新。

采访拍摄时，衡水日报社记者精心选择特定场景，充分考虑光线、角度等因素，全力捕捉有代表性、典型性的精彩瞬间。如《我市594.1万亩秋粮喜获丰收》一稿配图为景县杜桥镇徐庄村收割机收获红高粱，主图是无人机航拍农田大场景，结合正在紧张工作的农机中景特写，视角独特，气势、氛围感十足；《衡水强力打造全国特色产业名城》配图为安平县印刷丝网车间，选取兼具现代感和衡水元素的典型生产场面，构图讲究、特色鲜明；反映衡水市未成年人思想道德建设工作的《"花儿"在文明阳光下灿烂绽放》一稿，配图为衡水二中师生在课堂学习党的二十大报告，抓拍精彩、鲜活生动。

《衡水日报》近期的要闻摄影选题用心、拍摄走心，形象再现了新闻发生现场的种种细节，使读者尽量全面、真实地看到事物全貌，与文字报道相互补益、相得益彰，让版面生辉，吸引人们阅读。

二、紧跟时令节点，做好特色自然生态类报道，突出动感美感

随着衡水湖国家级5A景区建设步伐加快，其知名度不断提高。季节交替之际，湖区绚烂多姿的自然生态美景愈发引人瞩目。记者抢抓有利时机，起早贪黑不辞辛苦，创作了一批纪实性、艺术性兼备的佳作，助力擦亮"衡水名片"。

这些作品着力表现的重点主要有二：一是衡水湖自然风光，二是湖区的各种鸟类。刊发形式既有单片也有组图，灵动多变、各有千秋。单发大图显得有力度、有气势。如11月17日头版的《衡湖美景入画来》，展示了秋日的衡湖夕照，视野广阔、景深辽远，用光讲究、色彩丰富，令人赏心悦目；组图视角多样，传达的信息更为丰富。如11月1日《晨刊》头版《越冬候鸟"先头部队"抵达衡水湖》，压题片为群鸟翱翔生机勃勃，中景、近景为其湖面游弋觅食情态，静谧安详，这组图片动静结合、意境优美。摄影专版《初冬万鸟翩翩来》更是一场"视觉盛宴"，湖光秀色、鸟浪奇观、城市美景……一应俱全，全方位、多层次展现了衡水湖万鸟齐飞、人与自然和谐的美景。为了捕捉转瞬即逝的精彩，衡水日报社与衡水滨湖新区管委会、衡水湖国家级自然保护区管委会反复沟通、精心策划，记者多次实地踩点、试拍，寻找最佳拍摄角度，耐心蹲守、精准出击，方才定格众多质量上乘的精美画面，展示了衡水湖的生机活力与独特魅力。

三、紧跟发展节奏，做好城乡风貌变化报道，创意选片排版

今天的新闻是明天的历史，而新闻照片无疑是一种最生动、最真实的历史纪实。城市公园建设提升、滏阳河市区段河道治理……衡水城乡建设飞速发展、日新月异，记者用镜头忠实记录，定期整理归档，不断丰富城市记忆。

《衡水日报》11月13日头版《公园美景扮靓市民幸福生

活》为航拍的初冬人民公园，主体突出、色彩丰富，对角线与对称构图相结合，曲线优美的拱桥倒映水中，灵动优雅。说明文字内涵丰富、深化主题，增添了厚重之感。系列主题专版《各县市区最美公园摄影巡礼》，多角度呈现衡水全域城乡建设进程，历史感、现代感交相辉映，视野更为广阔。景县《公园"质""量"双提升 增绿添彩惠民生》展示董子公园、景州塔公园、亚夫公园、脸谱公园、五一广场等，画面精致、对比清晰、制作精良；桃城区《水清木华迷人 市民开窗见绿》展示了滏阳河文化带、安济桥、前进大街、孔颖达公园、植物园、乡村水上公园等形象，色彩协调、层次丰富、美观和谐。这些版面选片排版颇具匠心。编辑优化取景构图，选择画面最典型、视觉效果最佳的一张作为主打，以最大篇幅呈现。图片以矩形居多，个别为非规则外形，营造出生动、与众不同的风格和个性，产生了强烈的视觉冲击力。

【阅评结语】

有道是"好图胜千言"。作为非语言符号，图片可传递信息最原始的状态，直观而形象，能够产生巨大的吸引力与震撼力。当下，无人机摄影以其鸟瞰式角度、宏大的画面、开阔的视野为报纸增色不少，但其对细节的表现力尚有不足。因此，需要针对不同的情景选取最好的呈现方式。双管齐下、相辅相成，新闻摄影会更出彩。

（2022年）